大卒程度　　　　　　　　　TAC公務員講座 編

公務員試験

ゼロ から合格

基本　過去　問題集

行政学

TAC出版

TAC PUBLISHING Group

はしがき

- 問題集を買ったのに、解けない問題ばかりで実力がついている気がしない…
- 難しい問題が多くて、途中で挫折してしまう…
- 公務員試験は科目が多いから、せめて1科目1冊の本で済ませたい…

『ゼロから合格 公務員基本過去問題集』(以下、『ゼロ過去』)は、このような読者の声に応えるために開発された公務員過去問題集です。問題集といっても、ただ過去問とその解説が並んでいるだけの本ではなく、「過去問」の前に、「その過去問に正解するために必要な知識やテクニック」が必ず載っています。この科目の学習を全くしたことない方も、本書で知識やテクニックを身につけながら、同時にそれらを使って問題を解く練習を積むことができる構成になっています。

『ゼロ過去』には、「しっかり読んでじっくり考えれば解ける問題」しか載っていません。それでいて、実際の試験で合格ラインを超えるのに十分な問題演習を積むこともできます。つまり、「ゼロから始めて1冊で合格レベルにたどり着く」ための問題集なのです。

せっかくやるのだから、最後までやり遂げてほしい。最後まで「つづく」ためには、問題が「解ける」という達成感もきっと必要。『ゼロ過去』は、きちんとがんばった読者にきちんと結果がついてくるように、どの問題も必ず解けるように工夫して配置しています。また、その名のとおり「知識ゼロ」の状態からいきなり取り組んでも支障がないよう、基本的な知識やテクニックのまとめが過去問より先に掲載されているので、「全く何も知らない」状態で、前から順番に取り組むだけで学習が進みます。

本書を十分に活用して、公務員試験の合格をぜひ勝ち取ってください。

TAC公務員講座

本書の利用方法

本書は、大卒程度・行政職の各種公務員試験の対策を、「知識ゼロから始められる問題集」です。何であれ、問題を解くには知識やテクニックが必要です。

- 知識・テクニックの**インプット**（新しい情報を入れる）
- 問題演習を通じた**アウトプット**（入れた情報を使って問題が解けるかどうか試してみる）

試験対策はこの反復で進めていくのが王道です。『ゼロ過去』は、この科目について全く学習したことのない方でも、知識とテクニックを身につけながら問題が解けるように作られています。

ここで説明する効果的な利用方法を参考にしながら学習を進めていきましょう。

1 まずは試験をよく知ることから！ 出題傾向を知る

● 国家一般

		2011	2012	2013	2014	2015	2016	2017	2018	2019	2020
行政と行政学の歴史	行政サービスの変遷			●							
	行政学の歴史		●		●	●	●		●	●	
	組織論		●		●	●	●	●	●		●
	官僚制	●	●		●	●	●	●	●		●
行政組織の設計	日本の行政組織	●	●		●		●		●	●	●
	公務員制度	●	●		●				●		●
	予算制度	●	●	●		●			●	●	●
	中央地方関係								●		

巻頭には、出題分野ごと・受験先ごとに過去10年間の出題傾向がまとめられています。

多くの方は複数の試験を併願すると思われるため、網羅的に学習するのが望ましいですが、受験先ごとの出題の濃淡はあらかじめ頭に入れたうえで学習に着手するようにしましょう。

2 問題を解くのに必要なことはすべてここにある！ input編

　一般的な公務員試験の問題集では、初めて取り組んだ時点では「解けない問題」がたくさんあるはずです。最初は解けないから解説を読んでしまい、そのことで理解し、何度も何度も同じ問題を周回することによってだんだん正答率が高まっていくような仕組みになっていることが多いです。

　『ゼロ過去』では、このinput編をしっかり使いこなせば、最初から全問正解することもできるはず。そのくらい大事な部分ですから、しっかり学習しましょう。

学習のポイント
その単元の位置づけや学習に当たっての心構えです。
まずはここを確認しよう！

確認してみよう
すぐ前のところで扱った内容が、試験ではどのように問われるのかを確かめられます。
わからなかったら参照ポイントに戻ってみよう！

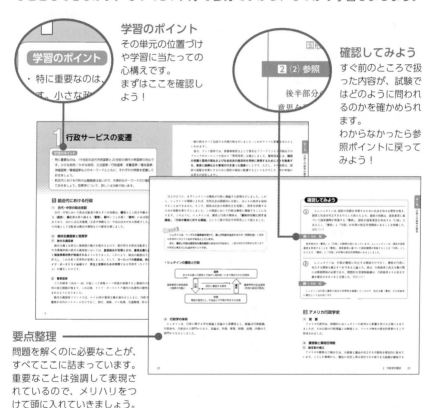

要点整理
問題を解くのに必要なことが、すべてここに詰まっています。重要なことは強調して表現されているので、メリハリをつけて頭に入れていきましょう。

★その他のお役立ちアイテム

🥷 補足 ：少し発展的な知識を解説しています。

😊 ヒント ：問題を解くための助けになる情報や、情報を覚えやすくするためのポイントをまとめています。

3 知識を活用して問題演習！　過去問にチャレンジ

　知識のインプットが終わったら、取り入れた知識を使って過去問が解けるかどう
か、実際に試してみましょう。問題の直後に解説を掲載しているので、答え合わせ
もしやすいレイアウトです。

　まずはやさしくひねりのない問題で学習事項をチェックします。ただ、実際の試
験ではそれなりに手ごわい問題が出されることがあるのもまた事実。『ゼロ過去』は、
やさしい問題（必ず正解したい問題）から、やや歯ごたえのある問題（試験で差が
つく問題）までバランスよく収録しているので、1科目1冊で試験対策が完結しま
す。場合によっては20科目以上に及ぶ公務員試験だからこそ、必要な問題のみを
厳選し、これ1冊で合格レベルに届く本を意識しました。

難易度
各問題の難易度を3段階
で表記しています。
　★　　易しい
　★★　標準
　★★★　やや難〜難

問題編
出題された試験と出
題年度（西暦）を記
載してあります。

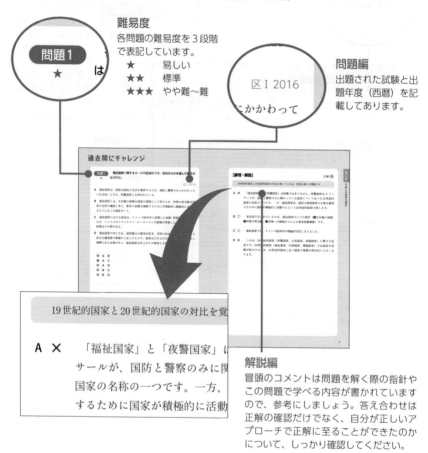

解説編
冒頭のコメントは問題を解く際の指針や
この問題で学べる内容が書かれています
ので、参考にしましょう。答え合わせは
正解の確認だけでなく、自分が正しいア
プローチで正解に至ることができたのか
について、しっかり確認してください。

● 掲載した過去問題の表記について

表記	該当試験
国般	国家一般職 大卒程度 行政（旧・国家Ⅱ種を含む）
国税	国税専門官
財務	財務専門官
都Ⅰ	東京都Ⅰ類
区Ⅰ	特別区Ⅰ類
地上	道府県庁・政令市上級

※末尾に「教」とあるものは、教養試験・基礎能力試験での出題であることを示します。
　末尾に「改」とあるものは、社会状況の変化に対応して改めた問題であることを示します。
　国税専門官・財務専門官については、政治学として出題された問題です。

過去10年の出題傾向

●国家一般

		2011	2012	2013	2014	2015	2016	2017	2018	2019	2020
行政と行政学の歴史	行政サービスの変遷			●							
	行政学の歴史		●		●	●	●	●	●	●	
	組織論		●		●	●	●	●	●		●
	官僚制	●	●		●		●	●	●		●
行政組織の設計	日本の行政組織	●	●	●	●				●	●	
	公務員制度	●	●		●				●	●	
	予算制度	●	●	●		●			●	●	
地方自治	中央地方関係								●		
	日本の地方自治	●	●	●	●		●	●		●	
行政責任と行政統制	行政責任と行政統制	●		●	●	●	●		●	●	
	政策過程の理論	●		●	●	●	●	●		●	
	行政改革	●		●	●			●	●	●	

●特別区

		2011	2012	2013	2014	2015	2016	2017	2018	2019	2020
行政と行政学の歴史	行政サービスの変遷						●				
	行政学の歴史	●	●		●	●	●	●	●	●	
	組織論		●	●		●			●	●	●
	官僚制	●	●					●	●		
行政組織の設計	日本の行政組織	●			●		●		●	●	●
	公務員制度			●			●				
	予算制度									●	●
地方自治	中央地方関係			●				●	●		
	日本の地方自治			●		●	●	●			●
行政責任と行政統制	行政責任と行政統制	●	●	●		●		●	●	●	
	政策過程の理論		●	●		●	●				●
	行政改革	●		●	●			●			●

VIII

目　次

第 1 章

行政と行政学の歴史

行政サービスの変遷
行政学の歴史
組織論
官僚制

1 行政サービスの変遷

学習のポイント

・ 特に重要なのは、19世紀の近代市民国家と20世紀の現代大衆国家の対比です。小さな政府／大きな政府、立法国家／行政国家、夜警国家／福祉国家、消極国家／積極国家などのキーワードとともに、それぞれの特徴を把握しておきましょう。

・ 前近代における行政の出題頻度は低いので、代表的なキーワードだけ確認しておきましょう。官房学について、詳しくは次節で扱います。

1 前近代における行政

(1) 古代・中世の政治支配

　古代・中世において政治支配者の果たすべき役割は、❶領土と人民を外敵から守る（**国防**）、❷犯罪を取り締まる（**警察**）、❸争いごとを裁く（**裁判**）にほぼ限定されており、ほかには公共建築（王宮や神殿など）や治山治水がある程度でした。その対価として支配者は徴兵や徴税などの賦役を課しました。

(2) 絶対主義国家と官房学

① 絶対主義国家

　絶対主義とは君主に無制限の権力を認めるもので、絶対君主を政治支配者とする中央集権体制の絶対主義国家においては、**富国強兵が目標とされ、重商主義に基づく殖産興業政策が推進される**ようになりました。これにより、統治の範囲は大きく拡大し、これを担う官僚制が登場しました。そして、**ヨーロッパ大陸諸国、特にドイツ・オーストリア地域**では、**君主と官僚のための学問**である官房学（カメラリズム）が誕生したのです。

② 警察国家

　三十年戦争（1618～48）が起こって神聖ローマ帝国が崩壊すると領域内の諸領邦の独立割拠が強まり、これ以降、ドイツ・オーストリア領内の各諸邦の競争が生まれるようになりました。

　絶対主義国家フランスでは、ルイ14世が重商主義を進めるとともに、内政では、警察が市内のパトロールだけでなく、街灯、清掃、ゴミ処理、交通整理、防火など

一般行政をすべて包括する内務行政を行いました（これがドイツに影響を与えたといわれます）。

　他方、ドイツ諸邦では、啓蒙専制君主として著名な**フリードリッヒ2世**統治下のプロシアがヨーロッパで初めて「警察国家」を確立しました。警察国家とは、**国民の保護と国民の福祉および社会改良の諸目的を同時に実現するために人々を動員する、高度に組織化され管理の行き渡った国家**のことです。ただし、その発想は、国家の基盤を安泰にするために国民の福祉に配慮するというものでした（何が幸福かは君主が決定します）。

2 近代市民国家の自由放任主義

　自由放任主義（レッセ・フェール）とは、**政府が個人の経済活動に極力干渉・介入せず、経済活動の自由を最大限保障すべきとする考え方**です。

　絶対主義のもとで次第に資本主義経済が発達し、産業資本家を中心とする**市民階級（ブルジョアジー）**が台頭してくると、**国家による国内産業保護政策や各種の規制・介入措置は、経済の発展を阻害するものとして批判的に捉えられるようになりました**。こうして、市民階級は、経済的自由と政治的権利を獲得するために近代市民革命を引き起こしたのです。

(1) 自由放任主義と「安価な政府」

　市民階級は何よりも、旧体制を支えてきた統治機構の弱体化と経済的自由を望みました。経済は政府による保護や規制ではなく、市民の自由な活動の中で発展すると考えたのです。このような主張のバイブルとなったのが、**A.スミス**（1723〜1790）の『諸国民の富』（1776）でした。同書は「神の見えざる手」による市場の自動調節作用を説き、政府の自由放任主義に理論的な根拠を与えました。

　そして、自由放任主義のもとでは、政府の役割を国防、治安維持、司法などの領域に限定することで財政支出を最小限にすべきである（「国家は安上がりであればあるほどよい」）という主張が多勢を占め、**「安価な政府」**（チープ・ガバメント）と呼ばれました。

(2) 問題点

　政府の役割を限定的に捉える主張は、19世紀半ば以降、資本主義の発達や産業化の進展によって発生した社会問題や都市問題に直面することで動揺します。これらの問題は、市場における自由競争では対応できないことが明らかになったからです。

ドイツの社会主義者F.ラッサール（1825〜1864）はこうした問題を踏まえ、「安価な政府」を「夜警国家」と称し、国防や治安維持などに限定された国家の役割を、夜間の警備を行っているにすぎないと批判しました。

西欧諸国の政府は、19世紀半ばから末にかけて、産業化と都市化に起因する新しい社会問題・都市問題に対応する必要に迫られ、そのサービスの範囲を広げることになりました。そうした変化は、「消極国家から積極国家へ」の変化と呼ばれます。また、「安上がりの政府から職能国家へ」の変化とも呼ばれます。

3 現代大衆国家と福祉国家

(1) 福祉国家の契機

福祉国家とは、安価な政府（夜警国家）のような限定された機能しか持たない国家ではなく、**社会保障制度を幅広く備え、市民の生活を安定した豊かなものにするための行政サービスを供給する国家**をいいます。

西欧諸国における政府の行政サービスの拡大は19世紀末から20世紀にかけてさらに加速しました。その要因は主に三つあります。❶労働運動が活発化したこと、❷選挙権が徐々に拡張されて大衆民主制が確立したこと、❸各党が大衆の支持を獲得するために競って社会政策・労働政策を政策綱領に掲げ、これが政党政治の主要な争点になったことです。

(2) 総力戦とニューディール政策

このような福祉国家への潮流は、第一次世界大戦、世界恐慌、第二次世界大戦といったさまざまな事件を契機として、一層明確なものとなりました。

二つの世界大戦は、総力戦を遂行するために国家総動員を敷き、国民各層への行政サービスの平準化を進める結果となったのです。また、世界恐慌は市場メカニズムへの不信を招き、アメリカのF.ルーズヴェルト大統領のニューディール政策に典型的に見られるように、財政政策・金融政策を通じた景気調節を国家が実施することの意義を確認させることになりました。

(3) 立法国家から行政国家へ

このように、立法府が行政府や司法府に優越する18〜19世紀の近代市民国家を**立法国家**と呼ぶのに対し、行政府の優位が確立した20世紀の国家を**行政国家**と呼びます。

しかし、このような**行政機関の拡大は行政の著しい専門化・技術化を招き**、立法機関たる議会は、次第に政府提出法案に大きく依存するようになりました。また、

それと比例する形で、立法機関が制定する法令は大枠を定めるだけで、その詳細な運用は**政令・省令へ委任**されるようになり（＝**委任立法**）、**行政官僚の裁量権が増大**することにもなりました。

> **補足**
>
> 政令は内閣が定める命令（規則）、省令は省が定める命令（規則）です。つまり、行政国家においては詳細な運用が政令・省令に委任されることにより、法令を制定する議会の統制が弱まることになります。

◆ 近代国家と現代国家の比較

	18〜19世紀の近代市民国家	20世紀の現代大衆国家
社会	市民社会 （市民が政治の担い手）	大衆社会 （大衆が政治の担い手）
経済	自由放任主義	ケインズ主義（混合経済）
政府	小さな政府（安価な政府）	大きな政府
権力の中心	立法府（立法国家）	行政府（行政国家）
国家の実態	夜警国家（自由権の保障重視）	福祉国家（生存権の保障重視）
社会への介入	消極国家	積極国家

> **ヒント**
>
> 近代市民国家の性質を国家の本質から捉えたのが「夜警国家」という呼称で、中心的な権力がどこにあるかという観点から捉えたのが「立法国家」という呼称に当たります。これはそれぞれ現代大衆国家において「福祉国家」、「行政国家」という呼称に対応します。
> つまり、立法国家と夜警国家はともに近代市民国家の、行政国家と福祉国家はともに現代大衆国家の性質を、それぞれ違った側面から捉えた呼称ということになります。

⑷ 福祉国家の要件

福祉国家の主な要点として、以下のものが挙げられます。

① 生存権の保障

　生存権（社会権・生活権）とは、一般に**国民が人間らしく生きるために必要な諸条件を国家に要求できる権利**を指します。生存権を最初に憲法に規定したのはドイツのワイマール憲法（1919）です。そして、この権利は、イギリスのベヴァリッジ報告（1942）において完成しました。同報告では、**ナショナル・ミニマム**という、**国家が広く国民全体に対して保障すべき必要最低限の生活水準**の概念が提示され、これがやがて個別政策領域ごとの目標水準として具体化されていくことになったのです。

② 所得の再分配

　政府は、低所得者向けの政策を実施するとともに、それに要する経費を、累進課税制度を加味した所得税・法人税や財産税などの課税を通じて担税力のある納税者から徴収するなど、歳出・歳入両面から所得再分配機能を担っています。

③ 景気変動調節のための市場介入

　古典経済学では、景気循環は資本主義経済の健全な現象と位置づけられ、市場メカニズムを通じた調整に対する信頼がありました。

　しかし、1929年からの世界恐慌は市場メカニズムへの信頼を打ち砕くことになりました。そこで、西欧先進国は、さまざまな積極的景気回復策を行うことで現状の打開を図ろうとしました。こうした考え方は、第二次世界大戦後に**ケインズ経済学**によって理論的な根拠を与えられることとなり、程度の差こそあれ、先進諸国はケインズ経済学に基づく財政・金融政策を実施するようになりました。

⑸ 福祉国家の見直し

　第二次世界大戦後の先進諸国では、福祉国家の進展は時代の趨勢でした。ところが、1970年代のオイルショックをきっかけに先進諸国は財政危機・財政赤字に直面するようになりました。また、この時期は**スタグフレーション**（不況下のインフレ）が発生し、ケインズ経済学では有効な対応策が出せない状況も生まれ、福祉国家の重要な理論的基盤であったケインズ主義への疑問も提示されるようになりました。

　こうした状況を受けて、1980年代に入ると、**イギリスのサッチャー政権、アメリカのレーガン政権が、福祉サービスの見直しや民営化の推進を行いました。**このような改革に理論的裏づけを与えたのが、**F. ハイエク**（1899～1992）や**M. フリードマン**（1912～2006）に代表される**新自由主義（ネオリベラリズム）**の経済学です。

　このように、1980年代のイギリスを源流とする福祉国家見直しの行政手法や思

想は、今日では、NPM（New Public Management：新公共管理）と呼ばれており、現代の行政改革を語るうえでの重要なキーワードの一つとなっています。

確認してみよう

① 現代の国家は、国の政策分野の拡大などを背景に、議会中心の「立法国家」から「行政国家」へと変化している。行政国家の下では、議会の制定する法律は行政の大綱を定めるにとどめ、具体的な事柄は委任立法として行政府に任される傾向が強まっている。　国般2013教

③ (3) 参照 ◯

　行政国家化により、行政が担当する職務が量的・質的に高度化したため、細部まで法律で規定することが難しくなり、行政部が制定する政令・省令に委任するようになりました。

過去問にチャレンジ

区Ⅰ2016

問題1 福祉国家に関するA〜Dの記述のうち、妥当なものを選んだ組合せ
★ はどれか。

A 福祉国家は、国家は国民の生活を維持するため、国防と警察のみにかかわって
いれば良いとされ、夜警国家とも呼ばれている。

B 福祉国家とは、生存権の保障を国家の責務として受け入れ、所得の再分配を国
家の当然の権能と考え、景気の変動を調節するために市場経済に積極的に介入す
るようになった国家をいう。

C 福祉国家における政府は、ケインズ経済学に依拠した金融・財政政策を実施し
たが、アメリカのフランクリン・ルーズベルト大統領が実施したニューディール
政策はその例である。

D 福祉国家の考え方は、国家権力の濫用を防ぎ、市民の自由と権利を守るという
民主主義思想の要請から生じたもので、国家はできるだけ小さく、統制しやすい
規模である必要があり、福祉国家は安上がりの政府とも呼ばれている。

❶ A B
❷ A C
❸ A D
❹ B C
❺ B D

【解答・解説】

正解 **4**

19世紀的国家と20世紀的国家の対比を覚えていれば、容易に解ける問題です。

A ✕ 「福祉国家」と「夜警国家」は同義ではありません。夜警国家は、F.ラッサールが、国防と警察のみに関わっている国家について述べた19世紀的国家の名称の一つです。一方、福祉国家は、国民の最低限度の水準を維持するために国家が積極的に活動するという20世紀的国家を指します。

B 〇 本記述で示されているのは、福祉国家の三つの要件（**❶**生存権の保障、**❷**所得の再分配、**❸**市場への積極介入による景気変動調節）です。

C 〇 福祉国家では、ケインズ経済学が理論的支柱となりました。

D ✕ これは、19世紀的国家（夜警国家、立法国家、消極国家）に関する記述です。20世紀的国家（福祉国家、行政国家、積極国家）では国家の役割が拡大するため、19世紀的国家と比べ国家の規模が相対的に大きくなります。

行政国家又は福祉国家に関する記述として、妥当なのはどれか。

★

都Ⅰ 2002

❶　行政国家は、工業化と都市化の進展に伴い、労働者層が増加したことを契機に台頭し、国民の生命と財産の保護を国家の最大の任務としているため、夜警国家ともよばれる。

❷　行政国家は、議会を名実ともに政治権力の中枢におくもので、近代民主制国家の大半にみられたが、現代国家にはみられない。

❸　福祉国家の機能の一つとして、所得の再分配によって生存権を保障することがあり、要求される保障のレベルはナショナル・ミニマムとされるため、福祉国家は消極国家ともよばれる。

❹　福祉国家の機能の一つとして、景気変動を調節するために市場経済に介入することがあり、政府の経済介入の初期の例としては、1929年に始まる大恐慌に対処するためのニューディール政策がある。

❺　福祉国家では、政府活動の膨張と非能率が抑制される傾向にあり、「安価な政府」ともよばれる。
チープ・ガバメント

【解答・解説】　　　　　　　　　　　　　　　正解 ❹

> これも、19世紀的国家と20世紀的国家の対比を覚えていれば、容易に解ける問題です。

❶ ✕　「行政国家」と「夜警国家」は同義ではありません。「労働者層が増加したことを契機に台頭し」までは行政国家に関する記述、「国民の生命と財産の保護」以降は夜警国家に関する記述になっています。

❷ ✕　これは「立法国家」に関する記述です。行政国家とは、官僚組織に大きな政治的役割を委ねた国家で、現代国家によく見られる形態です。

❸ ✕　**福祉国家は、積極国家とも呼ばれます。**「ナショナル・ミニマム」とは、国家（ナショナル）が最低限（ミニマム）しか保障しないという意味ではなく、最低でも一定水準以上は保障するというところに重点が置かれています。

❹ ◯　世界恐慌への対処法をきっかけとして、世界の民主国の政治は、それまでの夜警国家的な政治から福祉国家的な政治にシフトしたとされていて、ニューディール政策はその象徴ともいえるものです。

❺ ✕　福祉国家では行政の役割が大きくなり莫大な費用がかかるため、「**大きな政府**」とも呼ばれます。

行政国家又は福祉国家に関する記述として、妥当なのはどれか。

区Ⅰ 2003

❶ 行政国家は、都市の過密による都市問題が発生するようになったため、政府の役割は秩序維持に関するものに集中し、そのことは、警察が市民の安全を守るために夜回りをしているのと同じなので、夜警国家とも呼ばれている。

❷ 行政国家は、立法府が政治権力の中枢に位置づけられた統治機構を意味し、議会が文字どおり国権の最高機関であり、内閣は議会の委員会にすぎない。

❸ 行政国家は、ベヴァリッジ報告がきっかけとなり、経済活動や産業活動をコントロールする政府の役割が一層拡大した結果、生じたものである。

❹ 福祉国家は、生存権の保障をもって国家の責務とし、各政策分野ごとに政府が達成しなければならない目標を設定し、それをミニマムとして実現することを政府の課題とするものである。

❺ 福祉国家は、国家権力の濫用を防ぎ市民の自由と権利を守るという民主主義思想の要請から生じたもので、国家はできるだけ小さく、統制しやすい規模である必要があり、安上がりの政府とも呼ばれている。

【解答・解説】

❸のように「行政国家」と「福祉国家」の違いを問うのは異例ですが、解説文をよく読んで確認しておきましょう。

❶ ✕　「行政国家」と「夜警国家」は対極的な概念です。都市の過密による都市問題の発生により、行政府の役割が質・量ともに拡大していきました。そして、素人を中心に構成される立法府ではその監督が困難になっていくと、専門知識・技術を持つ行政府が政策立案を担うようになり、立法府に対してさえ行政府が指導力を発揮するようになっていきます。こうした状況に至った国家を「行政国家」と呼びます。

❷ ✕　これは、「立法国家」に関する記述です。

❸ ✕　これは、「行政国家」ではなく「福祉国家」に関する記述です。**福祉国家は行政国家の特殊型・発展型**で、厳密には**ニューディール政策**（1933：米国）や**ベヴァリッジ報告**（1942：英国）**以降に成立した国家体制**です。それに対して、**一般的な行政国家は、19世紀末の都市化や産業化の流れの中で成立した国家体制**であり、「ベヴァリッジ報告」（1942）がきっかけとなり生じたとはいえません。公務員試験では、福祉国家と行政国家を同義に扱うケースのほうが多いですが、ここでは両者の厳密な区別について問われています。悩ましいところですが、❹を間違いとするのは難しいので、この選択肢が誤りとなります。

❹ ◯　「それをミニマムとして実現すること」という表現がわかりにくいですが、ナショナル・ミニマムのことを述べていると捉えれば妥当な内容といえます。

❺ ✕　これは、19世紀的国家に関する記述です。福祉国家は、低所得層の国民にも最低限度以上の生活を保障することを国家の責務としたことから、広くさまざまな政策を低所得層向けに実施するようになり、必然的に政府機構の一層の拡大を招き、安上がりどころか「大きな政府」化を促進することになりました。

行政国家に関する記述として、妥当なのはどれか。

★★

都Ⅰ 2006

❶ 行政国家では、法案の作成において行政の役割が拡大するとともに、委任立法及び行政の自由裁量の範囲が広がる。

❷ 行政国家では、行政機能が拡大しているが、憲法上の権力分立制における議会制デモクラシーと行政権の機能性とは緊張関係にはない。

❸ 行政国家では、利益集団は議会を経由して行政機関に働きかけるが、行政機関と直接には交渉しない。

❹ 行政国家では、政府はサービス供給の担い手としてとらえられ、国民は有利なサービスの獲得のために、政治に自発的に参加するようになる。

❺ 行政国家では、行政が膨大なサービスを提供するため、行政組織内の管理が分散化され、地方自治体との関係では分権化が進む。

【解答・解説】

正解 ❶

　正解肢が明確なので一本釣りできる問題です。微妙な記述もありますが、立法国家と比較した行政国家の特徴として理解してください。

❶ ○　立法国家の時代には「法律は行政に優位し、行政は法律の命ずるところに従って行動する」という「法律による行政」の原理が実質的に浸透していましたが、行政国家化に伴って行政部の裁量範囲の拡大が見られるようになりました。

❷ ✕　緊張関係はあります。行政機能が大規模・複雑化した行政国家では、専門家集団である行政官僚の役割が大きくなり、委任立法を典型として、法律案の作成や法執行過程に至るまで彼らの裁量が著しく拡大することになります。こうした状態は、憲法上の権力分立制における議会制デモクラシーとの間に緊張を生むものです。

❸ ✕　行政機関への働きかけ（行政ロビイング）もあります。当初は議会や議員を対象に行われる立法ロビイングが中心であったのに対して、行政部の裁量が拡大するにつれて、行政部に直接働きかける行政ロビイングの比重が高まっています。

❹ ✕　一般に、自発的に参加しなくなるとされます。行政国家では、国民が逐一要求しなくても政府がさまざまなサービスを供給しているため、国民は自発的に政治参加する意欲を失い、政治的無関心が助長されるとされます。他方で、利益集団の活動については、活発化する傾向が見られます。

❺ ✕　むしろ集権化が進みます。膨大な行政サービスの提供が求められる行政国家では、処理の迅速化等の機能的要請から行政組織の内部が集権的構造を生みやすく、地方自治体が下請け的な執行機関という位置づけになってしまい、地方分権に対して否定的に働く傾向が強いとされます。1980年代以降は地方分権化の動きが強くなっていますが、立法国家と比較すれば行政国家は集権的といえます。

福祉国家に関する次の記述のうち、妥当なのはどれか。

★★

国般2004

❶ 　20世紀に入り西欧諸国を中心に福祉国家が誕生した背景には、労働運動の活発化、普通選挙制度の実施など大衆民主制の実現という政治的要因と、経済成長に伴う市場メカニズムへの揺るぎない信頼感の確立という経済的要因があると指摘されている。

❷ 　第一次世界大戦中、ベヴァリッジ報告で初めて生存権の考え方が示され、その後、ワイマール憲法に生存権の保障条項が規定されるに至った。生存権・社会権の保障を国家の責務とする憲法思想は、以降急速に各国に普及し、日本国憲法にも生存権の保障が規定された。

❸ 　福祉国家では、政府は、低所得者向けの政策を実施するとともに、それに要する経費を累進税率制度を加味した所得税・法人税や財産税などの課税を通じて担税力のある納税者から徴収するなど、歳出・歳入の両面から所得再分配機能を担う。

❹ 　1970年代以降のスタグフレーションの下では、福祉国家の理論的支柱であった新制度派経済学に基づく経済政策は有効に機能しなくなった。行政活動の非効率性を批判する「政府の失敗」が主張されて、福祉国家の危機といわれるようになった。

❺ 　1980年代以降、行政活動の範囲の縮小を目指した行財政改革が先進諸国の共通した政治課題となった。1990年代後半には、新公共管理（NPM）と総称される改革手法によって、我が国を始め多くの先進諸国は財政赤字の解消と高福祉低負担の維持に成功した。

【解答・解説】

> 正解肢は明確ですし、その他の選択肢も常識を踏まえれば外せる問題です。

❶ ✕   福祉国家が誕生した背景には、**世界恐慌に伴う市場メカニズムへの不信**（「**市場の失敗**」の顕在化）が挙げられます。

❷ ✕   ベヴァリッジ報告は、**第二次世界大戦中**に提出されました。憲法典において生存権規定を最初に加えたのは第一次世界大戦後のワイマール憲法（1919）で、ベヴァリッジ報告（1942）は、この「生存権」規定を「ナショナル・ミニマム」と言い換えて、社会保障に関する具体的な政策を提言しました。

❸ ◯   福祉国家では社会権に基づき、所得の再分配や景気変動などの市場の不安定性に対する政府の経済的介入はもちろん、医療や福祉など広範囲にわたる行政サービスの提供も正当化されています。

❹ ✕   福祉国家の理論的支柱であったのは、「新制度派経済学」ではなく「ケインズ経済学」です。

❺ ✕   我が国をはじめ多くの先進諸国では、財政赤字は解消していません。また、福祉水準の維持には財源が必要ですので、福祉水準と税負担は比例するのが一般的です。したがって、高福祉と低負担の同時達成は困難です。

行政におけるサービス範囲の変遷に関する次の記述のうち、妥当なのはどれか。

★★

国般 2002

❶ 　古代と中世における政治支配者の統治の職能は、国防、警察、裁判の3点にほぼ限られていた。政治支配者はそれらの職能の対価として、人民に兵役や納税の義務を課していたが、統治の職能が限られていたため、徴兵・徴税の猶予や減税を頻繁に行わざるを得なかった。

❷ 　絶対君主を政治支配者とする中央集権体制の国民国家においては、富国強兵が目標とされ、重商主義に基づく殖産興業政策が推進されるようになった。統治の職能の範囲は次第に広がり、これを担う官僚が登場した。また、君主と官僚のための学問として夜警国家論が盛んになった。

❸ 　西欧諸国の政府は、19世紀半ばから末にかけて、産業化と都市化に起因する新しい社会問題・都市問題に対応する必要に迫られ、そのサービスの範囲を広げることになった。そうした変化は、消極国家から積極国家への変化と呼ばれることがある。

❹ 　20世紀における福祉国家の拡大には、幾つかの要因が考えられる。政治制度における大衆民主制の実現は基本的な要因である。このほかに、2度にわたる世界大戦と1929年以来の大恐慌とが考えられるが、資本主義と社会主義の体制間競争は特に要因とはみなされていない。

❺ 　石油危機後の不況で財政赤字に直面した先進諸国の政府においては、減量経営を目指した行財政改革がほぼ共通の政治課題になった。我が国の中曽根政権は、戦後初の臨時行政調査会を設置し、増税なき財政再建の基本方針の下、三公社の民営化などの改革を実施した。

【解答・解説】

正解 ❸

❺は第4章第3節で扱う内容ですが、正解肢は明確なので解答できるでしょう。

❶ ✕ 　古代と中世において、徴兵・徴税の猶予や減税が頻繁に行われるということはありませんでした。また徴兵制は、古代には見られましたが、身分制が確立した中世以降は一般的ではなくなりました。中世には、高位の武職は君主・諸侯の名誉職となり、実戦を担当する兵卒は戦時だけ傭兵を臨時採用するなどしていました。

❷ ✕ 　君主と官僚に広まったのは「**警察国家**」の思想です。「**夜警国家**」は、絶対王政期の国家ではなく、19世紀の国家が最小限の機能しか果たしていないとしてF.ラッサールが批判的に示した国家像です。また、警察国家思想は**国民生活への介入に積極的な立場**なのに対して、夜警国家は消極的な立場である点も異なります。なお、「国民国家」は市民革命以降に成立したため、その点でも誤りですが、行政学の知識としては必要ありません。

❸ ◯ 　西欧諸国ではこうした社会問題の影響を市民よりも大きく受ける労働者等が選挙権を持つようになったことから、政府は社会問題に介入することが求められるようになりました。

❹ ✕ 　資本主義と社会主義の体制間競争も、福祉国家拡大の要因の一つと考えられています。1917年のロシア革命で社会主義体制の国が誕生したために、その対抗上、資本主義体制の国々の側でも分配の不公平をある程度まで是正することが求められました。

❺ ✕ 　1962年に戦後初の「臨時行政調査会（第一次臨調）」を設置したのは、池田勇人内閣です。「第二次臨時行政調査会（第二次臨調）」は、鈴木善幸内閣時の1981年に設置され、中曽根康弘内閣はそれを引き継いで成果を上げました。詳しくは第4章第3節で扱います。

2 行政学の歴史

学習のポイント

- 行政学の歴史については、アメリカ行政学が最大のポイントです。各種試験で繰り返し問われています。
- 他方で、ヨーロッパの歴史については地上レベルで、細かい論点も含めて出題してくる場合があるので、歴史的展開に即して一通り学習しておきましょう。

1 官房学 (カメラリズム)

(1) 官房学

官房学（カメラリズム）とは、**ドイツ諸邦の絶対君主が富国強兵や殖産興業を進めるため重視した諸々の学問の集大成**です。前節で触れたとおり、絶対主義の時代の君主と官僚のための学問として誕生しました。

(2) 前期官房学 (17 〜 18 世紀前半)

前期官房学は、J-J. ベッヒャー、W.F.v. シュレーダー、**V.L.v. ゼッケンドルフ**などが代表的論者で、君主の家政学が中心となった学問です。つまり、王家直轄領地の農業経営、鉱山開発、都市商工業の振興方策などが中心であり、**雑多な学問の集合体**（国家学、警察学、財政学、経済学、林学、採鉱学、医学など）でした。

(3) 後期官房学 (18 世紀後半)

後期官房学は、J.H.G.v. ユスティ、J.v. ゾンネンフェルスなどが代表的論者です。1727 年に官立大学（ハレ大学とフランクフルト大学）に官房学講座が開設され、官僚養成コースに発展し、官房学は次第に体系的な学問として確立されていきました。特にユスティは、官房学を、経済政策学、財政学、**警察学（ポリツァイ学）**の諸領域に分解し体系化した人物です。彼は絶対王政による無制限の干渉を前提としつつも、警察学を**国家の資源と国民の潜在的力を活用し、共同の福祉（公共の福祉）を高める一切の国家活動を扱う学問**として定義しました。

確認してみよう

① 　警察学を展開したユスティは、共同の福祉を促進するための国家の内務事務を処置することを警察活動の本質ととらえ、それまで当然の前提とされていた絶対王政の無制限の干渉を制限しようとした。地上1997

1 (3) 参照 ✕

　ユスティの警察学は絶対主義国家の時代の学問であり、絶対王政の無制限の干渉を認めています。

2 シュタイン行政学

(1) 背 景

　19世紀に入り近代市民社会が成立し始めると、絶対君主を前提とした官房学は徐々に廃れるようになり、ドイツの国法学者である **L.v. シュタイン**（1815 〜 90）は、哲学者 **G. ヘーゲル**（1770 〜 1831）による国家論の影響のもとで、**市民社会に適応する新たな行政理論**を提示しました。

補足

　ヘーゲルは、「市民社会」は独立した個人が自己利益を追究しつつ関係し合う「欲望の体系」であり、市民社会の特殊利益を代表する議会（シュタインの用語では「憲政」）に任せておくだけでは不平等は拡大すると考えました。そこで、市民社会よりも高いレベルの統一的な共同体である「国家」において、国家を代表する君主・官僚が、市民の特殊利益に拠らず中立的な観点で市民社会に働きかけること（シュタインの用語では「行政」）によって普遍的利益が達成されるとしています。

(2) 憲政と行政

　シュタインによれば、**国家とは、それ自身が意思と自我を持つ人格にまで高められた共同体であり、憲政と行政という二つの原理によって支えられています**。憲政とは近代議会政治のことですが、これはつまり「**国家の意思を形成する過程**」であり、この意思形成への参加が自由として個人に認められています。行政とは、憲政が形成した「**国家の意思を実現する過程**」であり、憲政が限度と秩序を与える「**国家の労働**」とされます。

以上のように、まずシュタインは憲政が行政に優越する原理を示しました。しかし、シュタインの理解によれば、市民社会は階級的に分裂し、自らその秩序を保持することはできません。そこで、国家は社会の利害対立を克服し、秩序を回復するための役割を果たすとしました。この側面において行政は憲政に優越することになります。このように、シュタインは、憲政と行政の関係を、「**憲政の行政に対する優越**」、「**行政の憲政に対する優越**」という二重の相互作用関係として捉えました。

> 　シュタインは、ヘーゲルの国家論を受けて、個人が利益を追求する社会（市民社会）と国家は原理的に対立するものであるとしています。
> 　また、憲政と行政は固定的な優劣関係にあるわけではなく、二重の相互作用関係を持つ点で対等だと考えていた点がポイントです。

◆シュタインの憲政と行政

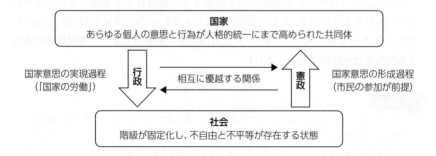

(3)　行政学の体系

　シュタインは、行政に関する学を総論と各論の2部構成とし、総論は行政組織、行政命令、行政法の3部門からなり、各論は、外務、軍務、財務、法務、内務の5部門からなるとしました。

確認してみよう

----

① L.v. シュタインは、国家の役割を考察するために社会を知る必要性を説き、国家と社会を対立するものとして捉えた上で、国家の役割は、国家意思に基づいて国家機関が実施する「憲政」、国民が国家意思を形成する「行政」であるとし、「憲政」と「行政」が対等の相互作用関係にあることを指摘した。国般2018

2 (2) 参照 ✕

後半部分の「憲政」と「行政」の説明が逆になっています。L.v. シュタインは、国民が国家意思を形成することを「憲政」、国家意思に基づいて国家機関が実施することを「行政」としたうえで、「憲政」と「行政」が対等の相互作用関係にあるとしました。

----

② L. シュタインは、行政が憲政に対立する関係だけでなく、憲政が行政に対立する関係も確立すべきであると論じた。彼は、行政能率と民主主義の間には緊張関係が必要であり、理想的な官僚制組織は、行政能率よりも民主主義を優先させるべきと主張した。国般2001

2 (2) 参照 ✕

シュタインは行政と憲政の相互の対等性を強調しているので、民主主義（憲政）が行政能率に優先という点が誤りです。

3 アメリカ行政学史

(1) 背景

アメリカ行政学は、時期的にはシュタイン行政学から影響を受ける立場にもありましたが、それ以前の行政理論とは断絶した、アメリカ特有の歴史的背景のもとで形成されました。

(2) 猟官制と資格任用制

① 猟官制の確立

アメリカの厳格な三権分立は、大統領と議会が対立する可能性を潜在的に秘めています。こうした事情から、議会に対抗し得る信任できる部下を大統領が確保する

ために、**同一の政治的信条を共有することを基準とした官職任命**が定着しました。これを猟官制（スポイルズ・システム）と呼びます。

この猟官制は第3代大統領T.ジェファーソンが端緒となり、**1830年代のジャクソニアン・デモクラシーの時代**において確固たる原則として確立しました。1829年に第7代大統領に就任したA.ジャクソンは急進的な民主主義者であり、行政は読み書き能力のある人なら誰でも運営し得るほど単純なものであるとしました。

猟官制は本来民主主義の理念に基づいたものであり、**永続的な官僚制の出現を防止する目的**として導入されましたが、ジャクソニアン・デモクラシー以降は、**政治的腐敗や行政の非効率化の原因**にもなっていきました。

② イギリスの資格任用制

名誉革命以降のイギリスでは、議院内閣制の確立に伴って、官僚の地位は「国王の従僕」から「市民の従僕」（シビル・サーバント）へと変化し、時の内閣によって自由に任命される公務員制が確立します。これを情実任用制（パトロネージ・システム）と呼びます。

情実任用は、内閣中心の政治を確立することに貢献しましたが、政党政治の発展に伴い、時の政権が官界にその支持勢力を扶植するための方策に変化してしまいました。そこで、**1853年のノースコート＝トレヴェリアン報告**により、本人の能力の実証に基づいて官職への任用や昇進を決定する資格任用制（メリット・システム）が徐々に導入されるようになりました。

③ アメリカの資格任用制

1870年代になると、先述のイギリスの公務員制度改革の影響を受けて、猟官制の改革が議論されるようになりました。当時のアメリカは産業発展に伴い行政の介入を要する分野が拡大していましたが、猟官制はこうした問題に対応する能率的で政治的に中立な公務員制度の確立を妨げていると理解されました。そこで1883年の**ペンドルトン法（連邦公務員法）**により資格任用制が導入されました。ペンドルトン法の制定以来、資格任用制を適用する官職の範囲は徐々に広げられていきました。

しかし、現在でも大統領交代のたびに、各省の幹部を中心として3,000人程度が政治任用されており、**アメリカは依然として猟官制の伝統が根強くあります。**

◆猟官制と資格任用制度の比較

猟官制 (スポイルズ・システム)	資格任用制 (メリット・システム)
・自己の政治的支持者や選挙で勝利した政党がその政党支持者に官職を分配するなど、党派的な情実で公務員を任用する政治慣行	・公務員への任用や昇進を、本人の能力の実証に基づいて決定する制度 ・行政の専門性と中立性を確保することを目的とする

(3)　政治行政二分論

①　背　景

　ペンドルトン法の成立後、能率的な行政運営を実現するために、従来の政治と行政の関係を再構成する機運が高まることになりました。こうしてアメリカでは政治学から独立した学問としてアメリカ行政学が誕生することになります。

　アメリカ行政学建学の父祖とされるのがW.ウィルソン（1856～1924）とF.J.グッドナウ（1859～1939）です。彼らはともに、能率的な行政を実現するためには、何よりもまず政治と行政の役割の違いを明確にし、**政治の介入から自由な行政の領域を確立すべき**だとの主張を展開しました。政治と行政を明確に区分けすることが初期アメリカ行政学の共通認識であり、こうした主張を**政治行政二分論（分離論、分断論）** と呼びます。

②　ウィルソン

　のちに第28代大統領となるウィルソンは、猟官制などの腐敗した当時の政党政治の改善を目指し、行政を政治から解放して自律性を追求した「**行政の研究**」(1887)を著しました。同論文は、行政学の礎を築いた記念碑的著作とされます。

　ウィルソンは、行政は政治の固有の領域の外にある「**ビジネス（事務・実務）の領域**」であるとし、行政学は「**能率追求の管理技術**」であるとしました。このような行政の捉え方を**技術的行政学**といいます。すなわち、政治と切り離された領域である行政は、その職務において、「**最大限可能な能率および金銭と労力の最小コスト**」を確保することに努めるもので、能率向上に資する「技術」をさまざまな分野から採り入れることができます。

ウィルソンは、「凶悪犯から殺人の意図を借りることなくナイフを研ぐ技術を教わることができる」という極端な比喩を用いて、能率向上のための技術を採り入れる重要性を強調しています。この比喩を援用する形で、西欧の絶対主義はアメリカの共和主義的立場とは相いれないものですが、絶対主義のもとで育まれた官房学の技術だけをそこから採り入れることはできると論じています。

③　グッドナウ

　グッドナウは、ウィルソンによって提起された政治と行政の区分を再構成・発展させ、『政治と行政』（1900）において政治と行政の関係をより詳細に検討し、政治による行政の統制範囲と限度を示しました。

　具体的には、グッドナウによれば、行政は、❶法律の一般的規制の範囲内で具体的事案を審査する準司法的機能、❷単なる法律の執行にとどまる執行的機能、❸複雑な行政組織の設立および保持に関わる機能の三つに分けることができます。

　このうち政治による統制が必要なのは、❷のみであり、❶と❸への政治による介入は有害であるとされました。すなわち、**政治は行政を統制しなければなりませんが、必要な限度を超える統制は許されない**としたのです。なお、ウィルソンは政治と行政の区別を意思と執行の違いではないとしましたが、グッドナウは、**国家意思の決定（政治）とその執行（行政）**という形で区別し、**行政固有の領域をより厳密に定義**しました。

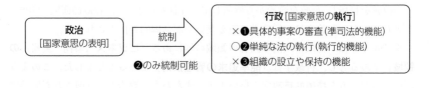

⑷　行政管理論
①　概　要

　政治と行政の分離を主張したアメリカ行政学は、ウィルソンの主張（"ビジネスの領域"）にも見られたように、その当初から、民間企業で発達した組織論と親和性の高いものでした。それゆえ、F. テイラーの科学的管理法に代表される企業組織の能率推進運動などが発展してくると、公行政（public administration）も私経営（business administration）もそれが同じ管理（アドミニストレーション）で

ある限り共通の原理・原則を持つものとして、民間の組織論や管理技術といった「管理の科学」と一体化するようになります（科学としての行政学）。

こうして、1920 ～ 30年代のアメリカ行政学は、民間の組織論の系譜と合流し、行政管理論と呼ばれるようになります。

> 🐟 **補足**
>
> テイラーの科学的管理法については次節で詳しく学習しますが、労働者の属人的なスキルや経験に頼っていた生産現場の業務能率を、科学的な分析によって管理・向上させていく方策をいいます。

> 🍎 **ヒント**
>
> 行政管理論も政治と行政の区分を前提にしており、広い意味では前項で学習した政治行政二分論の範疇に含まれます。次項で学習する政治行政融合論と区別しましょう。

② 市会・市支配人制度

19世紀後半のアメリカ市政の多くは、ボス政治家とマシーン（非公式の集票組織）によって牛耳られており、腐敗した政党政治が行われていました。こうした問題を受けて、19世紀末からアメリカの各都市では、ボス政治家やマシーン政治を批判し、より合理的・能率的な市政を求める市政改革運動が展開します。

そのため20世紀初頭のアメリカの自治体では、**市会・市支配人制度**が普及しました。これは、**市会から市政運営の委託を受けた市支配人**（city manager）**が、科学的管理法の理論を活用して能率的な行政運営を実施する**というものです。この市支配人制度は現在でもアメリカの中小都市で広く採用されています。市支配人への社会的需要が高まったため、市支配人をプロフェッションとして養成するために、行政大学院が続々と設立されました。

③ ホワイト

アメリカの行政学者**L.D.ホワイト**（1891 ～ 1951）は、行政学が民間の「管理の科学」と一体化していく状況において、行政を管理の問題として研究し、**アメリカ行政学における最初の体系的な教科書**と目される『行政学入門（行政学研究序説）』（1926）を著しました。

ホワイトは、行政を**「国家の目的を達成するうえでの人と資材の管理」**と定義し、**この管理を能率的に行うのが行政の目的にほかならない**としました。彼は市政改革運動の推進者の1人であり、科学的管理法によって行政運営の改善がなされたこと

を高く評価しました。

④　ウィロビー

　アメリカの行政学者W.F.ウィロビー（1867～1960）によれば、**行政の目標とは能率にほかならず、行政では能率を確保するための原理が発見され適用されなければならない**とし、「科学としての行政学」を提唱しました。

　彼は、政治と行政との分離の一層の純化を追求し、司法・立法・行政という三権分立論は実際の権力のあり方に適合的でないと批判したうえで、広義の行政権を執行権と狭義の行政権に区分し、司法・立法・執行・行政・選挙の五権分立論を唱えました。すなわち、彼は、**執行権は大統領に属しますが、行政権は大統領から一定の独立性を有する行政機関によって担われている**としました。

⑤　ギューリック
（ア）背　景

　ホワイトやウィロビーなどに見られた「行政の科学化」志向は、1930年代後半に頂点を迎えます。この時期の代表的書物がイギリスの経営学者L.F.アーウィック（1891～1983）とアメリカの行政学者L.H.ギューリック（1892～1993）の2人によって編纂された『管理科学論集』（1937）です。

　ギューリックの「行政の科学化」志向は、ウィルソン以来発達してきたアメリカ行政学の伝統に即したものであり、かつこれまで発展してきたアメリカ行政学のさまざまな傾向の集大成・体系化を試みたものでした。このように、ウィロビーやホワイトに始まり、ギューリックによって完成されたアメリカ行政学は正統派行政学（オーソドキシー）とも呼ばれます。

（イ）現実政治への影響

　行政管理論が発達したアメリカの戦間期は、地方政府では市支配人制度、連邦政府ではF.ルーズヴェルト大統領のニューディール政策が推進されたように、行政の執政機関の権限強化が図られた時代でした。こうした状況下でギューリックは執政機関が果たす役割を総括管理機能として定式化し、**トップを補佐し、これらの総括管理機能を分掌する総括管理機関の整備充実を主張**します。

　ギューリックは、ルーズヴェルト大統領が1937年に設置した行政管理に関する大統領委員会（ブラウンロー委員会）に参画し、自らの行政管理論を下敷きに、**大統領の権限強化のため大統領府の設置を提言**したのです。先述の『管理科学論集』は同委員会の審議に供するための参考資料として作成されたものであり、彼の主張は、**実際の大統領府の設置（1939）に結びつくこととなりました。**

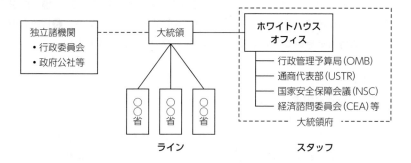

◆現在のアメリカ連邦政府行政機構図

(5) 政治行政融合論
① 概要

政治行政二分論を中心に形成されたアメリカ行政学は、ニューディール政策やその後の第二次世界大戦下の総力戦体制などに見られる行政国家化の進展によって見直しを迫られるようになりました。

まず1930年代後半から、行政管理を企業管理と同一視するような立場に対する批判が登場するようになり、第二次世界大戦後もこの傾向は引き継がれ、**政治と行政を連続的な過程とみなし、政策過程における行政の積極的機能に注目する**政治行政融合論（連続論）が登場することになりました。**技術的行政学**の対概念として機能的行政学とも呼ばれます。

② アップルビー

アメリカの行政学者P.アップルビー（1891～1963）は、ニューディール政策に携わった実務経験から、行政府の持つ政策立案・形成機能に注目し、著書『政策と行政』（1949）において、行政を「**政策形成（policy making）であり、多くの基本的政治過程の一つ**」であるとし、広義の政治過程に位置づけました。

行政ではあらゆるレベルにおいて裁量行為が不可避であり、行政はときに立法を凌ぐ政策を立案するとしました。政策形成という観点から見れば、**政治と行政は常に連続的な相互作用のもとに置かれている**のであり、政治と行政の関係を政治は政策の決定、行政はその実施と分けることは、意味のないものだとしました。

③ ダール

アメリカの政治学者R.ダール（1915～2014）は、「**科学としての行政学**」が成

立していないことを指摘しました。

　ダールは、従来の行政学は、❶価値中立を装い規範的価値の明確な位置づけを行っていない（能率追求が特定の価値の追求であることに無自覚である）、❷人間を形式的・技術的に理解するのみで人間行動の経験的分析を怠っている、❸行政を取り巻く社会的背景を無視しているといった問題を持つと批判しました。

④　ワルドー

　アメリカの政治学者D.ワルドー（1913～2000）は、「正統派行政学」はアメリカ独自の経済的・社会的・政治的・イデオロギー的事実と不可分に結びついた政治理論にすぎないとし、「正統派行政学」のように**能率それ自体を価値とすることはできず、能率それ自体よりも「何のための能率か」という価値の問題が問われなければならない**としました。

⑤　サイモン

　アメリカの政治学者H.サイモン（1916～2001）は、政治行政二分論に対する批判をその方法論上の問題点から指摘しました。彼は、ギューリックのように、実務経験に依拠して管理や組織の一般原理を引き出すことを批判しました。

　彼によれば、古典的組織論が主張する一般原理は、一つひとつを取り上げれば妥当なもののように見えますが、それぞれの原理を総合的に分析してみると相対立する原理を含んでおり、「矛盾した諺」（行政の諺）にすぎないとしました。

◆アメリカ行政学の発展

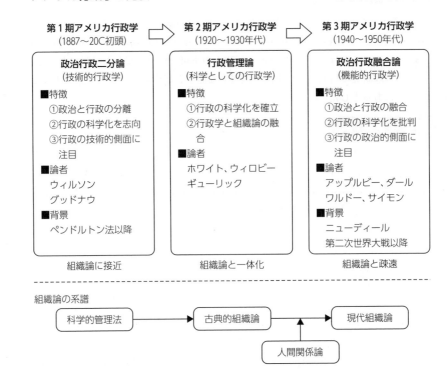

第1期アメリカ行政学
(1887〜20C初頭)

第2期アメリカ行政学
(1920〜1930年代)

第3期アメリカ行政学
(1940〜1950年代)

政治行政二分論
(技術的行政学)

■特徴
①政治と行政の分離
②行政の科学化を志向
③行政の技術的側面に
　注目
■論者
　ウィルソン
　グッドナウ
■背景
　ペンドルトン法以降

組織論に接近

行政管理論
(科学としての行政学)

■特徴
①行政の科学化を確立
②行政学と組織論の融
　合
■論者
　ホワイト、ウィロビー
　ギューリック

組織論と一体化

政治行政融合論
(機能的行政学)

■特徴
①政治と行政の融合
②行政の科学化を批判
③行政の政治的側面に
　注目
■論者
　アップルビー、ダール
　ワルドー、サイモン
■背景
　ニューディール
　第二次世界大戦以降

組織論と疎遠

組織論の系譜

科学的管理法　→　古典的組織論　→　現代組織論

人間関係論

確認してみよう

①　ウィルソンは、初めて体系的な行政学の教科書を著し、優れた行政とは、すべての方向において冗費をなくし、かつ公共目的を最も急速かつ完全に充足することであるとした。区Ⅰ2003

3 (3) ② 参照 ✗

行政学の初めての体系的教科書はL.D.ホワイトによる『行政学入門』です。

②　ホワイトは、「行政学研究序説」という著書において、行政のトップが担うべき総括管理機能には、企画、組織、人事、指揮監督、調整、報告、予算という七つの機能があるとした。区Ⅰ2010

3 (4) (5) 参照 ✗

総括管理機能はホワイトではなく、L.H. ギューリックの議論です。

....

③ 　ホワイトは、行政学は政治と行政との不可分性を直視した学問であるとし、行政研究の目的の一つを最大限可能な能率と最小限のコストを発見することにあるとした。区Ⅰ 2003

3 (4) ③ 参照 ✗

ホワイトは行政管理論に属する論者であり、行政管理論は政治行政二分論の範疇に含まれるため、「政治と行政の不可分性を直視した」という記述は妥当ではありません。

....

④ 　ワルドーは、「行政国家論」という著書において、正統派行政学がアメリカ独特の経済的、社会的、政治的、イデオロギー的な事実と不可分に結びついた政治理論として形成されたものであるとした。区Ⅰ 2010

3 (5) ④ 参照 ○

ワルドーは、能率の尊重はアメリカ的なイデオロギーの影響にすぎないと批判しています。

....

⑤ 　サイモンは、能率はそれ自体問われるべき価値ではないとし、能率という純粋概念の追求の限界を指摘するなかで、何のための能率であるのかを問う必要性を提起した。区Ⅰ 2012

3 (5) ④ 参照 ✗

サイモンではなく、ワルドーの議論です。

....

⑥ 　ウィロビーは、正統派行政学の諸原理は、諺のように、相互に矛盾する対のようになっているため、いずれの原理に従うかによって正反対の組織改善になるにも関わらず、そのいずれを指示するかの理論を有していないとした。区Ⅰ 2012

3 (5) ⑤ 参照 ✗

ウィロビーではなく、サイモンの議論です。

過去問にチャレンジ

区Ⅰ 2014

問題1
★

シュタインの行政学に関するA～Dの記述のうち、妥当なものを選んだ組合せはどれか。

A シュタインは、行政に関する学を総論と各論の2部構成とし、総論は、外務、軍務、財務、法務、内務の5部門からなり、各論は、行政組織、行政命令、行政法の3部門からなるとした。

B シュタインは、国家とはそれ自身が自我、意思及び行為とをもって人格にまで高められた共同体であるとした。

C シュタインは、行政とは国民の参加による国家の意思の形成であり、憲政とは国家の意思の反復的実施であるとした。

D シュタインは、憲政と行政の双方が優位を占める二重の関係を設定し、行政なき憲政は無内容であり、憲政なき行政は無力であるとした。

❶ A　B
❷ A　C
❸ A　D
❹ B　C
❺ B　D

【解答・解説】

正解 **⑤**

> L.v.シュタインの問題は独特のキーワード満載で取っつきにくいのですが、パターンは決まっていますので、一度覚えれば得点源になります。慣れておきましょう。

A ✕ 「総論」と「各論」が逆になっています。シュタインは、総論は行政組織、行政命令、行政法の3部門からなり、各論は、外務、軍務、財務、法務、内務の5部門からなるとしました。これは細かい内容ですが、行政組織、行政命令、行政法はいずれも行政学全体に関わるものであるのに対して、外務、軍務、財務、法務、内務はそれぞれ個別分野であることから推測しましょう。

B ○ このようなシュタインの国家観は、G.ヘーゲルの影響を受けています。

C ✕ 「憲政」と「行政」が逆です。憲政とは、議会を通じて国民が国家の意思に参加し形成する過程を指し、行政とは、憲政によって形成された国家の意思を反復的に実施することを指します。難しい言い回しではありますが、これはつまり、議会が決めた法律に基づいて行政官が行政活動に従事しているということです。

D ○ シュタインは、憲政が行政を制約することで絶対的な権力を排除するとともに、憲政が単なる市民社会の利害対立に陥らないように行政が憲政を制約するという二重の相互作用関係を主張しました。

シュタインの行政学に関する記述として、妥当なのはどれか。

★

区Ⅰ 2005

❶　シュタインは、国家生活の領域に基づく外務、軍務及び内務の行政を体系
として、行政組織論、行政命令論及び行政法の各論を展開した。

❷　シュタインは、行政とは、国家という有機体を構成する個人が国家意思の
決定に参与する国家的権利であるとした。

❸　シュタインは、社会とは、それ自身が自我と意思と行為とをもつ人格にま
で高められた共同体であるとした。

❹　シュタインは、憲政とは、行政によって限度と秩序とを与えられた国家の
労働であるとした。

❺　シュタインは、国家原理の内容である憲政と行政とは、憲政に対する行政
と同時に行政に対する憲政という二重の関係にあるとした。

【解答・解説】　　　　　　　　　　　　　　正解 ❺

> 独特の言い回しが並んでいますが、正解肢が明確なので正答できるでしょう。

❶ ✕　　総論（体系）と各論の関係が逆になっています。L.v.シュタインは、行政組織論、行政命令論および行政法の3部門を体系として、国家生活の領域に基づく外務、軍務、財務、法務、内務の5部門の各論を展開しました。

❷ ✕　　これは、「行政」ではなく「憲政」に関する記述です。シュタインはG.ヘーゲルの国家有機体説の影響を受けつつ、国民が議会を通じて自らの意思を国の政治に反映させること（＝「国家意思の形成」）も肯定し、それを「憲政」の原理と呼びました。

❸ ✕　　これは、「社会」ではなく「国家」に関する記述です。シュタインはヘーゲルの影響を受けて、国家を人格にまで高められた共同体と捉えました。また彼は、国家と違って社会は個人がばらばらのままで統一されていない状態であるとして、国家と社会を区別しています。

❹ ✕　　「憲政」と「行政」が逆です。シュタインは、「行政」とは「憲政」によって限度と秩序が与えられた国家の労働であるとしました。難しい言い回しではありますが、これはつまり、国会が制定した法律によって行政活動の範囲（＝限度と秩序）が定められているということです。

❺ ○　　シュタインは、憲政と行政は互いに優越し合う対等な相互作用関係にあるとしました。

シュタインの行政学に関する記述として、妥当なのはどれか。

★

区Ⅰ2005

❶ シュタインは、社会とはあらゆる個人の意思と行為が人格的統一にまで高められた共同体であるとした。

❷ シュタインは、国家とは意思と行為として、その人格の面において登場する人間の共同体であるので、国家と社会は原理的に対立するものではないとした。

❸ シュタインは、憲政と行政は行政に対する憲政の絶対的優越性を説く法治行政原理の関係にあるとした。

❹ シュタインは、憲政とは人格的な国家共同体を構成する個人の国家意思決定への参与であり、行政とは国家意思とその客体である社会との関係における国家の活動であるとした。

❺ シュタインは、官房学において警察学という学問を確立するとともに、警察学を財政学から分化させる必要を強調して財政学を警察学の手段として位置付けた。

【解答・解説】

> わかりにくい選択肢もありますが、正解肢は明確なので正答できるでしょう。

❶ ✕　　これは、「社会」ではなく「国家」に関する記述です。L.v.シュタインは、G.ヘーゲルの国家有機体説の影響を受けて国家と社会を概念的に区別し、国家を「人格にまで高められた共同体」と捉える一方で、社会を「個々人が独立生活のままで統一されていない状態」としています。

❷ ✕　　シュタインは、国家と社会は原理的に対立するものとしています。彼は、国家の原理を「すべての人間が完全な自由、完全な人格へと向上すること」とする一方で、社会の原理を「利益」としており、二つの原理は対立します。

❸ ✕　　シュタインは、「行政なき憲政は無内容であり、憲政なき行政は無力である」として、憲政と行政は二重の優位（相互優位）の関係にあるとしています。

❹ ◯　　シュタインは、国家という共同体を構成する個人に対して、国家意思の決定に参加することを承認しており、ここに発生するのが憲政の概念であるとしています。そして行政とは、憲政によって限度と秩序を与えられた国家の活動であるとしています。

❺ ✕　　これは、後期官房学の代表的な論者とみなされるJ.H.G.v.ユスティに関する記述です。彼は、財政学や経済政策と区別された独自の警察学の体系を樹立した点で「行政学の父」とも呼ばれます。

シュタインの行政学に関する記述として、妥当なのはどれか。

★   都Ⅰ2008

❶ 彼は、法律による行政の原理について法律の支配という概念でとらえ、さらに法律の支配を法律の法規創造力、法律の優位及び法律の留保に分けた。

❷ 彼は、カメラリズムの立場から、国家とは、人格的な統一にまで高められた共同体であるとし、社会とは対立することがないとした。

❸ 彼は、憲政とは、国民の多様な意思の中から統一的な国家意思を形成する形式であり、個々の国民は国家意思を形成する過程には参加しないとした。

❹ 彼は、行政とは活動する憲政であり、行政なき憲政は無内容であり、憲政なき行政は無力であるとした。

❺ 彼は、行政は公共の福祉のために存在すると主張し、君主による国民の生活への規制を正当化した。

【解答・解説】 正解 ❹

> 微妙な選択肢もありますが、正解肢は明確なので正答できるでしょう。

❶ ✕　L.v. シュタインは憲政（＝立法）と行政の相互優位を唱えた学者で、法律の優位は主張していません。

❷ ✕　シュタインは、国家と社会は原理的に対立するものとしています。彼はフランスに留学した際に、フランス社会における階級対立が国家に対する闘争に発展し国家としてまとまりを欠く結果になっていることを観察し、そこから官房学（カメラリズム）の集大成に向かった人物です。

❸ ✕　憲政とはつまり議会政治のことで、シュタインの行政理論でも、憲政とは国民が国家意思を形成する過程に参加することを意味しています。

❹ ○　選択肢の記述は、シュタインの有名なフレーズです。憲政とは、国民が議会を通じて統一的な国家意思を形成することであり、行政とは、中立的な立場に立って利害対立を調整することを指します。

❺ ✕　これが絶対王政期の J.H.G.v. ユスティの警察学に関する記述であれば妥当といえますが、立憲君主制を前提としたシュタインの行政学では、君主による国民生活への規制は正当化していません。

問題5 ★　アメリカにおける公務員の任用制度に関する次の文の空欄A～Dに
あてはまる語句の組合せとして、妥当なのはどれか。

都Ⅰ 2002

　アメリカの [A] は、ジェファーソン大統領の時代に端緒が開かれた
といわれているが、政治的慣行として確立したのは、[B] 大統領の時代
である。

　当初は [C] や官僚制の打破という使命をもっていたが、公務員とし
ての能力よりも政治信条や選挙活動への貢献度を重視する人事が行われるように
なり、公務員の政治家化、素人化が進んで政治腐敗まで引き起こしたため、
[D] によって新しい任用制度に移行することとなった。

	A	B	C	D
❶	資格任用制 <small>メリット・システム</small>	ジャクソン	民主政治の確立	ペンドルトン法
❷	情実任用制 <small>パトロネージ・システム</small>	ガーフィールド	民主政治の確立	ノースコート＝トレヴェリアン報告
❸	情実任用制 <small>パトロネージ・システム</small>	ウィルソン	行政の継続性の維持	ノースコート＝トレヴェリアン報告
❹	猟官制 <small>スポイルズ・システム</small>	ガーフィールド	行政の継続性の維持	ノースコート＝トレヴェリアン報告
❺	猟官制 <small>スポイルズ・システム</small>	ジャクソン	民主政治の確立	ペンドルトン法

【解答・解説】

正解 **5**

組合せ問題なので、基本的なキーワードを覚えていれば正答できるでしょう。

A　「猟官制」が該当します。猟官制とは、「獲物（spoil）は勝利者のもの」（政府の官職は選挙に勝利した政党のもの）という考えに基づき、大統領の交代のたびごとに党派的な更迭人事を繰り返す政治慣行のことです。**D**に入るペンドルトン法によって資格任用制と政治的中立性が目指されますが、今日でもその伝統の影は色濃く残されています。

　それに対して「情実任用制」はイギリスで行われていたもので、議院内閣制を確立するに際して、王政を支持する官僚を共和制（議会制）を支持する官僚に入れ替えようとして始められ、それが政権党が交代するたびに行政官の更迭が繰り返されるものに変わっていきました。

B　「ジャクソン」が該当します。アメリカ第7代大統領のA.ジャクソンの時代に、猟官制が政治的慣行として確立しました。

　W.ウィルソンは第28代大統領で「行政の研究」を著しており、『政治と行政』を著したF.J.グッドナウとともにアメリカ行政学の父祖とされる人物で、国際連盟の設立を提唱したことでも有名です。また、J.ガーフィールドは第20代大統領で、彼が暗殺されたことも猟官制縮小のきっかけとなっています。

C　「民主政治の確立」が該当します。ジャクソンは「永続的に官僚制が続くこと」を悪と考えて、それを変えるために猟官制を確立しました。

D　「ペンドルトン法」が該当します。「ノースコート＝トレヴェリアン報告」はイギリスのもので、ペンドルトン法と同様に資格任用制を導入する法律です。

アメリカ又はイギリスの公務員制度に関する記述として、妥当なのはどれか。

区Ⅰ 2006

❶ アメリカでは、大統領が交替するたびに、公務員の党派的な情実任用を繰り返す政治慣行が定着していたが、ジャクソン大統領は、その弊害を指摘し、猟官制の改革を行った。

❷ アメリカでは、ペンドルトン法によって公開任用試験による公務員制度が採用され、現在では、猟官制に基づく大統領による政治的任命職は、全面的に廃止されている。

❸ アメリカの猟官制が、既存の官僚制を民主化するための方策として始められたのに対して、イギリスの情実任用制は、官僚制の成長発展を阻止するために始められた。

❹ イギリスでは、ノースコート＝トレヴェリアン報告の勧告を受けて、公務員制度の改革が進められ、資格任用制と政治的中立性を根幹とする公務員制度の基礎が築かれた。

❺ イギリスの公務員制度は、現在では、科学的人事行政に基づく職階制を基礎とした開放型任用制であり、職員の任用は、個々の職務に欠員が生じるたびに行われている。

【解答・解説】

正解 ❹

❺はまだ扱っていない論点ですが、正解肢が明確なので解答できるでしょう。

❶ ✕　公務員の党派的な情実任用を繰り返す猟官制の端緒とされるのは第3代大統領T.ジェファーソンですが、その猟官制を本格的に導入して定着させたのは1829年に就任した第7代大統領A.ジャクソンなので、弊害を取り除くべく改革を行ったとはいえません。政府の官職を国民に解放して官僚制の常態化を阻止することを信条とした彼の登場をきっかけとして、党派的な更迭人事が慣行化されました。

❷ ✕　現在でも猟官制は全面的には廃止されていません。アメリカでは、1883年にペンドルトン法が制定されることで資格任用制が採用されましたが、幹部職員は大統領が替わるたびに入れ替わるのが実情です。

❸ ✕　アメリカとイギリスが逆になっています。イギリスの情実任用制は、国王の忠臣という官僚制の非民主的特徴を崩し、「君臨すれども統治せず」というイギリス国王の地位をより制度的に基礎づけるために共和勢力によって用いられ始めたものであり、既存の官僚制の民主化を目的としたものです。他方で、アメリカの猟官制は、「戦利品（spoils）は勝利者のもの」という考え方が濃厚で、卑俗な形では選挙活動への貢献に対する対価とされる一方、官僚制の永続化を阻止するという理念に基づきその成長発展を阻害する目的で始められたものです。

❹ ○　イギリスでは情実任用が広範に行われていましたが、19世紀中葉以降、職能国家化が進んできたため、行政官の専門能力の安定的向上が求められるようになりました。こうした中、1853年にノースコート＝トレヴェリアン報告の勧告が行われ、公務員制度は、資格任用制と政治的中立性を根幹とするものへと改められることとなりました。

❺ ✕　これは、イギリスではなくアメリカの公務員人事制度に関する記述です。詳しくは第2章第2節で扱います。

メリット・システムに関する記述として、妥当なのはどれか。

★
都Ⅰ 2004

❶ メリット・システムとは、資格任用制ともよばれ、公務員の採用や昇任を情実ではなく、能力の実証に基づいて決定する制度をいい、行政の専門性と中立性を確保することを目的としている。

❷ アメリカでは、19世紀前半、ジャクソン大統領の時代に、ノースコート＝トレヴェリアン報告に基づき、メリット・システムによる公務員の任用が実施された。

❸ アメリカでは、メリット・システムの導入後、大統領による公務員の政治的任用が禁止されたため、連邦政府の職員はすべて公開競争試験により任用されている。

❹ イギリスでは、19世紀後半、公務員の腐敗が問題となり、情実任用の見直しが求められたことを背景として、ペンドルトン法が制定され、メリット・システムによる公務員の任用が実施された。

❺ メリット・システムの下では、官職は、職階制により職務の種類及び責任の度合に応じて分類され、職階制に基づく任用は、わが国のすべての行政機関で定着している。

【解答・解説】

正解 **❶**

> これも**❺**はまだ扱っていない論点ですが、正解肢が明確なので解答できるでしょう。

❶ ○　同じ資格任用制でも、アメリカと日本では資格や能力に対する捉え方の相違が見られます。

❷ ✕　これは「ノースコート＝トレヴェリアン報告」ではなく「ペンドルトン法」に関する記述です。また、A.ジャクソン大統領はペンドルトン法が乗り越えようとした猟官制を本格的に導入した人物であり、ペンドルトン法が実施されたのは19世紀後半です。

❸ ✕　アメリカでは、メリット・システム導入後も、大統領による公務員の政治的任用（political appointment）は存続しています。現状でも大統領による政治的任用のポストは2,000～3,000人になり、猟官制と呼ばれる政治慣行は廃れていないといえます。

❹ ✕　これは、「ペンドルトン法」ではなく「ノースコート＝トレヴェリアン報告」に関する記述です。

❺ ✕　職階制は、アメリカなど開放型任用制を特徴とする諸国に定着している任用制度で、日本の行政機関には定着していません。日本やヨーロッパは、職員の終身雇用・年功序列を前提とする閉鎖型任用制をその特徴としているため、職員は複数の職域に対応できるゼネラリストであることが求められます。詳しくは第2章第2節で扱います。

アメリカ行政学に関する記述として、妥当なのはどれか。

★

区 I 2017

❶ W.ウィルソンは、行政を研究する目的は、政府は何を適切かつ有効に遂行することができるか、その仕事をどうすれば最大の能率と最大限の金銭とエネルギーの消費で遂行することができるかを発見することであるとした。

❷ W.ウィルソンは、強固な官僚制を有していたドイツとの比較を通して、官房を巧みに管理する徹底した君主主義者から、アメリカの共和主義的立場をいささかも変えることなく、彼の執務方法を学びとることはできないとした。

❸ W.ウィルソンは、「行政の研究」という論文において、行政の領域は、政治の領域内にあるビジネスの領域であると述べ、行政は政治の範囲の内に存在し、行政の問題は政治の問題であるとした。

❹ グッドナウは、狭義の行政には、準司法的機能、執行的機能、複雑な行政組織の設立及び保持にかかわる機能があり、準司法的機能だけが政治の統制に服し、それ以外は服すべきでないとした。

❺ グッドナウは、「政治と行政」を著し、すべての統治制度には、国家の意思の表現と国家の意思の執行という根源的な統治機能があり、国家の意思の表現を政治、国家の意思の執行を行政とした。

【解答・解説】　　　　　　　　　　　　　　　正解 ❺

　いずれも、W.ウィルソンとF.J.グッドナウに関する定番の論点ですので、確認しておきましょう。

❶ ✕　「最大限の金銭とエネルギーの消費」という点が誤りです。ウィルソンは、行政の目的を「最大限可能な能率および金銭と労力の**最小コスト**」としています。「最大限の金銭やエネルギー」を認めたら、無駄づかいを推奨することになるので誤りだと判断できます。

❷ ✕　「彼の執務方法を学びとることはできない」という点が誤りです。ウィルソンは、「凶悪犯から殺人の意図を借りることなくナイフを研ぐ技術を教わることができる」という比喩を通じて、西欧の君主主義（絶対主義）という政治的立場から切り離して、官房学の技術だけは学ぶことはできると論じています。

❸ ✕　ウィルソンは、政治の領域と行政の領域を区別する「政治行政二分論」を主張した人物です。彼の「行政の研究」では、行政の領域を「政治の固有の領域外にある」、「ビジネスの領域」としており、行政を政治の範囲外に存在するものと捉えています。

❹ ✕　グッドナウは、政治の統制に服すのは「準司法的機能」ではなく「執行的機能」のみとしています。つまり、具体的な事案の審査に政治が介入するのはよくないということです。

❺ ◯　彼は、ウィルソンと同じように行政と政治の区分を論じており、政治行政二分論と称されます。

アメリカ行政学に関する記述として、妥当なのはどれか。

★

区Ⅰ 2015

❶ W.ウィルソンは、「行政の研究」の論文において、行政の領域は政治固有の領域外に存在するビジネスの領域であると主張し、行政は政治の決定したことを具体的に遂行する役割を果たすとした。

❷ グッドナウには、「政治と行政」の著作があり、政治とは国家意思の執行であり、行政とは国家意思の表現であるとした。

❸ ウィロビーには、「政策と行政」の著作があり、ニューディール時代の豊富な実務経験を背景に、行政とは政策形成であって多くの政治過程の一つであるとし、政治と行政の連続性を指摘した。

❹ アップルビーは、「行政国家論」を著して、能率自体が問われるべき価値ではないとし、必要なのは何のための能率であるのかを問う必要性を提起した。

❺ ワルドーは、「行政の諸原理」を著して、政治と行政の分離論を明確に打ち出し、行政学の目的は作業能率を確保することであり、その目的の達成には科学的な方法を適用することで決定される基本原理を遵守することが必要だとした。

【解答・解説】

正解 **❶**

　正解肢が明確ですし、それぞれの選択肢が誰についての記述なのかわからなくても、少なくとも間違いであることは判別できる問題文になっています。

❶ ○　　W.ウィルソンは「行政の研究」において政治と行政を切り離す「政治行政二分論」を主張し、それは行政の能率追求の技術という点に着目することから「技術的行政学」とも呼ばれます。

❷ ×　　「政治」と「行政」の説明が逆になっています。F.J.グッドナウは、政治とは国家意思の**表現**であり、行政とは国家意思の**執行**であるとしています。例えば、消費税率引上げを表明するのは政治家ですが、それを実現するための具体的な手続を実施するのは行政官です。

❸ ×　　正統派行政学に位置づけられるW.F.ウィロビーは、政治行政二分論の立場ですので「政治と行政の連続性」は指摘していません。『政策と行政』の著者はP.アップルビーです。

❹ ×　　これは、D.ワルドーに関する記述です。

❺ ×　　ワルドーは、政治行政融合論の立場です。これは、ウィロビーに関する記述です。

問題10 **政治・行政融合論に関する記述として、妥当なのはどれか。**

都Ⅰ 2007

❶ 　政治・行政融合論とは、ニューディール政策以降、アメリカの立法府が行政府に対して指導力を発揮し、立法権が行政権に対して優越化した中で唱えられた考え方をいう。

❷ 　政治・行政二分論では、行政は政治と区別される固有の領域であるとしたのに対し、政治・行政融合論では、政治と行政との関係は分離されるものではなく、整合的、連続的であるとした。

❸ 　アップルビーは、行政は政策形成であり基礎的な政治過程の一つであるとし、政策形成は自律的かつ排他的なものであるとした。

❹ 　ダールは、従来の行政学をアメリカ独特の政治的及びイデオロギー的事実と不可分に結びつく政治的理論であるとし、能率の教義を批判した。

❺ 　ワルドーは、規範的価値の明確な位置づけ、人間行為の経験的分析及び比較研究による一般化への努力がなければ、行政の科学は成立しないと説いた。

【解答・解説】

❹と❺の区別がやや細かいですが、正解肢が明確なので解答できるでしょう。

❶ ✕　　政治行政融合論とは、ニューディール政策以降、アメリカで委任立法の増大や行政の裁量範囲の広がりなど**行政権が立法権に対して優越化する**「行政国家化」が進行した状況下で唱えられた考え方をいいます。

❷ ◯　　こうした行政と政治との関係に重点を置いた理論対立としては、「技術的行政学と機能的行政学」という形で区分されることもあります。W.ウィルソンやW.F.ウィロビーなどが前者、政治行政融合論の系譜が後者とされます。

❸ ✕　　「自律的かつ排他的」という記述が誤りです。P.アップルビーは政治行政融合論を主張しているわけですから、政策は政治と行政の相互作用の中で形成されているのであり、行政が自律的に（自らのルールだけで）形成しているわけでも、行政が排他的に（政治の介入なしに）形成しているわけでもないと考えていることになります。

❹ ✕　　これは、D.ワルドーに関する記述です。

❺ ✕　　これは、R.ダールに関する記述です。ワルドーとダールはいずれも正統派行政学を批判したという点では共通していますが、ワルドーは行政理論が能率重視のイデオロギーに基づいていることに批判の重点を置いているのに対して、ダールは行政理論の科学化が徹底されていないことに批判の重点を置いていることが異なります。

アメリカ行政学に関する記述として、妥当なのはどれか。

★
区Ⅰ 2019

❶ ギューリックは、組織のトップが担うべき総括管理機能には、計画、組織、人事、指揮監督、調整、報告、予算という7つの機能があるとし、これらの単語の頭文字を取って、POSDCoRBという略語を造り出した。

❷ グッドナウは、国家意思の執行としての政治と、国家意思の表現としての行政を区分したうえで、政治による行政への統制が及ぶ範囲を法律の執行にとどめ、その他の領域については行政の裁量を認めるべきであると主張した。

❸ アップルビーは、「経営行動」を著し、これまでの行政学は管理や組織の一般原理を導くことに努めてきたが、そこで明らかになったものは行政の一面の原理にすぎず、諺のごとく相矛盾すると批判した。

❹ ホワイトは、「政策と行政」を著し、ニューディール政策に参画した経験から、行政とは政策形成であって多くの基本的政治過程の1つであるとし、政治と行政の連続性を指摘した。

❺ W.ウィルソンは、「行政の研究」という論文において、行政の領域がビジネスの領域ではなく、政治の領域の中に存在すると主張し、行政は政治の決定したことを具体的に遂行する役割を果たすとした。

【解答・解説】

　正解肢の細かい内容は本章の第3節で扱いますが、その他の選択肢の誤りは見つけやすいので消去法で解答できるでしょう。

❶ ○ 　L.H.ギューリックは総括管理機能として、Planning（計画）、Organizing（組織）、Staffing（人事）、Directing（指揮監督）、Coordinating（調整）、Reporting（報告）、Budgeting（予算）の七つを挙げています。

❷ ✕ 　「政治」と「行政」の定義が逆で、F.J.グッドナウは、政治を「国家意思の表現」、行政を「国家意思の執行」と定義しています。執行とは「法律などの内容を実現すること」ですから、行政の領分です。

❸ ✕ 　これは、H.サイモンに関する記述です。彼は、ギューリックらが提示した組織の原理は「矛盾した諺」にすぎないと批判しています。

❹ ✕ 　これは、P.アップルビーに関する記述です。L.D.ホワイトは正統派行政学に位置づけられる論者ですから、政治と行政の連続性ではなく、政治と行政の分離を指摘しています。

❺ ✕ 　「行政の領域がビジネスの領域ではなく、政治の領域の中に存在する」という記述が誤りです。W.ウィルソンは政治行政二分論を提唱し、行政は政治とは異なる領域であり、ビジネスの領域であると論じています。

問題12 アメリカ行政学に関する次の記述のうち、妥当なのはどれか。

★★

国般2017

❶ W.ウィルソンは、当時の腐敗した政党政治を改革するため、新たな学問的研究としての行政学の必要性を説き、『行政国家』を著した。その後、公務員の任用に資格任用制を導入するペンドルトン法が制定されるなどその研究成果は改革の進展に貢献した。

❷ F.グッドナウは、その著書である『政治と行政』において、政治とは国家意思の表現であり、行政とは国家意思の執行であるとした。そして、政治による統制が必要なのは、行政の機能のうち、法律の執行機能についてであると主張した。

❸ アメリカ行政学は、政治・行政融合論を軸として19世紀末に産声をあげた。そして、20世紀に入ると経営学の影響を受けるようになり、ニューディール期に行政管理論として確立し、政治・行政二分論へと展開した。

❹ 行政官としてニューディール期の政策形成に参画した経験をもつP.アップルビーは、その論文である「行政の研究」において、現実の政治と行政の関係は、非整合的、非連続的であると主張した。その上で、行政を政治過程の一つであるとする立場を批判した。

❺ D.ワルドーは、それまでの行政学を批判し、『政策と行政』を著した。彼は、能率それ自体よりも何のための能率であるのかということを重視する考え方を否定し、能率の客観的側面と規範的側面に注目する二元的能率観に基づく議論を提起した。

【解答・解説】

正解 **②**

> やや細かい内容も出題されていますが、正解肢が明確なので解答できるでしょう。

❶ ✕ 　　W.ウィルソンが行政学を確立するために著したのは、論文「行政の研究」です（『行政国家』は、D.ワルドーの著作です）。また、まず1883年にペンドルトン法が制定され、その後、1887年に「行政の研究」が発表されています。

❷ ○ 　　F.J.グッドナウの課題は、政治と行政を分離するだけでなく、民主政治に必要な政治的統制の範囲と限度を見いだすことにありました。

❸ ✕ 　　アメリカ行政学は、政党政治による介入から自由な行政固有の領域を確立する目的で**政治・行政二分論**を軸として19世紀末に産声をあげており、ニューディール期の後に**政治・行政融合論**へと展開しました。

❹ ✕ 　　「行政の研究」はウィルソンの論文です。また、P.アップルビー自身の主張は問題文とは逆で、ニューディール期の政策形成に参加した経験から、現実の政治と行政の関係は整合的・連続的であると主張して、行政を政治過程の一つであるという立場を採りました。

❺ ✕ 　　『政策と行政』を著したのはアップルビーです。またワルドーは、無自覚に能率それ自体の価値を認める正統派行政学を批判し、目的により能率も異なるとして、何のための能率であるのかということを重視する考え方を提起しました。

アメリカ行政学の学説に関する次の記述のうち、妥当なのはどれか。

★★

国般2019

❶ 後に第28代米国大統領となるW.ウィルソンは、論文「行政の研究」の中で、行政の領域を司法固有の領域の外にある「政治の領域」として捉え、司法から切り離された行政と猟官制を確立する必要性を説いた。

❷ F.グッドナウは、『政治と行政』で、政治と行政の関係性を考える中で、政治を住民意思の表現、行政を住民意思の執行であるとして、民主政治の下では住民意思の執行である行政に対する政治的統制は、いかなる場合においても行われるべきではないとした。

❸ P.アップルビーは、行政とは政策形成であり、一連の政治過程の一つとしていたが、ベトナム戦争での行政官としての職務経験から、政治と行政の断絶性を指摘するようになり、後に政治行政二分論を唱えた。

❹ L.ギューリックは、W.タフト大統領による節約と能率に関する大統領委員会に参画した際、組織管理者の担うべき機能として、忠誠心、士気、意思疎通という三つが行政管理において重要であるとし、それらの頭文字によるPOSDCoRBという造語を示した。

❺ 新行政学運動は、既存の行政学の関心は検証可能な科学的知識にあると捉え、それに対し、これからの行政学にとって重要なのは、より社会に対して有意な指針となる規範的な知識や、社会的公正（公平）という価値への関与であるとする運動である。

【解答・解説】

正解 ❺

> 正解肢は発展的な内容ですが、それ以外の選択肢が明らかな誤りですので、消去法で正解することができます。

❶ ✕　後半が全面的に誤っています。W.ウィルソンは、行政の領域を**政治固有の領域の外にある「ビジネス（実務）の領域」**として捉え、**政治から切り離された行政**を確立する必要性を説いています。また、「猟官制を確立」という記述も誤りです。猟官制は政治による行政への関与に当たるため、ウィルソンは猟官制を批判しています。

❷ ✕　「いかなる場合においても行われるべきではない」という記述が誤りです。F.J.グッドナウは政治による行政への統制を「必要最小限」にとどめることを主張したのであり、一定の政治的統制が行われることは想定しています。具体的には、法執行については政治的統制の対象となるとしています。また、「住民意思」という記述も誤りで、正しくは「国家意思」となります。

❸ ✕　まず、「ベトナム戦争での行政官としての職務経験」という記述が誤りです。P.アップルビーは、ニューディール政策の時代に農務省に勤めた経験から行政を論じました。また、「断絶性を指摘」、「政治行政二分論を唱えた」という記述も誤りです。アップルビーは、政治行政融合論の代表格です。

❹ ✕　L.H.ギューリック（1892〜1993）が参画したのは、1910年にW.タフト大統領が設置した「節約と能率に関する大統領委員会」ではなく、1937年にF.ルーズヴェルト大統領が設置した「行政管理に関する大統領委員会」（ブラウンロー委員会）です。また忠誠心（Loyalty）、士気（Morale）、意思疎通（Understanding）の三つは、いずれもギューリックのいうPOSDCoRBに含まれていないため、この点も明確に誤りです。

❺ ◯　新行政学運動とは、1960年代後半に反戦運動や市民運動などを背景として登場したもので、行政学は行政に関する客観的な分析よりも、社会問題に対する有効な解決策を提示すべきなどと主張しています。

3 組織論

学習のポイント

・ 組織論については、各論点についてしっかり学習するだけでなく、理論の発展の歴史についてしっかり学習しておくことが重要です。
・ 例えば、バーナードはどの理論の影響を受けたか、サイモンは誰を批判したのかといった理論どうしの関係についてしっかり確認しておきましょう。

1 科学的管理法

(1) 背 景

19世紀末～20世紀初頭のアメリカでは、ビッグビジネスが勃興し、大規模な企業統合が進みます。この結果、企業経営の問題は市場の拡大や競争企業間調整から、生産内部の合理化へと移りました。

このような時代において、**F. テイラー**（1856～1915）は、製鉄会社の職工からスタートし、工場のエンジニアへと出世する中で、工場の能率を高める手法を研究しました。この研究の中で編み出されたのが科学的管理法という手法です。

(2) 課業管理

まず、労働者の勘や経験に頼る従来の管理手法（成行管理）を見直し、**管理者が1日の標準的な作業量を設定し、これに基づく科学的・合理的管理を行う**という課業管理（task management）を提唱しました。標準的な作業量の決定には、**作業の標準化**が必要となります。彼は、最も熟練した労働者の観察を通じて、**職務を諸要素に分解し、職務を構成する基本的な動作について唯一最善の方法を決定する**という動作研究、各動作に要する最善最速の時間をストップウォッチで計測し、それに適度な余裕時間（休憩など）を加えて、**一つの作業の完成に必要な標準時間を設定する**という時間研究により作業の標準化を行いました。

(3) 機能別職長制

次に、仕事を効率化するために、職務の専門化を進め、作業者は作業に専念させ、管理の問題は管理者に任せました（作業と管理の分離）。**管理者（職長）の職務もさまざまな機能から成り立っており、それぞれのスペシャリストに担当させるべき**とする機能別職長制を提唱しました（職能別に8人の職長が置かれる）。

◆**機能別職長制**

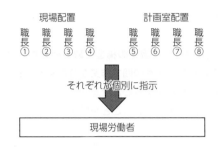

(4) 差別的出来高払い

　また、従来の工場はいわゆる出来高払いでしたが、管理がずさんであったため、労働者の稼ぎが多くなると使用者側は出来高率を引き下げました。これに対して賃率低下を避けたい労働者は、**仕事のより簡単なやり方や改善方法を管理者に隠し、労働者の仲間内で生産のペースについての合意を作り出す**ということが日常でした。これを組織的怠業といいます。そこでテイラーは、**与えられた課業の達成に成功した者には高賃金、達成しなかった者には低賃金を支払う**という差別的出来高払いを導入し、労働者の勤労意欲を増大しようとしました。

(5) 科学的管理法の問題点

　しかし、科学的管理法には、次の問題が指摘されています。❶工場の作業管理の合理化にとどまり企業全体の管理論ではないこと、❷熟練労働者の手順をモデルとして一般の労働者にも適用したこと、❸人間の「働く動機」を単純化しすぎていること（機械的人間観）です。

2 古典的組織論

(1) 背　景

　フランスの経営学者H.フェイヨール（1841 ～ 1925）は、経営の実務経験から経営の一般理論を構築し、管理活動が計画、組織、命令、調整、統制の諸要素からなるとしました。このフェイヨールの経営管理論に示唆を受けながら、さらに経営管理論の体系化を図ったのがL.H.ギューリックです。

　ギューリックのこの理論は、今日の組織論の基礎と目される点から、**古典的組織論**とも称されています。その集大成といえるのが前節でも紹介したL.F.アーウィッ

クとの共著『管理科学論集』（1937）です。

⑵ 分業と統一性
① 同質性の原則
　組織理論は**分業を前提とした調整の構造に取り組まなければならない**としました。ここでの分業とは**複数の人々の間で作業を分担すること**であり、調整とは**分業された仕事の間で統一性を確保すること**を意味します。分業については、**同質的な活動はできるだけ1か所に集められることが望ましい**とし、これを**同質性の原則**（部省編成原則）と呼びました。

　そして、この同質性の基準となるのが、❶職員がサービスする目的、❷職員が用いる方法や過程、❸サービスする対象、❹サービスする地域の四つであるとしました。

② 命令の一元化
　分業が有効に行われるには、分業の単位が相互に調整されなければなりません。調整の方法にはさまざまな方法がありますが、ギューリックが組織の編成において最も重要だと考えたのが、**権威の体系を確立すること**、つまり1人の指揮者を頂点とする階統制（**ヒエラルヒー**）を通じて**命令の一元性を保障すること**でした。

　もちろん、1人の上司が管理する部下の数には限りがあるため、上司が統制する部下の範囲は限定されます。この**統制し得る幅のことをスパン・オブ・コントロール**（統制範囲）と呼びます。

◆ 分業と統一性

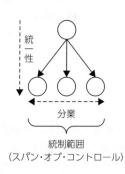

補足

　ギューリックは、テイラーの科学的管理法の影響を受けつつも、機能別職長制は継承せずに、フェイヨールの影響下で「命令の一元化」を主張しています。上司が複数いると命令系統が混乱する可能性があるため、直属の上司は1人に集約すべきだと考えました。

(3) 総括管理機能 (POSDCoRB)

　組織において統一性を確保するには、その組織の頂点にただ1人の長を置く、階統制の組織編制が必要となります。ギューリックは、この**組織の長が担うべき役割**を総括管理機能として定式化し、その七つの機能をPOSDCoRBという用語で表現しました。このことから、ギューリックの行政学はPOSDCoRB行政学とも呼ばれます。

◆ POSDCoRBの七つの機能

Planning	計画	目的達成のための方法についての方向性を提示する
Organizing	組織	目的達成のための組織を作り出す
Staffing	人事	職員の採用、訓練、快適な職場環境
Directing	指揮監督	命令や決定を下すリーダーとしての役割
Coordinating	調整	分業した仕事を相互に関連づける
Reporting	報告ないしは情報提供	部下に仕事に必要な情報を提供する
Budgeting	予算	財政や会計

(4) ラインとスタッフ

① ラインとスタッフ

　行政組織における「ライン」とは、組織にとって**第一義的・直接的な業務の遂行を任務とし、縦の指揮命令系統に属する職位・機能を有する部門**です。例えば、許認可行政を行う行政組織の場合であれば、窓口で受理した申請書を内部で審査・検討し、係長・課長・部長等の組織のヒエラルヒーを上昇して決定権者の決裁を経て許認可を行うような部門となります。これに対して「スタッフ」とは、**ラインに助言し補助することを任務とする部門**であり、**プロイセンにおける軍の参謀本部**に起源を持ちます。

ライン組織は、命令系統が一元化され上位者に権限が集中するために**組織の規律・秩序の維持が容易**という長所を持つ一方で、**上位者の負担が大きい**という欠点を持ちます。そのため、小規模な組織ではスタッフ機能はラインの系列の中に含まれていますが、組織規模が拡大すると上位者の負担軽減のために参謀的機能や人事・財政等の機能を分化させることが必要になります。

　ギューリックは、組織編成の３原理に基づき**ライン組織の必然性を主張**するともに、POSDCoRB論では**スタッフ部門の意義を強調**し、ライン組織に恒常的にスタッフ部門を組み込んでいく「ライン・アンド・スタッフ」の考えから、大統領を補佐する機関として**大統領府の創設を提唱**しました。また、ギューリックは命令の一元性の観点から、スタッフがラインに対して命令や指示を出すことは一切認められないとしましたが、今日では、スタッフは助言や補佐にとどまらず、ラインへの指示や統制など積極的機能を有すると考えられています。

> 　ギューリックは、指揮命令が一元的であることと、その専門性を両立するという観点から、ラインとスタッフの分離が必要だと考えていました。「一元的であるために分離する」という、よく理解しないと逆説的に感じられるところなので注意しましょう。

②　ライン型編成とライン・スタッフ型編成

　現代の行政組織や経営組織にも広く採用されている編成として、ライン型編成、ライン・スタッフ型編成の二つの形があります。

	ライン型編成	ライン・スタッフ型編成
組織編成	・組織が果たす課題を、単一の命令系統によって処理していく形態 ・命令系統や権限、責任の所在が明確である	・執行を担当するラインに加えて、ラインの効率化などを促進するために、専門的な立場に立ってラインの責任者を補佐するスタッフを組み合わせた形態
スタッフ	・スタッフは存在せず、その機能はラインに取り込まれている	・専門的なスタッフが存在し、組織管理者らのリーダーシップを支えている
適用	・組織が小規模な場合に多い	・組織が大規模な場合に多い

③　スタッフの分類

　伝統的なライン・スタッフ概念においては、直接的な指揮監督はラインが行い、スタッフは助言、勧告をするのみにとどまるとされてきました。しかし、現在では、ス

タッフ組織の権限の強化などに伴い、スタッフとラインの関係も多様化しています。

参謀的スタッフ	補助的スタッフ
・蓄積した情報を専門家の観点から助言する（シンクタンク的機能）	・人事や予算といった組織全体にとっての共通の仕事を担当することでラインを補助する

補足

　「スタッフ」の分類にはさまざまなものがあり、統一的な用語法が確立されているとはいえません。他にも、「専門スタッフ（サービススタッフ）／管理スタッフ（企画スタッフ、ゼネラルスタッフ）」、「助言スタッフ／サービススタッフ／統制スタッフ／統合（総合）スタッフ」という分類などがあります。

④　日本のスタッフ

　日本の政治学者・行政学者辻清明（つじきよあき）（1913 〜 91）は、**日本においてはスタッフがラインから未分化で十分に機能しておらず、このことは日本の行政においてリーダーシップが強く発揮できない状態にあることと密接な関係がある**としました（補佐部門が貧困であるため指導力が発揮できない）。

　このような批判に対しては、内閣の補佐部門の強化などスタッフ部門の強化が行われるようになっており、内閣がリーダーシップを発揮できる環境が整いつつあると考えられます。

確認してみよう

① 　現代組織論は、ライン・スタッフ理論を提唱し、ライン系統の組織の管理者を補佐するためには、それとは別系統のスタッフによる組織の必要性を指摘し、原則として、スタッフ系統組織はライン系統組織に対して命令を行うべきであるとした。国般2019

2 (4) 参照　✕

　「現代組織論は、ライン・スタッフ理論を提唱」という記述が誤りです。ライン・スタッフは「古典的」組織論のギューリックらによって提唱されたものです。また、「スタッフ系統組織は……命令を行うべき」という記述も誤りです。古典的組織論では、命令の一元化の観点から、スタッフはラインに命令を出してはならないとしています。

3 ホーソン実験と人間関係論

(1) 概　要

　ホーソン実験とは、1924年から1932年にかけてアメリカの**ウエスタン・エレクトリック社のホーソン工場で行った調査実験**です。ハーバード大学のG.E.メイヨー（1880 〜 1949）とF.レスリスバーガー（1898 〜 1974）は1927年からこの実験に参加しました。

　作業能率は職場の物理的環境に左右されるというのが通説であった（科学的管理法が正しいと考えられていた）時代において、科学的管理法の主張の妥当性を検証したものです。

(2) ホーソン実験の結果

① 照明実験

　工場の照明の明るさと作業能率の相関関係を調べた結果、予想に反して照明を暗くしても能率は高まりました（月明かり程度の暗さでようやく能率が低下した）。予想と反して能率が高まったのは、実験のために特別な部屋に入れられたため、被験者が自分たちを「特別な人間」と考え奮起したからです。

② リレー組立実験

　賃金・休憩時間・軽食・部屋の温度などの条件を変えながら、これらの諸要素が、工具が継電器（リレー）を組み立てる作業能率にどの程度影響を与えるか調べましたが、どのように変更しても作業能率は高まりました。

③ バンク配線作業実験

　電話交換機の端子（バンク）の組立てはグループ作業であり、メンバーの協力が要求されました。また賃金は集団奨励給であり、報酬はグループの生産高に応じて決められました。つまり、グループ単位の出来高払いのため労働者はできるだけ一生懸命働くはずでしたが、予想に反して変化しませんでした。予想外の結果になったのは、作業量が多いと「スピード王」などと揶揄され、作業量が少ないと「インチキ」と冷笑され仲間外れにされるなど、グループ独自の規範が存在したからです。

(3) 結　論

　これらのホーソン実験は、**職場の物理的環境よりも職場の人間関係のほうが作業能率を大きく左右する**という発見をもたらしました（例えば、職務満足度が高いと生産性が上がる等）。メイヨーとレスリスバーガーは、職場には明確に設けられて

いる組織とは別に、**暗黙の規範によって私的に規定される集団**があり、このような組織を**インフォーマル組織**と捉えました。そして、組織管理において、このインフォーマル組織を適切に管理することの重要性を指摘し、**人間関係論を提唱する**に至りました。

フォーマル組織 (公式組織:formal organization)	インフォーマル組織 (非公式組織:informal organization)
・企業の目的と達成するための方針・規則・手続によるもの	・自然発生的な社会的心情により私的に形成されるもの

◆ホーソン実験のモデル

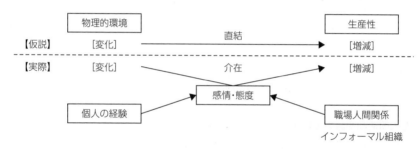

確認してみよう

① 　人間関係論は、F.テイラーらによるホーソン工場での調査を基に、職場のインフォーマル(非公式)な人間関係以上に、組織の命令系統に基づくフォーマル(公式)な人間関係が、工場での作業能率に大きな影響をもたらしているとした。国般2020

3 (3) 参照 ✕

　F.テイラーは、ホーソン工場での調査に参加していません。また、後段の記述も逆で、メイヨーとレスリスバーガーは、ホーソン工場での調査をもとに、組織の命令系統に基づくフォーマルな人間関係以上に、職場のインフォーマルな人間関係が、工場での作業能率に大きな影響をもたらしているとしています。

4 現代組織論

(1) 背　景

　世界恐慌後のアメリカでは、労使間の不信が根強く紛争が絶えなかったため、企業の存在意義や正当性それ自体が問われました。こうした時代において組織そのものを改めて根本から見直すために、アメリカの経営学者C.I.バーナード（1886～1961）は実業家としての経験に基づいて、『経営者の役割』（1938）を執筆しました。

　当時は、F.テイラーに代表される伝統的な組織論は、仕事の組織化や人員の配置といったもっぱら管理技術中心の理論でしたが、バーナードは人間関係論の提示した人間性の視点も採り入れた議論を展開しました。

(2)　協働体系と公式組織

　個人としての人間は動機を充足すべく活動しますが、1人で目的を達成できない場合には他人と協力します。企業や学校が設立される理由はここにあります。このようにバーナードは一般に組織と称するものを、「目的に向かって複数の人間が協働する枠組み」としての協働体系（cooperative system）と呼びました。

　協働体系は、**物的・社会的・個人的諸要素の複合体**です。バーナードはこの協働体系を抽象化したものを（公式）組織（organization）と呼び、**意識的に調整された人間活動や諸力の体系**と定義しました。

　組織は以下の三つの要素から成り立つとしました。いずれを欠いても組織は成り立たず、組織が成立・存続する条件について示したものとなっています。

①　共通目的

　個人が組織に貢献するのは、貢献に値する共通目的（common purpose）が存在するからです。この意味で、目的が共有されることなしに組織は成り立ちません。ただし、**個人の目的（動機）と組織目的とは区別されます**。そこで、バーナードは、**組織構成員の動機の充足度**を能率性（efficiency）、**組織目的の達成度**を有効性（effectiveness）と呼んで区別しました。

②　貢献意欲

　貢献意欲（willingness to cooperate）、もしくは協働意思とは、**個人の努力を組織目的に寄与させる意思**です。

　個人は組織に参加することで充足したいと考える何らかの「動機」を持ちます。また、個人は何かを犠牲にして組織のために貢献するため一定の見返りが必要です。つまり、組織の提供する「誘因（インセンティブ）」が個人の「貢献」に見合うも

の（貢献≦誘因）であり、「動機」を充足するものでないなら、個人は組織に貢献しないし、組織は成り立ちません。

　この意味で、**組織は誘因・貢献・動機のバランスの上にあります。**こうした考え方を組織均衡論と呼びます。

> 　例えば「動機」は仕事を通じて得られるやりがい、「誘因」とは給与や会社内で与えられるポスト、「貢献」とは個人が組織に提供する労働などを指します。

③　伝　達

　伝達（communication）は、**共有された目的を個々人が誤解することなく、実際の活動に変換する**ためのものです。伝達は、組織の成長や規模を大きく制約するものであるから、伝達の経路を明確にし伝達のラインはできるだけ短くしなければならないとしました。

◆**協働体系と組織の３要素**

(3)　権威受容説
①　権威受容説

　組織を維持するためには、組織構成員の間で管理機構が必要となり、上司一部下といった命令服従関係が成立します。したがって、一般的には、組織の権限は、命令を発する側、つまり職位上の上司にあると考えます。

　しかし、上司が命令を出しても、それを部下が受け入れない場合があり得ます。

つまり、**命令とは上司が出しただけでは成り立たず、部下に受け入れられて初めて成立する**のです。これを権威受容説と呼びます。このように、バーナードは命令服従関係を部下の側での権威の受容によって説明しました。

② 権威受容の類型

バーナードによれば、部下が受容する権威には次の3類型があります。

(ア) 機能の権威

機能の権威とは、**上司の専門能力や経験に裏づけられた命令を、部下が妥当なものと判断し、これに服従する場合**を指します。最も理想的な形ではありますが、そのような人材を常に調達するのは困難なため、他の権威が必要となります。

(イ) 地位の権威

地位の権威（職位の権威）とは、**部下にとって、その指示や命令が理解可能なもので、組織に属した以上受容が当然とされている種類の命令に服従する場合**を指します。

このように、**部下が特に疑問を抱かずに従う命令**を、バーナードは無関心圏（zone of indifference）に属する命令と呼んでいます。したがって、無関心圏に属する命令の場合、上司という地位を占める者から発せられたという事実を持って命令は受容されるのです。

・ヒント

部下にとって無関心でいられる（よく考えずに黙って従ってしまっても特に害がないと思われる）命令だからこそ従うことができるのが地位の権威です。「無関心な命令だから従う」というロジックを正しく把握しておきましょう。

(ウ) 権限による支配

「機能の権威」も「地位の権威」も成り立たない場合には、一般的な組織では、最終的な手段として権限による支配が行われることになります。**命令に服従しない部下に対して制裁権の発動の可能性をほのめかすことで、命令への服従を図ろうとするもの**です。

しかし、バーナードは、権限の行使もまた部下に受容されているときのみ成立するものであり、部下の受容を伴わない超越的権威は存在しないとしました。例えば、戦闘中の軍隊で、命令に服従しない部下を上官が制裁権の発動をほのめかして服従

させようとすることは、一見すると上官による制裁に見えます。しかし、実際には仲間内で命令拒否を慎む雰囲気が醸成され、仲間内の強制で命令服従が行われるとされます。

確認してみよう

① 　C.I.バーナードは、組織が成立するためには、相互に意思を伝達できる人々がおり、それらの人々が行動により貢献しようとする意欲があり共通目的の達成を目指すという三つの要素が必要であるとした。国般2019

4(2)参照 ◯

バーナードは、「組織」を成立させるための要素として、共通目的、貢献意欲（協働意思）、伝達（コミュニケーション）を挙げています。

② 　バーナードは、組織において、指示者がすぐれた経験、知識、能力を持っていると認められ、それ故にその指示は賢明かつ妥当な指示であろうと推定され、服従がなされるときの権威を職位の権威と呼んだ。区Ⅰ2002

4(3)① 参照 ✕

職位（地位）の権威ではなく、機能の権威についての説明です。

③ 　バーナードは、指示や命令が、理解可能なもので、従うことが個人的利害にも組織の目的にも反していないように思われるとき、それらの指示や命令は部下の無関心圏に属するとした。区Ⅰ2002

4(3)② 参照 ◯

「無関心圏」とはつまり、「気にならない範囲」ということです。

5 合理的意思決定

(1) 背　景

　C.I.バーナードの組織論をさらに発展させ、「経営管理は意思決定である」との立場から特に意思決定の理論を深化させたのがH.サイモンです。なお、その他の

論点については基本的にバーナードの理論をそのまま引き継いでいると考えて構いません。

(2) 意思決定の前提

サイモンによれば、意思決定には**価値前提と事実前提の二つの前提条件があります**。このうち、価値前提については、科学的・経験的に確かめることができないので、サイモンは**価値前提を所与とした場合の事実前提の合理性の解明**に焦点を当てました。

価値前提	事実前提
・意思決定の対象となる目標を対象とした価値的・倫理的与件 ・「望ましさ」や「正しさ」を示す判断材料となるもの ・科学的・経験的にその適否は判断できない	・目的実現のために採るべき手段の適否を判断するのに必要な事実に関する知識 ・科学的・経験的にその適否が判断できる

(3) 合理モデルと充足モデル

① 合理モデル

いわゆる合理的な決定とは、通常 ［目的の明確化→代替案の列挙→代替案の評価→代替案の選択］ という手順をたどると理解されており、これを**合理モデル**といいます。その特徴は、**人間が完全合理性に基づいてすべての選択肢を列挙し、そのすべてについて結果を確実に、そして正確に予測する**という点にあります。

② 充足モデル

現実の人間は、合理モデルの想定とは異なり、情報や知識に限りがあり、また評価の基準も現在と将来で同じではありません。そこでサイモンは、**現実の人間の能力には制約があるとする**限定された合理性の概念を提示しました。そして、これに基づく意思決定として**充足モデル**（満足モデル）を提示しました。

充足モデルでは、まず、選択肢の探求は一挙にではなく逐次的に行われます。次に、逐次的な探求の過程で、とりあえず「満足できる」ものを見つけた時点で探求は終了します（最善なものの追求にこだわらない）。そして、結果を評価する際の基準（要求水準）は可変的です。したがって、現実の決定は、時間的制約があるため、以前は満足できなかった選択肢でも採用されることがあります。

	合理モデル	充足モデル（満足モデル）
行動基準	最小コストと最大の成果を追求	選択範囲から満足し得る成果を追求
合理性	完全な合理性	限定された合理性
人間像	経済人モデル	経営（行政・管理）人モデル

確認してみよう

① サイモンの充足モデルによる政策決定では、人間の認識能力の限界を前提に、効用の最大化ではなく、願望水準の充足を目指せば足りるとする。都Ⅰ 2002

5 (3) ② 参照 ○

現実の人間の意思決定に即したモデルといえます。

② サイモンの充足モデルでは、政策立案の手順について、諸価値を体系化し政策案をすべて列挙し予想される結果を確定したうえで、諸価値の達成値が最大のものが選択されるとした。都Ⅰ 2008

5 (3) ② 参照 ✕

すべて列挙するのは現実的ではなく、選択肢の探求は逐次的に行われます。

③ H.サイモンは、人間の認識能力には際限がなく、効用を最大化することを目指すべきであるとして、十分に満足する水準の充足を目指す満足化モデル（satisfying model）を主張し、合理性の限界を考慮することは、「訓練された無能力」であるとして批判した。国般 2020

5 (3) 参照 ✕

人間の認識能力には際限がなく、効用を最大化することを目指すべきとするのは「合理モデル」です。サイモンはこれを批判し、個人の持つ合理性の限界を考慮する「限定合理性」の考え方に基づき、一定の目標水準を充足した時点で代替案の探索を打ち切り、それで満足するという「充足モデル（満足化モデル）」を提示しました。また、「訓練された無能力」はもともとはT.ヴェブレンの概念ですが、R.K.マートンがこれを官僚制の逆機能の特徴を示す言葉として使ったことで知られています（詳しくは次節で扱います）。

6 能　率

⑴　概　要

　能率という概念は、行政の価値体系の中で高い地位を占めており、現在でも**政策や行政活動の良否を判断する基準**としてしばしば活用されています。にもかかわらず、何をもって能率とするかということについては、さまざまな議論があり、能率概念の理解は一様ではありません。

　辻清明は、能率概念を次の3種類に分類しています。

⑵　能率の3分類
①　機械的能率

　機械的能率（mechanical efficiency）は労力・時間・経費の三つを決定要因とし、**「最小の労力と資材によって最大の効果を実現すること」**が能率性の基準となります。

　組織論の系譜でいえば、機械的能率観は科学的管理法に始まり、古典的組織論で確立され、古典的組織論を批判的に発展させたH.サイモンに受け継がれています。

（ア）ギューリックの能率観

　L.H.ギューリックによれば、仕事に投入（input）するエネルギーと投入して得られた産出（output）の比率、すなわち**投入・産出比**が能率の基準となります。

　このような意味での能率は、公私の別を問わず**「基本的な善」**であり、管理科学における「価値尺度の第一の公理」であるとし、**能率それ自体を価値とした**のです。

（イ）サイモンの能率観

　サイモンは、投入・産出比の能率観を精緻化し、バランスシート（貸借対照表）的能率観を提唱しました。作業によって得られた結果を計測可能な基準に従って、**投入量と産出量からその能率の良し悪しを比較する**というものです。

②　社会的能率

　社会的能率（social efficiency）は、**社会的満足度の高低を基準とする能率観**です。組織活動に参加している人がその組織活動に抱いている満足度の度合い、具体的には、職員の満足度、サービス享受者の満足度、多元的な利益の総合などといった、**より人間的な要請を充足することが能率的である**と考えられています。代表的論者として、M.ディモック、C.I.バーナード、L.D.ホワイトなどがいます。

> 機械的能率が能率を量的な面で評価しようとするのに対し、社会的能率は能率の質的な面に着目しようとする点で対照的です。

③ 二元的能率

　D. ワルドーは、目的を離れた能率は存在しないとし、能率それ自体が価値であることを否定しました。ある目的にとって能率的であることは必ずしも他の目的にとっても能率的であることを意味しないのであり、能率の決定は目的に依存しているといえます。

　以上のような観点から、ワルドーは、能率を**客観的に解釈したもの**である客観的能率（objective efficiency）、**規範的に解釈したもの**である規範的能率（normative efficiency）の二つに分けて捉え、機械的能率と社会的能率の融和を図ろうとしました。機械的能率が客観的能率に、社会的能率が規範的能率にそれぞれ対応し、これらを総称して二元的能率と呼びます。

◆ 能率観の比較

	機能的能率	社会的能率
基準	投入・産出比 労力・時間・経費	満足度 職員やサービス享受者の満足度
着眼点	量の問題を評価 （能率それ自体が価値）	質の問題を評価 （能率の目的を問題とする）
論者	科学的管理法 L.H. ギューリック （H. サイモン）	M. ディモック L.D. ホワイト C.I. バーナード
ワルドーの二元的能率	客観的能率	規範的能率

確認してみよう

① 　政治・行政融合論とは、D. ワルドーやH. サイモンらによって主張された考え方である。この考え方によれば、現実の政策形成過程においては、専門知識を持つ行政が素人の集団である政党よりも優位に立つとされる。そのため、価値としての能率が重要視された。国般2001

6 (2)① 、③ 参照 ✕

　「価値としての能率」を重視したのはギューリックです。ワルドーはこれを批判し、何のための能率か問わなければならないとしました。

過去問にチャレンジ

次の文は、ホーソン実験に関する記述であるが、文中の空所A〜D
★ に該当する語、語句又は人物名の組合せとして、妥当なのはどれか。

区Ⅰ 2020

1920年代半ばに始まったホーソン実験は、 **A** 論の創始者であるハー
バード大学の **B** とその弟子のレスリスバーガーらのグループが、シ
カゴのウェスタン・エレクトリック社のホーソン工場で行ったものである。

この工場における実験は、 **C** で主張されている物理的な作業条件と
作業能率の関係をテストするために行われたものであった。

しかし、実験の結果、作業能率には、物理的な作業環境ではなく、職場におけ
る **D** な人間関係が大きな影響を与えていることが明らかとなった。

	A	B	C	D
❶	現代組織	テイラー	科学的管理法	インフォーマル
❷	人間関係	メイヨー	科学的管理法	インフォーマル
❸	現代組織	テイラー	満足化モデル	フォーマル
❹	現代組織	メイヨー	科学的管理法	フォーマル
❺	人間関係	メイヨー	満足化モデル	インフォーマル

【解答・解説】

正解 **2**

> 基本的なキーワードを覚えているか確認する易問です。

A　「人間関係」が該当します。現代組織論は、C.I.バーナードが創始者とされます。

B　「メイヨー」が該当します。F.テイラーは、**C**の「科学的管理法」の提唱者として知られている人物です。

C　「科学的管理法」が該当します。「満足化モデル」（充足モデル）は、H.サイモンが合理的意思決定論の中で提唱したモデルです。

D　「インフォーマル」が該当します。テイラーの科学的管理法は、職場におけるフォーマルな人間関係に注目して作業能率の向上を目指しましたが、ホーソン実験により、職場におけるインフォーマルな人間関係が作業能率に大きな影響を与えていることが明らかになりました。

テイラーの科学的管理法に関する記述として、妥当なのはどれか。

★

都 I 2004

❶ 科学的管理法は、19世紀末から20世紀初頭にかけて、イギリスで自然的怠業とよばれる現象が多発する中で、新しい体系的な管理システムが求められたことから提唱された、作業能率向上のための管理方式である。

❷ 彼は、時間研究と動作研究を組み合わせることにより、一定の作業条件下における最良の動作と標準時間を科学的に設定する課業管理の必要性を提唱した。

❸ 彼は、遂行すべき作業方法を記載した文書によって作業者に指示する指導票制度の廃止を提案し、それに代わるものとして、執行機能から計画機能を分離して計画部を設置することを提案した。

❹ 科学的管理法における差別的出来高制とは、標準を超える生産量を達成した労働者に高い賃金を支払うものであり、標準量に達しなかった労働者にペナルティーを課すものではない。

❺ 科学的管理法における職能別職長制とは、作業労働と部門管理の職務を細分化して、労働者が一人の職長から指示を受けるものである。

【解答・解説】

正解 ❷

細かい内容も出題されていますが、正解肢が明確なので解答できるでしょう。

❶ ✕　F.テイラーによる科学的管理法導入の背景にあるのは、イギリスにおける自然的怠業ではなく、**アメリカにおける組織的怠業**の蔓延です。彼はこの問題に対して、仕事量と賃金との関係に対する労使双方の思惑が原因になっていると考え、解決策を、思惑と切り離された客観性を有する「課業管理」に求めました。

❷ ○　彼の科学的管理法は、模範的工具による作業工程の観察から「動作研究」と「時間研究」を行い、測定された値を分析する中で、平均的工具に与えられる適切な課業および標準条件を算出する、実験室さながらの方法論となっています。

❸ ✕　テイラーは、作業方法の指示を明確化する「指導票制度」を提案しました。彼は、「機能的管理」の実践において、現場の執行と計画の両方四つ、計八つの機能別職長を配置する具体的提案を行っており、計画職長機能の一つには指導票係が設けられています。

❹ ✕　標準量に達しなかった労働者の賃金は安くなります。テイラーの規定した課業管理実践における四原則には信賞必罰の実施が挙げられ、工場において、異なる賃金を課業の完了者と非完了者それぞれに適用する「格差賃率出来高給」が導入されました。

❺ ✕　テイラーの考案した「機能別職長制組織」は、作業者に対して複数の職長からの指示を受ける形になっています。本肢の記述は、彼が「機能別」と対比して批判している「軍隊式」職長制の説明となっています。

ホーソン工場での実験に関するA～Dの記述のうち、妥当なものを選んだ組合せはどれか。

区 I 2009

A 当初の調査は科学的管理法の観点と手法に立って設計されたものであったが、メイヨーらは、その妥当性に疑問を抱き、調査の観点と方法を変更した。

B インフォーマル組織は、フォーマル組織の活動を阻害し、その存在は効果的な協働関係を維持するためには必要ないものであるとした。

C 経営の関心は、組織の構成員に満足感を与えることのみに向けられがちだが、組織が能率的であるためには、組織目標を達成する機能にも関心を向けなければならないとした。

D 物理的環境の変化が生産性に直結するのではなく、個人の感情や態度がそこに介在し、職場の仲間との人間関係や個人的な経験が感情や態度の変化に大きく影響するとした。

❶ A　B
❷ A　C
❸ A　D
❹ B　C
❺ B　D

【解答・解説】

> ホーソン実験の成果に対する基本的な理解を問う問題になっています。

A ○ 　調査の手法と観点を何度も変更しながら、最終的にG.E.メイヨーらは、組織を一種の「社会システム」と捉える観点に到達して、職場におけるインフォーマルな人間関係こそ現場の作業能率に最も大きな影響を及ぼしている要因なのではないかとする仮説に到達しました。

B ✕ 　メイヨーらは、インフォーマル組織とフォーマル組織は相互に排他的な関係ではなく、インフォーマル組織がフォーマル組織の活動を阻害する場面もありますが促進する場面もあり、またその存在が効果的な協働関係を維持するために必要なものであるとしました。

C ✕ 　主張の力点が逆になっています。メイヨーらの人間関係論では、あらゆる組織は、組織目標を達成する機能（対外的均衡）と、組織の構成員に満足感を与える機能（対内的均衡）の二つの機能を持っていると捉えます。そして、従来の古典的組織論の関心は対外的均衡のみに向けられがちですが、組織が能率的であるためには対内的均衡にも関心を向けなければならないと彼らは主張しています。

D ○ 　メイヨーらはホーソン工場での実験を通じて、物理的環境の変化よりも、人々の感情、集団の雰囲気や集団規範が、作業の能率により大きな影響を及ぼすことを明らかにしました。そして、この研究がきっかけとなり、人間関係論という新しい理論が生み出されることになりました。

行政組織論に関する記述として、妥当なのはどれか。

区Ⅰ2018

❶ メイヨーは、弟子のレスリスバーガーらとホーソン工場において実験を行い、インフォーマル組織よりもフォーマル組織が重要であるという人間関係論を主張した。

❷ サイモンは、「限定された合理性」という概念を用いて、行政組織における意思決定のモデルとして「満足化モデル」を提示し、その意思決定の理論はバーナードに継承された。

❸ バーナードは、現代組織理論の創始者といわれ、組織論として「協働体系」を提示し、組織が成立する要件として共通目的、協働意思、コミュニケーションを掲げた。

❹ マートンは、従来の行政学の諸原理を矛盾した諺と評し、それぞれの原理を総合的に分析してみると、あたかも諺のように相対立する原理を含んでいると批判した。

❺ フェイヨールは、官僚制組織を体系的に考察し、「訓練された無能力」という概念を用いて、手段が自己目的化してしまう「目的の転移」という官僚制の逆機能の問題を主張した。

【解答・解説】

正解 ❸

> ❺の内容はまだ扱っていませんが、正解肢が明確なので解答できるでしょう。

❶ ✕　　G.E.メイヨーは、**フォーマル組織よりもインフォーマル組織が重要で
ある**という人間関係論を主張しています。

❷ ✕　　継承関係が逆で、H.サイモン（1916～2001）は、C.I.バーナード（1886
～1961）の行政組織論を発展的に継承しています。

❸ ◯　　バーナードは、組織を「協働体系」と捉えて、問題文にあるように組織
が成立するための要件として、共通目的、貢献意欲（協働意思）、伝達（コ
ミュニケーション）の三つを挙げています。

❹ ✕　　従来の行政学の諸原理を批判したのは、R.K.マートンではなく、サイ
モンです。サイモンは、従来の行政学の諸原理はそれぞれ単独ではもっと
もらしく見えるものの、総合的に分析してみると相対立する原理が含まれ
ていることから、矛盾した諺のようなものと揶揄して批判的に捉えました。

❺ ✕　　官僚制の逆機能について論じたのは、H.フェイヨールではなく、マー
トンです。マートンの官僚制の逆機能論については、本章の第4節で扱い
ます。

ギューリックに関する記述として、妥当なのはどれか。

★   都Ⅰ2005

❶ 古典的組織論について、その原理は曖昧であって一種の諺にすぎないと批判し、その科学的妥当性を疑問視した。

❷ 行政学においても経営学と同様に能率の必要性は認めたが、行政学にとって最も重要な基準は公益であるとした。

❸ F.ローズベルト大統領が設置した「行政管理に関する大統領委員会」において、行政機関における最高管理者が担うべき総括管理機能の重要性を提言し、これに基づいて、大統領府が創設された。

❹ 行政機関における最高管理者が担うべき総括管理機能を一語で表すために、PPBSという言葉をつくり出し、総括管理機能のうち予算が最も重要な役割を果たすとした。

❺ 彼の組織理論は現代組織論とよばれ、バーナードがこれを受け継いで精緻化、体系化に努め、発展させた。

【解答・解説】

正解 ❸

正解肢が明確ですし、問題文も短いので容易に解答できるでしょう。

❶ ✕　これは、H.サイモンによるL.H.ギューリック批判に関する記述です。彼は、ギューリックらの古典的組織論の原理は実務経験を一般化した諺にすぎず、相互に矛盾している疑似科学だと批判しました。

❷ ✕　ギューリックは、行政学にとって最も重要な基準は**能率**であるとしています。

❸ ◯　ギューリックは、1937年にF.ルーズヴェルト（ローズベルト）大統領が設置した「行政管理に関する大統領委員会」（ブラウンロー委員会）に参画し、スタッフ機関としての大統領府創設に貢献しました。彼がL.F.アーウィックとともに編纂した『管理科学論集』は委員会の理論的支柱になっています。

❹ ✕　行政機関における最高管理者が担うべき総括管理機能を表す語は、「PPBS」ではなく「POSDCoRB」です。PPBSはケネディ・ジョンソン両大統領のもとで導入された予算編成手法の一つで、詳しくは第2章第3節で扱います。

❺ ✕　現在の行政学の教科書では、ギューリックの組織論は「現代組織論」ではなく「古典的組織論」と呼ばれています。また、C.I.バーナードに代表される現代組織論では、ギューリックの理論は批判的に受容されています。

ギューリックの行政管理論に関する記述として、妥当なのはどれか。

★ 区Ⅰ 2005

❶ ギューリックは、トルーマン大統領によって設置されたフーバー委員会に
おいて、最高管理者の遂行する機能をPOSDCORBという造語により表し
た。

❷ ギューリックは、管理の科学における基本的善は能率であり、能率こそが
行政の価値尺度における公理のナンバー・ワンであるとした。

❸ ギューリックは、指揮命令系統の確立のため、ラインとスタッフの統合が
組織化原理において最も重要であるとした。

❹ ギューリックは、計画、組織、人事、統制、命令、実施、報告及び予算の
八つの機能の頭文字からPOSDCORBを提起した。

❺ ギューリックは、多数の人間の協働は、分業と調整ではなく、リーダーシッ
プによってのみ、最高の能率と成果が発揮されるとした。

【解答・解説】　　　　　　　　　　　　　　　　　　　　正解 ❷

　L.H.ギューリックに関する定番のキーワードが並んだ問題です。正解肢も明確なので、解答できるでしょう。

❶ ✕　　ギューリックが参画してPOSDCoRBを提唱したのは、**F.ルーズヴェルト大統領によって設置されたブラウンロー委員会**です。

❷ 〇　　ギューリックは、「行政（administration）の価値尺度における第一の公理」は能率であるとしています。

❸ ✕　　ギューリックは、ラインとスタッフを分離することを提言しています。彼は古典的組織論の影響を受けて、複数の部下を1人の上司が監督すべきだという「命令系統の一元化」の原則を掲げる一方で、1人の長だけで総括管理機能（POSDCoRB）のすべてを担うことはできないとして、それを補佐するスタッフが必要であるとしています。

❹ ✕　　まず、「POSDCoRB」は8文字ではあるものの、「調整（Coordinating）」から「Co」の2文字が採られているため、7機能を表しています。また、「実施」は下層の職員が担当する役割で、最高管理者は担いません。逆に「調整（Coordinating）」は管理者に必須の役割なので、含まれていないのはおかしいです。なお、「統制」と「命令」は合わせて「指揮監督（Directing）」となっています。

❺ ✕　　ギューリックは、組織における分業と調整も重視しています（例えば、「POSDCoRB」には調整が含まれています）。また、連邦政府は大規模な組織なので、大統領が「POSDCoRB」の機能を1人で処理することは困難であるとして、ギューリックはスタッフが分業して大統領を補佐できる組織をつくるため、「大統領府」の設立を提言しています。

問題7

★

ギューリックの行政管理論に関する記述として、妥当なのはどれか。

区 I 2008

❶ 行政の科学における基本的善は民主主義であり、民主主義こそは行政の価値尺度ナンバーワンに位置する公理であるとした。

❷ 行政組織は、目的による組織、過程による組織、顧客による組織及び地域による組織の四つの組織を組み合わせて編成すべきであるとするスパン・オブ・コントロールの原則を唱えた。

❸ ラインとスタッフを分離し、行政のトップの管理機能を補佐するスタッフ機関の整備が必要であるとし、この趣旨は、ブラウンロー委員会の報告書に反映され、後の大統領府の創設に影響を及ぼした。

❹ 行政組織では、専門的技術者が支配者にならないように常に警戒し、頂点でなく適所に置くようにすべきであるとする指揮系統単一の原理を唱えた。

❺ 大統領・州知事・市長などの行政のトップが担うべき管理機能には、計画、組織、人事、実行、確認、再構築及び予算の七つの機能があるとし、それをPOSDCORB という造語で表現した。

【解答・解説】

正解 ❸

　これもL.H.ギューリックに関する定番のキーワードが並んだ問題です。❹は扱っていない論点ですが、正解肢も明確なので、解答できるでしょう。

❶ ✕　　ギューリックは、行政の科学における基本的善は**能率**であり、能率こそは行政の価値尺度ナンバーワンに位置する公理であるとしています。問題文は、R.ダールの主張内容に関する記述です。ダールは、正統派行政学において共通に見られる「能率」概念の重視は暗黙裡にそれ自体として特定の価値の表明であると指摘して、規範的価値を明確にしたうえでこそ「行政の科学」が成立するのだと批判しました。

❷ ✕　　これは、スパン・オブ・コントロール（統制の範囲）の原則ではなく、同質性による分業の原則の説明です。この原則では、目的・作業方法・対象集団・管轄区域という四つの基準で組織編制が行われるとしています。

❸ ◯　　ギューリックは、ブラウンロー委員会において行政管理のあり方を検討し、大規模組織においてトップを補佐し、総括管理機能を分掌する機関が必要であるという提言を出しました。そして、この提言を受けて、予算局等の諸機関を包括するスタッフ機関として「大統領府」が創設されました。

❹ ✕　　「指揮系統単一の原理」は、組織メンバーは単一の指揮系統からのみ指示を受けるべきである（人は二君に仕えず）とする原理です。古典的組織論はこの原理に基づき、テイラー・システムにおいて提唱されていた「機能別職長制」を批判しています。

❺ ✕　　POSDCoRBの7機能は、計画／組織／人事／指揮監督／調整／報告／予算を指していますので、「実行、確認、再構築」が違います。ただし、7機能すべてを覚える必要はありません。ここでは、ギューリックにおいて「調整」がキーワードであること（したがって、「調整」が入っていないのはおかしいこと）と、「実行」はトップの機能ではないこと（トップが決定し、現場が実行すること）を把握しておけば十分です。

ギューリックの行政管理論に関する記述として、妥当なのはどれか。

❶ ギューリックは、行政機関の最高管理者が担うべき管理機能には、計画、組織、人事、指揮、協力、判断、調和の7つの機能があるとし、POSDCORBという造語で表現した。

❷ ギューリックは、指揮命令系統を一元化するため、ラインとスタッフの統合が必要であると、ブラウンロー委員会で提言した。

❸ ギューリックは、組織を編成する際には、同じ仕事は一か所に集めた方がいいとする同質性の原理を唱え、同質性の基準として、規模、対象、地域の3つを挙げた。

❹ ギューリックは、行政の科学における基本的善は能率であり、能率は行政の価値尺度のナンバーワンの公理であるとした。

❺ ギューリックは、一人の部下に対して命令するのは一人の上司でなければならないとする、スパン・オブ・コントロールの原理を唱えた。

【解答・解説】 正解 ❹

❸の内容が細かいですが、正解肢が明確なので解答できるでしょう。

❶ ✕　　POSDCoRBの7機能のうち、後ろの三つ（協力、判断、調和）が誤りで、正しくは「調整、報告、予算」となります。まず、L.H.ギューリックの重要なキーワードである「調整」が入っていない時点で誤りとわかります。また、最高管理者は、組織を動かすために人とお金の管理をする必要があります。その点で、「予算」が入っていないのはおかしいと気づけるようにしましょう。

❷ ✕　　ギューリックは、命令の統一性と専門性を両立させるため、指揮命令系統が一元化された「ライン（実施部門）」と、専門的知識と経験に基づいてラインに助言・勧告をする「スタッフ（参謀部門）」の**分離**が必要であると、ブラウンロー委員会で提言しています。

❸ ✕　　ギューリックは、類似した性質の仕事を統合していくべきとする「同質性による分業」の原理を唱えましたが、同質性の基準としては、目的、過程、対象、地域の四つを挙げています。これは細かい知識ですが、少なくとも「規模」が同じ仕事を一緒に集めるというのは基準として的外れでしょう。

❹ ◯　　何度も出題されているギューリックの主張です。

❺ ✕　　これは、命令の一元化に関する記述です。それに対してスパン・オブ・コントロール（統制の範囲）とは、「一人の上司が管理する部下の数は一定の範囲内にとどめるべきである」とする原理です。

バーナードの組織論に関する記述として、妥当なのはどれか。

区Ⅰ 2013

❶ バーナードは、上司の指示・命令が部下にとって、理解可能で、それに従うことが、精神的肉体的苦痛を伴わず、個人的な利害にも組織の目的にも反していないように思われるとき、この指示・命令は部下の「無関心圏」に属するとした。

❷ バーナードは、人が組織に参加しようとする場合は、動機や貢献が誘因を上回る場合であるとし、逆に人が組織から離脱しようとする場合は、誘因が動機や貢献を上回る場合であるとした。

❸ バーナードは、地位の権威とは、組織内で上司がその職務について部下以上に経験豊富で専門能力を持ち、すぐれた識見を持っているがゆえに、部下はこの上司の判断・指示の正しさを信頼して従う指導力による支配であるとした。

❹ バーナードは、時間研究や動作研究によって、工場での作業を単位動作に分解し、それを最も能率的に組み合わせることによって、最大の生産性を実現することをめざして、作業環境を標準化し作業の合理的な管理手法を提示し、効率的でより優れた組織管理の方法を開発した。

❺ バーナードは、直属上司は一人でなければならないという「命令系統一元化の原理」、管理者が統制する部下の数には一定の限界があるという「統制範囲の原理」、類似した性質の仕事を統合するべきであるという「同質性の原理」という3つの原理によって、組織は編成されるべきであると初めて提唱した。

【解答・解説】

正解 ❶

> 正解肢は明確ですし、間違いのポイントもわかりやすい易問です。

❶ ○　　C.I. バーナードの地位の権威と無関心圏の説明です。

❷ ✕　　人が組織から**離脱**しようとするのは貢献が誘因を上回る場合、逆に人が組織に**参加**しようとするのは誘因が貢献を上回る場合だとしています。ここで誘因（インセンティブ）とは、例えば地位や賃金などです。つまり、貢献に見合う誘因（賃金など）が提供されないときは、よりよい労働環境を求めて転職するということです。

❸ ✕　　これは、機能の権威に関する記述です。地位の権威とは、上司という地位にいる者から発せられたものであり、個人的な利害にも組織の目的にも反していないため、受容される権威のことです。

❹ ✕　　これは、F. テイラーの科学的管理法に関する記述です。

❺ ✕　　これは、L.H. ギューリックの古典的組織論に関する記述です。

問題10 バーナードの組織理論に関する記述として、妥当なのはどれか。

★

都Ⅰ2008

❶ 彼は、公式組織について、2人以上の人々の意識的に調整された活動や諸力の体系であると定義した。

❷ 彼は、組織の構成要素として、動機、貢献意欲及びコミュニケーションの3つをあげ、3つの要素は独立に機能し、相互に関係しないものであるとした。

❸ 彼は、組織の管理者には、計画、人事、指揮など7つの機能が必要であるとし、自ら、7つの機能をPOSDCoRBという造語で表現した。

❹ 彼は、組織内の命令服従関係について、命令が部下にとって理解可能なものでないとき、その命令は部下の無関心圏に属するとして、権威受容説を否定した。

❺ 彼は、ホーソン工場の実験から、組織においてはフォーマル組織とインフォーマル組織とが統合し調和されることが重要であるとした。

【解答・解説】

正解 ❶

❸と❺は別の論者の主張ですし、❷と❹も誤りに気づける内容です。

❶ ○ 　C.I.バーナードは、古典的組織論のフォーマルな機構概念と、新古典組織論のインフォーマルな人間関係概念を統合して、組織を人間の「協働システム」と見ることにより、今日の現代組織論の基礎を据えました。

❷ ✕ 　バーナードは、組織の構成要素として、**共通目的**、貢献意欲および伝達（コミュニケーション）の三つを挙げ、この三つの**要素が相互に関係し合って組織は維持される**としました。選択肢にある「動機」は個人の目的であり、組織の共通目的とは区別されます。三つの構成要素の内訳はわからなくても、「相互に関係しない」という記述で外せるようにしましょう。

❸ ✕ 　これは、L.H.ギューリックに関する記述です。ギューリックは、行政管理の最高責任者たる執政長官の職務を構成する七つの機能を「POSDCoRB」という略語を用いて提示しました。

❹ ✕ 　バーナードは、組織内の命令服従関係を一貫して部下の側での「権威の受容」によって説明し、**権威受容説を展開しました**。バーナードは、命令が部下にとって**理解可能なもの**で、従うことに精神的・肉体的苦痛を伴わず、従うことが個人的な利害にも組織の目的にも反していない場合に、命令は部下の無関心圏に属する、と説明しています。

❺ ✕ 　ホーソン実験をきっかけに、科学的管理法の前提に疑問を抱き、人間関係論を提唱したのは、G.E.メイヨーとF.レスリスバーガーです。彼らは、職場におけるインフォーマルな人間関係こそが、現場の作業能率に最も大きな影響を及ぼしている究極の要因なのではないかとする仮説を提示しました。

C.I.バーナードの組織理論に関する記述として、妥当なのはどれか。

都Ⅰ 2003

❶ 彼の組織理論は、メイヨーらの人間関係論を批判し、テイラーの唱えた科学的管理法の観点にたって構築された。

❷ 彼は、組織活動の能率性と有効性を区別し、能率性とは組織目的の達成度合いのことをいい、有効性とは組織活動に貢献している人々の満足の度合いのことであるとした。

❸ 彼は、社会通念上、組織とよばれるものを協働体系とよび、あらゆる協働体系にみられるサブシステムとして、公式組織があり、それは、2人以上の人々の意識的に調整された諸活動又は諸力のシステムであるとした。

❹ 彼は、組織均衡理論を唱え、動機や貢献が誘因を上回る場合に人は組織に参加するが、誘因が動機や貢献を上回る場合に人は組織を離脱するとした。

❺ 彼は、権威は部下に受容されて成立するという権威受容説を唱え、上司の指示や命令が部下の無関心圏内にある場合には、地位の権威だけでなく、機能の権威が成立しなければ、部下は上司に従わないとした。

【解答・解説】

やや細かい内容もありますが、正解肢が明確なので解答できるでしょう。

❶ ✕ 　　C.I.バーナードの組織理論（現代組織論）は、F.テイラーの科学的管理法を源とする古典的組織論と、G.E.メイヨーらの人間関係論（新古典的組織論）を統合して構築されました。

❷ ✕ 　　「能率性」と「有効性」の定義が逆です。バーナードは、組織活動に参加している人々の満足度が高ければ高いほど人々が組織に貢献しようという意欲が高まり、その結果、その組織の能率は向上するという因果関係を想定しています。これは、能率概念に心理的な要素を持ち込んだものであり、人間関係論の影響がうかがえます。

❸ ◯ 　　バーナードは協働体系のサブシステム（下位体系）として、公式組織があるとしました。

❹ ✕ 　　バーナードは、貢献が誘因を上回る場合には人は組織を**離脱**し、誘因が貢献を上回る場合には人は組織に**参加**するとしています。人は組織のために働いて組織活動に「貢献」し、その代わりに組織は、給与、社会的に安定した地位、働く喜び、仲間を持つ生きがい等の「誘因」を与えます。そこで、貢献が誘因を上回る（給与は安いのに仕事がきつい）場合は仕事を辞め、誘因が貢献を上回る（給与は高いのに仕事が楽な）職場には喜んで転職するということです。

❺ ✕ 　　上司の指示や命令が部下の無関心圏内にある場合には、部下自身が「その命令に服従しても何も問題がない」と判断していますので、地位の権威だけでも、部下は上司の指示・命令に従います。

❶ バーナードは、権限と呼ばれているものは権威の中の一類型であるとし、権限も含めてすべての権威は、部下の側がこれを受容することによって成立するとした。

❷ バーナードは、地位の権威とは、上司がその職務について、部下以上に経験豊富で専門能力を持ち、すぐれた識見を持っていることにより、部下がその上司の判断又は指示の正しさを信頼して従う指導力による支配であるとした。

❸ バーナードは、部下は、上司の指示又は命令が、個人的な利害にも組織の目的にも反していない場合であっても、無関心圏の範囲内のものであるときには、その指示又は命令に従わないとした。

❹ バーナードは、組織の構成員は、組織の側が提供する給与や社会的地位などの誘因が貢献の度合いに見合うものであれば、動機を十分に満たさない場合においても、その組織を離脱することはないとした。

❺ バーナードは、社会通念上組織又は組織体と呼ばれているものを協働システムとして捉え、その組織を形成する要素として、コミュニケーションと有効性を指摘し、組織存続の条件として、共通目的と能率を指摘した。

【解答・解説】

やや細かい内容も出題されていますが、正解肢が明確なので解答できるでしょう。

❶ ○　C.I.バーナードは『経営者の役割』の中で、「部下の側が受容することによって成立するもの」として権威を論じており、権限もこの一種であるとしています。こうした考えは「権威受容説」と呼ばれ、バーナードの組織理論は一環してこの枠組みを用いて展開されています。

❷ ✕　これは「機能の権威」に関する記述です。バーナードによれば「地位の権威」とは、その指示が組織上の上司からのものという理由で部下が従う場合に見られる権威のことで、上司の指示に対してその妥当性や合法性についての問いを発しないまま部下によって自動的に従われる状態を指します。

❸ ✕　無関心圏の範囲内のものであるときには、その指示または命令に従うとしています。

❹ ✕　バーナードの組織均衡理論では、給与や社会的地位といった組織側が提供する誘因が構成員の貢献の度合いに見合うとともに、その**本来の動機を十分に満たす場合には**、当該構成員は組織への満足を示し、離脱することはないとしています。ここで「動機」とは、「仕事のやりがい」という意味で捉えてください。つまり、人は給料のためだけに働くのではなく、自分が成長できるから、人間関係が広がるから働くという「動機」もあります。逆にいえば、仕事量に見合った給料をもらっていても、あまりにもやりがいのない仕事であれば離職するということです。

❺ ✕　バーナードは協働体系（システム）の構成要素として、**共通目的・貢献意欲・伝達**（コミュニケーション）を指摘し、その存続条件として、**有効性**と能率性を指摘しています。少なくとも「協働体系の構成要素は三つだ」と覚えているだけでも間違いには気づけます。

問題13 行政学における能率の概念に関する記述として、妥当なのはどれか。

★★

都Ⅰ 2006

❶ バーナードは、組織活動の有効性と能率性とを区別し、有効性とは組織目的の達成度合いであり、能率性とは職員及び組織活動に貢献している人々が感じている満足の度合いのことであるとした。

❷ ギューリックは、行政活動における能率という概念を批判し、行政学にとって基本的善は能率ではなく節約であり、節約こそは、行政の価値体系において最高の鉄則であるとした。

❸ ディモックは、社会的能率は、勤労意欲や組織に所属していることに対する満足感によって決まるため、客観的な能率ではないと批判し、投入・産出比率こそが真の能率というべきであるとした。

❹ ワルドーは、能率の概念には、客観的能率と社会的能率の2つの側面があり、行政活動においては、社会的能率が有効であるとした。

❺ サイモンは、能率性の評価について機会費用の概念を否定し、行政活動においては、産出した成果ではなく、投入した経費を比較すべきであるとした。

【解答・解説】

細かい内容も出題されていますが、正解肢が明確なので解答できるでしょう。

❶ ○　C.I.バーナードの能率性の定義は独特なので、注意しておきましょう。

❷ ✕　L.H.ギューリックは、行政学と経営学は等しく「**能率」を基本的な善とする**と考えており、「行政の基本目的は、最小の労力と資材で、有効に作業を完遂すること」、「能率こそは、行政の価値体系において最高の鉄則である」と主張しています。

❸ ✕　M.ディモックは、投入・算出比率とは異なる「社会的能率」という概念を提唱したことで知られています。彼はそれまで客観的であるとされてきた機械的能率概念を批判し、量だけではなく能率の「質」に注目することで、組織成員の勤労意欲や満足など、より人間的とされる「社会的能率」という能率観を擁護しました。

❹ ✕　D.ワルドーは、両方の能率を用いるべきだとしました。彼は、政治目的との関係で能率を考察する中で、職務内容の複雑性の程度において、用いられるべき能率観が異なると主張しています。そして彼は、単純で機械的な判定基準が適用可能な「客観的能率」と、能率の判定基準に際して裁定者の規範意識に大きく左右されざるを得ない政策決定等の複雑な内容を対象とする「規範的能率」を組み合わせて用いる「二元的能率観」を提示しています。

❺ ✕　H.サイモンは、投入・産出比率としての能率概念を洗練させ、能率の比較評価を行うに際して、**機会費用の概念を導入した**投入・産出比較のモデルを提示しています。そこでは、投入した経費（分母）を一定と仮定した場合における**産出した成果（分子）の大小を比較する**という方法が採用されました。

次の文は、ラインとスタッフに関する記述であるが、文中の空所A～Dに該当する語又は国名の組合せとして、妥当なのはどれか。

区Ⅰ 2019

ラインとスタッフという用語は、 A における軍隊組織の役割分担に起因する。

ラインとは、組織が果たすべき課題を、上位の職位と下位の職位が単一の命令系統によってこなしていく形態を指し、指揮命令系統の B の原理に基づくものである。

スタッフは、組織に与えられている課題に C な、財政や人事などラインを補佐する機能を行う。スタッフには、各部門に共通の職務を担当するサービス・スタッフや、トップ・マネジメントを補佐する D 等がある。

	A	B	C	D
❶	アメリカ	統制範囲	直接的	ゼネラル・スタッフ
❷	アメリカ	専門化	間接的	プロジェクト・チーム
❸	プロイセン	専門化	間接的	プロジェクト・チーム
❹	プロイセン	一元化	間接的	ゼネラル・スタッフ
❺	プロイセン	一元化	直接的	プロジェクト・チーム

【解答・解説】

正解 **4**

> 基本的なキーワードの組合せ問題ですので、解答は容易でしょう。

A　「プロイセン」が該当します。ラインとスタッフという用語は、プロイセンの軍隊組織の役割分担に由来しており、指揮官と兵士の関係がライン、指揮官を補佐する参謀がスタッフとなります。もともと軍隊組織は「ライン」を軸として構成されていましたが、プロイセン（プロシア）のH.v.モルトケ元帥が「スタッフ」機能の充実によりプロイセン軍を勝利に導いたことで、その意義を知らしめました。

B　「一元化」が該当します。上位の職位と下位の職位が「単一」の命令系統によってこなしていくという記述からも、「一元化」（単一）という語句が妥当だと判断できます。

C　「間接的」が該当します。組織に与えられている課題に「直接的」な機能を担うのがラインであるのに対して、スタッフはラインを補佐するという「間接的」な機能を担います。例えば、許認可行政を行う行政組織の場合であれば、「ライン」は、窓口で受理した申請書を内部で審査・検討し、係長・課長・部長等の組織のヒエラルヒーを上昇して決定権者の決裁を経て許認可を行うような部門です。また、「スタッフ」はラインに助言し補助することを任務とする部門です。

D　「ゼネラル・スタッフ」が該当します。サービス・スタッフとは人事や予算など組織全体にとって共通の仕事を分担するもの、ゼネラル・スタッフとは組織のトップに直属し、組織全般（ゼネラル）にわたってトップの意思決定を補佐するものをいいます。

問題15 アメリカ行政学の展開に関する次の記述のうち、妥当なのはどれか。

★★　　　　　　　　　　　　　　　　　　　　　　　　　　国般2006

❶　F.グッドナウは、行政機構の肥大化・強大化を危惧する立場から、官僚の政治領域への介入を阻止するためには、政治の任務と行政の任務との違いを明確に区別すべきであるとして、政治と行政の分離論を説いた。

❷　F.テイラーの創始した科学的管理法は、ヨーロッパで発展した官房学を継承したもので、行政組織の構成員は専ら合理的経済的関心に基づいて行動する存在であるとの前提に立ち、その行動を組織的に統制することを目指した。

❸　E.メイヨーは、ホーソン実験におけるインフォーマル組織の分析から、組織には業務遂行に直接的に責任を負うラインと、それを補佐するスタッフの区別があることを見いだし、これをフォーマル組織の編成に応用した。

❹　F.ローズヴェルト大統領が設置した「行政管理に関する大統領委員会」に参画したL.ギューリックは、行政事務は専門性に基づいて分担管理されるべきであると説き、大統領府の権限を縮小し、各省の独立性を高めるよう提言した。

❺　ニューディール行政に参画した経験をもつP.アップルビーらは、行政府の政策立案機能に着目しつつ、現実の政治と行政の関係は連続的、循環的であると説いて、政治から分断された行政固有の領域を設定する分離論を批判した。

【解答・解説】

正解 ❺

> やや細かい記述もありますが、正解肢が明確なので解答できるでしょう。

❶ ✕　F.J.グッドナウが危惧したのは、行政機構の肥大化・強大化ではなく政党政治の行政への介入で、これを阻止するために政治と行政の分離論を説いています。グッドナウが行政学を提唱した19世紀末の段階では行政国家化が始まったばかりで、まだ肥大化・強大化を危惧する段階にはありません。彼が政治と行政の分離論を説いたのは、両者を明確に区別することによって政治家から行政官僚を守ろうという意図があります。

❷ ✕　F.テイラーの創始した科学的管理法と、ヨーロッパで発展した官房学との直接的影響関係は見られません。テイラーの議論はアメリカ資本主義の本格的進展を背景として生まれた考えとされ、時間研究や動作研究などを活用した作業の標準化を工学的手法で行うことにその特徴があります。

❸ ✕　G.E.メイヨーらは、ホーソン実験の結果を通じて、組織におけるインフォーマルな人間関係によって形成される動機やモラールが作業効率や組織態様に与える影響の大きさを指摘し、ライン・スタッフ理論などの古典的組織論を含む科学的管理法を批判する「人間関係論」の立場を生み出しました。

❹ ✕　L.H.ギューリックは、専門性・独立性が高く分担管理されていた各省組織とは別の組織として、新たに大統領府を設置して予算局などの諸機関を包括する総括管理機関（スタッフ機関）とすることを提案しました。つまり、大統領の権限を拡大し、各省の独立性を低める提言となります。

❺ ◯　P.アップルビーは、ニューディール行政に参画した経験などを踏まえ、「行政は政策形成であり基本的政治過程の一つである」と主張し、行政と政治との関係は連続的・循環的で切り離しがたい結合関係を形成していると論じることで、W.ウィルソンやグッドナウらを祖とする当時主流であった政治行政分離論を批判することになりました。

問題16 ★★ 官僚制と組織に関する次の記述のうち、妥当なのはどれか。

国般2017

❶ 古典的組織論において、L.ギューリックらは、部下にとっての上司は一人とする「命令系統の一元化」、管理者が統制する部下の適正規模に関する「統制の範囲」、業務の「同質性による分業」等の原理に基づいて組織を編成することの意義を説いた。

❷ 科学的管理法は、テイラー・システムとも呼ばれ、組織の公式の目的とは反するような行動規範を持つ集団の形成に着目し、職場におけるインフォーマルな組織に基づく人間関係が作業の能率を左右する要因となっているという仮説を提示した。

❸ ホーソン工場での実験において、E.メイヨーらは、能率向上の方策について調査を進め、職場の縦の命令系統、厳格な組織の編成、フォーマルな組織に基づく人間関係こそが労働者の能率に最も影響を与えていると実証した。

❹ 現代組織論を代表するC.バーナードは、組織均衡理論において、組織が提供する誘因と職員がその組織にとどまるか否かには関係性がなく、誘因が職員の貢献の度合いに見合わなくても、職員は組織にとどまるとした。

❺ P.ディマジオらが唱えた組織の「制度的同型化」は、組織が直面する環境に応じて組織形態が選択されると考え、それに基づくと、中央省庁はそれぞれ対象集団や資源等の環境条件が異なるため、省庁間で異なる組織形態が採用され、同様に、行政組織と民間企業も異なる組織形態が採用される。

【解答・解説】

正解 ❶

❺は発展的な内容ですが、正解肢が明確なので解答できるでしょう。

❶ ○ 　L.H. ギューリックは「能率」を行政における最高価値とみなして、その実現に向けた研究を行政学の課題としました。

❷ ✕ 　これは、F. テイラーの科学的管理法ではなく人間関係論に関する記述です。

❸ ✕ 　ホーソン工場での実験は、インフォーマルな人間関係に基づく組織を発見し、**インフォーマル組織**の社会規範に基づいて能率（生産性）が左右されていることを実証したものです。

❹ ✕ 　C.I. バーナードによれば、組織が提供する誘因と職員がその組織にとどまるか否かには**関係があり**、誘因（給料など）が職員の貢献の度合いに見合わない場合、職員は組織から**離脱します**。

❺ ✕ 　P. ディマジオらが唱えた組織の「制度的同型化」は、組織の形態は、外部環境に適応し、機能性や効率性を発揮するための基準のみに従って選択されるのではなく、法律による規定、成功事例の模倣などの影響下で選択されるため、**環境条件や業種を超えて類似性を強める**という主張です。

> **ヒント**
>
> 　ディマジオの論点は発展的な知識ですが、それを知らなくても「制度的同型化」という名称から、後半の「異なる組織形態が採用され」という内容がずれていることは想像できるはずです。

❶ 古典的組織論の創始者といわれるC.バーナードは、組織の構成員相互の意思伝達を鍵概念として、行政官僚制だけではなく、企業や学校といった多種多様な組織にも妥当する普遍的な組織理論の構築を目指した。組織均衡理論や権威受容説に代表される彼の組織理論は、後に、インフォーマル組織の活動に着目する人間関係論を生み出すことになった。

❷ L.ギューリックは、行政組織は一定の科学的原理と法則に基づいて編制されるとき能率的に運営されると考え、組織の設計に際しては、指揮命令系統を確立すること、情報の集中と管理を図ること、ラインとスタッフの分離を図ることなどの事項に配慮すべきであり、業務の同質性に基づく分業体制をとるべきだとした。

❸ E.メイヨーとF.レスリスバーガーらの研究グループは、民間企業の工場で照明実験などを行い、作業環境が作業能率に影響していることを実証しようとした。しかし、調査の結果導き出された結論は、作業能率の向上に最も効果があるのは作業環境を改善することではなく、勤務成績に応じて昇給や減給を実施するなど、経済的な能率給を実施することであるというものだった。

❹ M.ディモックは、能率とは、ある活動への投入（input）と産出（output）の対比であるとする機械的能率観を批判し、真の能率とは、組織活動に対する職員や消費者の満足感によって決まるという社会的能率観を提唱した。後に彼は、F.テイラーらとともにニューヨーク市政調査会を設立し、市民の満足感を測定する調査手法の発展に尽くした。

❺ M.リプスキーは、学校の教師や生活保護行政のケースワーカーなど、活動の対象者と直接に接触して職務を遂行している行政職員を「ストリート・レベルの行政職員」と呼び、こうした現場職員は、各々の専門的な知識や経験に基づいて独立して執務するべきであるが、実際には、上司からの過剰な指揮監督によって裁量の余地がなくなっていると批判した。

【解答・解説】

> ❺はまだ扱っていない論点ですが、正解肢が明確なので解答できるでしょう。

❶ ✕　　C.I.バーナードは、**現代組織論**の基礎を築いたアメリカの経営学者です。また、彼の組織理論と人間関係論の影響関係が逆になっています。バーナードは、L.H.ギューリックが大成させた**古典的組織論**の公式的な機構概念と、人間関係論の非公式な人間関係論を統合して、組織を人間の「協働システム」と見ることによって現代組織論の基礎を築きました。

❷ ◯　　ギューリックは、L.F.アーウィックとともに『管理科学論集』を著し、❶「人は二君に仕えず」とする「命令系統の一元化」の原理、❷管理者が統制する部下の適正規模に関する「スパン・オブ・コントロール（統制の範囲）」の原理、❸業務の「同質性による分業」の原理という三つの原理の組合せを重視し、さらにライン・スタッフ理論も提唱しました。

❸ ✕　　「勤務成績に応じて昇給や減給を実施するなど、経済的な能率給を実施する」のは、F.テイラーの科学的管理法の発想です。G.E.メイヨーとF.レスリスバーガーらの研究グループは、経済的な能力給よりもインフォーマル組織の影響のほうが大きいという結論に達して、人間関係論を提唱するに至りました。

❹ ✕　　後段の記述が誤りです。ニューヨーク市政調査会が設立された1906年の時点では、テイラー（1856〜1915）はともかく、M.ディモック（1903〜1991）はまだ3歳です（そもそも両者の考え方は大きく異なります）。調査会は、設立時はW.H.アレン、H.J.ブリュアー、F.A.クリーヴランドによって指導され、全国的規模の行政研究所となってからは、C.A.ビーアドやギューリックが指導者となり、古典的組織論の形成につながりました。

❺ ✕　　M.リプスキーはストリート・レベルの官僚（行政職員）の特徴として、❶上司の濃密な指揮監督を受けないこと、❷現場担当職員の裁量の余地の広さ、❸対象者に対する権力の大きさなどを挙げました。詳しくは本章の第4節で扱います。

4 官僚制

・官僚制論はウェーバーの議論が基本です。ウェーバーの議論を前提として、その後どのような批判が行われるようになったのか、という官僚制論の発展についてしっかりと学習しておきましょう。
・また、近年では、官僚制の帰納的な分析も新たな論点として出題されるようになったので要注意です。

1 官僚制の概念

官僚制組織とは、**一般に頂点に独任の長を置き、その下に階層を持つヒエラルヒー構造を持つ組織**をいいます。

そもそも官僚制（bureaucracy）とは、フランス語由来のbureau（事務所）とcracy（支配）の合成語であり、その概念は18世紀後半のフランスで生まれ、19世紀初期にヨーロッパ全般に広まったといわれています。

以下に見られるように、官僚制という言葉は、政府の行政組織に対する「呪いの言葉」であり、否定的な文脈で理解されていました。

K.マルクス	・官僚制は「廃棄されるべき癌」であり、革命によって破壊されるべき代物であると批判した
W.バジョット	・官僚制は、権力の強化や業務の拡大などをその任務と考えるもので、政治の質を害し、政治の量を過大にする傾向を持つものと批判した
J.S.ミル	・官僚制は自由主義、民主主義の敵であり、官僚制が能力を独占してしまうと一般社会が無能力化すると批判した

2 官僚制の合理性と非合理性

(1) ミヘルスの官僚制論

ドイツの社会学者R.ミヘルス（1876～1936）は、著書『政党社会学』（1911）のなかで官僚制化の概念を用いて、**寡頭制の鉄則（少数支配の鉄則）**という現象について言及しています。

　これは、社会主義政党や労働組合などにおいて**少数の指導者が多数の大衆を支配する**現象から、組織の事務局の幹部たちが大きな実権を持つに至ることを明らかにしたものです。

(2)　ウェーバーの官僚制論

①　官僚の類型

　ミヘルスの議論は政党や労働組合における官僚制化でしたが、その後、ドイツの社会学者M. ウェーバー（1864 ～ 1920）は社会の大規模組織一般に見られる官僚制化について論じるようになりました。

　ウェーバーは官僚制を**君主の従僕、身分制のもとでの不自由な官僚制**である家産官僚制と、**自由な身分によって官吏が構成され、官吏の自由意思に基づく契約によって任命される**近代官僚制とに区別しました。

◆家産官僚制と近代官僚制

家産官僚制	近代官僚制
忠誠関係	契約関係
身分不自由	身分自由
古代中世の官僚制	近現代の官僚制

②　近代官僚制の構成要件

　ウェーバーは近代官僚制の構成要件を、以下の12項目で説明しています。

❶	規則による規律の原則	客観的に定められた規則に従って業務を行う
❷	明確な権限の原則 （官庁権限の原則）	業務は規則に定められた権限の範囲で行う
❸	ヒエラルヒー構造の原則 （階統制の原則）	組織内で上下の指揮命令系統が一元化され、官職相互間の上下関係が規定される
❹	公私分離の原則	必要な施設や設備はすべて職場において提供され、組織の所有物と構成員の私有物とは明確に区分する
❺	官職専有の排除原則	官職の世襲制や売官制（金銭などを納める代わりに官職を付与すること）を否定する

❻	文書主義の原則	あらゆる種類の命令はすべて文書の形で表示され、記録保存される
❼	任命制の原則	上級者が下級者を任命する方式を採用し、選挙で職員を選ぶことはしない
❽	契約制の原則	規則に定められた職務に関してのみ上級者の命令に服するのみで、職場を離れたところでは上下関係は存在しない
❾	資格任用制の原則	職員採用は一定の学歴と専門知識を持つ有資格者からこれを行う
❿	貨幣定額俸給制の原則	俸給はその職務や責任の軽重などによってあらかじめ定めておき、定額で支給する
⓫	専業制の原則	職員はその業務を唯一の職業とし、兼職はしない
⓬	規律ある昇任制の原則	職員の昇進は在職年数や業務成績などに基づいて行われる

ヒント

これら12の原則をすべて列挙できる程度に頭に入れておく必要はありません。問題の選択肢に、これと異なる性質の原則が含まれていたときにそれに気づければ十分です。例えば「猟官制」は❾資格任用制の原則と全く性質が異なりますが、このような記述が含まれていたら誤りです。

補足

ウェーバーは、服従者（被支配者）が服従する動機（支配の正当性）を、❶カリスマ的支配（支配者の魅力に惹かれているから服従する）、❷伝統的支配（昔からのしきたりだから服従する）、❸合法的支配（法で決まっているから服従する）の三つに類型化しました。ただし、これは時代に対応した発展段階論ではなく、いつの時代もこの三つの支配の要素は見られるとしています。

③ **ウェーバーの官僚制化論**

（ア）官僚制化現象の普遍性

　ウェーバーによれば官僚制は近代化（社会的合理化）の重要な一側面であり、近代においては、官僚制化は、**公行政に限らず、学校、政党、企業、労働組合など社会の組織一般に適用される現象**とみなされています。

（イ）官僚制の永続性

官僚制はその合理性ゆえに、**一度打ち立てられると破壊が困難になる**とされています。そして、ウェーバーは大衆民主化と官僚制化を近代における同時進行の現象と捉え、従来のように**官僚制を民主制の対立物とする見解を批判しました**。

（ウ）官僚制支配の意味

今日、官僚制支配という言葉は、「行政官僚による政治支配」という意味でも用いられます。しかし、ウェーバーのいう官僚制支配とは、官僚制組織内部の支配関係、官僚制の技術的側面について述べたものであり、「**官僚制支配**」という概念を「**行政官僚による政治支配**」といった意味合いで用いたわけではありませんでした。

（エ）官僚制の合理性

ウェーバーによれば、官僚制支配は、**合法的支配**（成文化された非人格的・没主観的な秩序に対する服従）の最も純粋な形であり、職員の人格や主観ではなく、公平無私に、厳密な成文の規則に基づいて職務が遂行されるという意味において、**最も合理的な組織形態**です。

(3) 官僚制の逆機能論

官僚制においては日常的に規則遵守を強く求められます。しかし、規則順守が過度に強調される結果、本来の意図とは逆の結果になることがあります。このような形で社会システムに対してマイナスに働く作用を逆機能といいます。

① マートン

アメリカの社会学者R.K.マートン（1910 ～ 2003）は、規則遵守を徹底することで生じる官僚制の逆機能について分析しました。

（ア）訓練された無能力

規則遵守が内面化されると、**規則に従うこと自体が自己目的化**してしまいます。これを**目的の転移**といいます。ここで官僚が状況の変化にかかわらず規則を杓子定規に当てはめることになれば、規則が本来持っていた合理性は減退し、環境変化に対応できない非合理的な行動が目立つことになります。このように、**訓練すればするほど状況変化に対応できない「訓練された無能力」**という逆の現象が起きることを指摘しました。

(イ) 現代における官僚制批判

今日でもよく見られる官僚制に対する批判は、このマートンの議論と同じような視点から行われています。例えば、「❶規則による規律の原則」や「❻文書主義の原則」は重要ですが、度がすぎると不必要なほどに文書を作成することが目的化するという事態が生じます。これを繁文縟礼（レッドテープ）といいます。また、「❷明確な権限の原則」も、セクショナリズムの原因となります。

◆マートンの逆機能のメカニズム

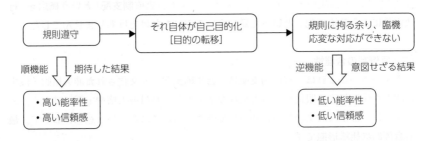

② セルズニック

アメリカの社会学者P.セルズニック（1919〜2010）は、TVA（テネシー渓谷開発公社）が進めた「分業」がどのような結果をもたらしたかを分析し、官僚制における分業は、専門性を高めるなど官僚制全体の効率性を高めるはずですが、**逆に官僚制全体の目的達成を阻害している**ことを明らかにしました。

(ア) 包　摂

ここでの包摂（cooptation）は、**事業実施を円滑に進めるために、当該事業の対象となる集団を取り込むこと**を指します。包摂により、その後の事業決定や実施を円滑に行うことができます。しかし、ある特定の集団を取り込むことは、**別の集団との間で緊張を産み出すこと**にもなります。

(イ) 下位目標の内面化

1人ひとりの官僚は、官僚制全体を構成する何かしらの下位組織に直接的には所属しています。分業は、官僚組織内での利害の分岐をもたらすため、官僚は官僚制全体の目的よりも、自分が所属している下位組織の目的のほうを重視するようになります（**セクショナリズム**）。

　この結果、**下位組織間でコンフリクトが生じ、官僚制全体の目的達成が阻害され**ます。

③　グールドナー

　アメリカの社会学者A. グールドナー（1920 〜 1980）は、**民間企業**ゼネラル石膏会社の事業所における官僚制化の影響や度合いを検討しました。具体的には、独自の労務慣行を持つ事業所に本社から新たな管理者が送り込まれたときにいかなる問題が生じるかを分析しました。

（ア）実際の状況

　温厚な所長のもとで規則運用は柔軟に行われており、処罰も慎重に行われていたため、労働者は仕事に満足し、労働者と管理者との間で信頼が醸成されていました。しかし、能率向上の任務を全うしようとする新所長は従来の非能率的な労務慣行を全面的に見直し、新しい規則の徹底、規則違反の労働者の解雇など労働者に厳しい改革を実行した結果、さまざまな紛争が生じました。

　このように、**官僚制における厳格な規律は能率の向上をもたらすはず**ですが、労働者の労働意欲の低下を招くなど「意図せざる結果」を産む場合があります。

（イ）官僚制の3類型

　グールドナーは官僚を次の3タイプに分類しました。以下の類型のうち、ウェーバーのいう近代官僚制は「懲罰的官僚制」に相当します。

◆グールドナーによる官僚制の類型

	模擬的官僚制	代表的官僚制	懲罰的官僚制
規則制定者	「外部」の第三者	「内部」の合意	上から一方的
事例	保険会社の都合上の規則（作業場での禁煙など）	全員が一目置いている古参が決定する	欠勤や遅刻への罰金などのペナルティ
効果	面従腹背（みんなで規則違反）	合意度が高く紛争が生じにくい	労使の押し付け合い（紛争が起きやすい）

④　ブラウ

　アメリカの社会学者P. ブラウ（1918 〜 2002）は、職業安定所や労働基準監督署の観察から、官僚制の逆機能がいかなる局面において生じるのかを分析し、官僚制の逆機能が**インフォーマル組織のあり方と密接な関係にある**ことを明らかにしまし

た。

　まず、**インフォーマル組織が逆機能を解消する場合**を明らかにしました。規則遵守が徹底化されても、規則に定められていない「慣行」や「運用」が存在することで、組織の円滑で柔軟な対応が可能となる場合があります。そして、**インフォーマル組織が逆機能を促進する場合**も指摘しています。例えば、職員集団が自己保身を図るために協力することで、官僚制の逆機能が強化される場合があり得るのです。

確認してみよう

① 　R.マートンは、官僚制では、法令、規則に基づいて職務を遂行することは、不確実な社会での柔軟な対応を阻むために重視されず、法令、規則はその時々で柔軟に変更できるものとしつつ、効率的に「目的の転移」を図ることが望ましいとした。国般2020

2 (3) ① 参照 ✕

　マートンが指摘した「官僚制の逆機能」は、官僚制では、法令、規則に基づいて職務を遂行することが重視されすぎるために、柔軟な対応を阻害しているというものです。また、「目的の転移」とは、本来は「手段」にすぎないはずの法令や規則が「目的」に転じてしまう事態を指す言葉であり、否定されるべきものとしてマートンは扱っています。

② 　P.セルズニックは、官僚制における分業は利害の統合を生み出し、官僚は、組織の下位目的よりも組織全体の上位目的を重視し、次第にそれにコミットするようになるとし、これを上位目的の内面化と呼び、官僚制全体の目的達成が促進されるとする機能論を示した。国般2018

2 (3) ② 参照 ✕

　P.セルズニックは、分業により生まれた組織の下位目的と組織全体の上位目的が対立した場合、下位目的を重視するとして、そのことを下位目的の内面化と呼びました。また、下位目的の内面化により対立が発生して官僚制全体の目的達成度が阻害されるため、「官僚制全体の目的達成度が促進される」という記述も誤りです。

3 官僚制の演繹モデル

⑴　ダウンズの官僚制論

アメリカの政治経済学者 A. ダウンズ（1930 ～　　）は、官僚を「公共の利益」ではなく「**自己の利益**」を最大化する行為者」とみなして分析しました。

官僚が自己利益を追求する存在だとしても、その動機はさまざまです。ダウンズは、官僚の動機を九つに分類しました。

自己利益	自己利益と利他的利益	利他的利益
❶ 権　　力 ❷ 収　　入 ❸ 威　　信 ❹ 便　　宜 ❺ 安　　定	❻ 個人的忠誠 ❼ 特定の政策との同一化 ❽ 仕事の熟練に対する自負心	❾　公共の利益に奉仕したいという希望

⑵　ニスカネンの予算極大化モデル

アメリカの経済学者 W. ニスカネン（1933 ～ 2011）は、官僚の動機は多様なものの、その動機は属する行政機関の予算を可能な限り最大化することにあると考え、**すべての動機は「行政機関の予算総額の正の関数」である**としました。ニスカネンによれば、予算の増大は、組織の拡大、ポストの増大など「権力」や「威信」をもたらすものであり、官僚は「権力」や「威信」を追求するがゆえに、予算の極大化を志向するというのです。

このように極大化を志向して提出された予算は、議会で政治家のチェックを受けることになりますが、**政治家は官僚ほど行政プロセスについての詳細な情報を持たない**ため十分な検証ができず、往々にして官僚の提示した予算要求を承認し、**最適なサービス量以上の予算が決定される**ことになります。

確認してみよう

①　　A. ダウンズは、官僚は自らの効用を最大化しようとする合理的な行為者であるとし、権力や収入等の自己利益を純粋に追求する官僚と、自己利益に加えて、事業の達成や組織レベルの目標、公益の実現等の利他的忠誠とを結び付けた混合的な動機付けを持つ官僚に分類した。国般 2018

3 (1) 参照 ○

A. ダウンズは、「合理的選択モデル」の一環でこのような議論を展開しています。

4 官僚制の帰納モデル

⑴ リプスキーのストリート・レベルの官僚

アメリカの政治学者M.リプスキー（1940～　）は、**ケースワーカー、外勤警察官、学校教師**などのように、**上司の濃密な指揮監督を受けず、なかば独立的に執務している職種**を、ストリート・レベルの官僚（公務員）と呼びました。**第一線公務員、街頭官僚**とも訳されます。このように典型的な事例のほか、裁判官、税務職員などもストリート・レベルの官僚に含めることができます。

このストリート・レベル（現場レベル）の官僚は、**規則に縛られず裁量を持って業務遂行を行う場合**があります。

> **ヒント**
>
> ┈┈┈┈┈┈┈┈┈┈┈┈┈┈┈┈┈┈┈┈┈┈┈┈┈┈┈┈┈┈┈┈┈
> ストリート・レベルの官僚の共通点は、上司の指揮監督を受けない場所でサービスの対象者と直接接するところにあります。「ストリート」という名称から屋外に限定したイメージを持たないように注意しましょう。
> また、ストリート・レベルの官僚が有しているのはあくまで「裁量」、つまり法令で定められた範囲における判断の自由です。ほかの公務員に比べて広範な権限が付与されているわけではありません。
> ┈┈┈┈┈┈┈┈┈┈┈┈┈┈┈┈┈┈┈┈┈┈┈┈┈┈┈┈┈┈┈┈┈

⑵ 裁量の種類

日本の政治学・行政学者西尾 勝（1938～　）は、ストリート・レベルの官僚が持つ裁量を以下の二つに分類しました。ただし、法適用の裁量は窓口職員などにも当てはまるため、**エネルギー振り分けの裁量**が、**ストリート・レベル特有の裁量**となります。

	法適用の裁量	エネルギー振り分けの裁量
概要	・法適用の幅を職員が判断すること	・限られた時間とエネルギーの振り分けを職員自身が判断すること
留意点	・現場は多様であるため、上級機関が規制を強化しても裁量はなくならない	・何を優先するか、職員がジレンマに陥る場合がある（エネルギー振り分けのジレンマ）

⑶　ストリート・レベルの官僚の評価

　現場を直接把握していない上級機関は、業務記録を検討し、そこに記された処理件数などを基準に評価するしかありません。したがって、**職員が、高評価を得られる案件にエネルギーを振り分けるという事態が生じてしまい、国民生活に有害な場合があります**。

⑷　新しいストリート・レベルの官僚

　NPM改革の進展により、公的部門が供給してきたサービスをNPOや民間企業等へ業務委託することが増加しています（詳しくは第4章第3節で扱います）。そのため、従来であればストリート・レベルの官僚が果たしていた役割をNPOや民間企業の職員が担うことが増えており、これらの職員をリプスキーは「**新しいストリート・レベルの官僚**」と呼んでいます。

確認してみよう

① 　M.リプスキーは、人事、財政担当部局などの職員のように、行政サービスの対象者と直に接し、職務を遂行している行政職員のことを「ストリート・レベルの官僚」と呼び、「エネルギー振り分け」などの裁量が狭いことが職務上の特徴であるとした。国般2020

4 ⑴、⑵ 参照　✕

「人事、財政担当部局」などの内勤職員は、ストリート・レベルの官僚の例として不適切です。またリプスキーは、ストリート・レベルの官僚は、エネルギー振り分けなどの裁量が大きいことが職務上の特徴だとしました。

5 日本官僚制の分析

(1) 辻清明の「官僚優位論」

　日本では、**歴史的に官僚制が政策決定において大きな役割を果たしてきており、官僚自身も、国家は官僚が背負っているとの自負のもと職務を遂行してきた**とする主張が有力でした。この種の議論の代表が辻清明です。

　辻は『日本官僚制の研究』(1969) において、戦後になっても戦前の官僚機構の温存と強化が果たされたと主張しました。辻によると、日本はヨーロッパと比較して急激に民主化したため官僚の**民主化が不徹底であり、戦前の官僚の特権意識が戦後も温存された**というのです。辻は、**特権的な官僚意識を特徴づけるもの**として「**後見制の原理**」を挙げ、これを克服することが日本の民主化にとって最大の課題であると主張しました。

◆戦前戦後の官僚制

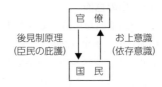

　辻に代表される官僚優位論は日本の官僚制論の通説的見解となり、その後も、通産省などの経済官僚が日本の高度経済成長をリードしたとする議論が登場しました。C.ジョンソンによる『**通産省と日本の奇跡**』(1982) などがその例です。

(2) 村松岐夫の「政党優位論」

　自民党政権が長期化し、利益集団の活動も活発になるにつれて、官僚の役割はさまざまな利益を調整する役割にあるとする主張が登場しました。戦後、政党政治優位の原則が確立し、族議員の登場に見られるように政治家の政策形成能力も向上したことで、**官僚は政党や利益集団との交渉・取引の中で政策形成を行わざるを得ない**状況が生まれたのです。日本の政治学者村松岐夫（1940 ～　）がこの議論の代表的論者です。

　村松は『戦後日本の官僚制』(1981) で、「**政治の上に立とうとする態度**」を持つ「**古典的官僚**」が存在するものの、「**政治のただ中で自己の任務を遂行するという態度**」を持つ「**政治的官僚**」が優勢になりつつあると指摘しました。この見解によれ

ば、**日本の政治はもはや一元的な官僚支配ではなく、政党**（族議員）、**利益集団、官僚など多元的なものから構成されている**といえます。

◆**日本官僚制論の比較**

	官僚優位論	政党優位論
年代	〜1960年代	1980年代〜
背景	弱い政治家	自民党長期政権
論者	辻清明	村松岐夫
政官関係 （視点）	行政は政治の上 （エリート主義）	行政と政治は対等 （多元主義）
村松岐夫の類型	古典的官僚	政治的官僚

(3) 真渕勝による官僚の類型

　日本の行政学者・政治学者真渕 勝（1955〜　）は、官僚を次のように類型化して示しました。

国士型官僚	・「政治家は各業界団体の利害に関わっているのに対して、官僚は国全体のことを考えて行動する」と自負し、そのような理想的な目標を持って政策実現を目指すタイプの官僚 ・1960年代までは国士型官僚が多かったとされる
調整型官僚	・政治家や圧力団体の利害調整を自らの役割であるとみなすタイプの官僚（1970年代ごろに登場） ・このタイプの中には、圧力団体間の狭間で饗応を受けるなどしてモラルを喪失してしまう者も現れた
吏員型官僚	・「金権政治」に巻き込まれることを避け、政治決定に厳格に従い、自らの安全を志向するタイプの官僚（1980年代ごろに登場） ・行政の技術者に徹しようとする態度を持つが、一方で自らの行動は必要最小限にしようという志向性を持ち、ときに無責任となることもある

確認してみよう

① 　村松岐夫によれば、我が国の国政においては、政治家と政権党の勢力の増大という政治の影響力の拡大を受け、この現実に対抗して官僚優位の復活を目指す『政治的官僚』が1970年代から台頭し、1980年代には官僚支配が確

立したとされる。国般2000

5(2)参照 ✕

かつては官僚優位の古典的官僚でしたが、1980年代以降は政党優位が生まれ、政治的官僚に変化したとされます。

....

②　　真渕勝は、国家は官僚が背負うと自負する1960年代までの国士型官僚、政治家と協力して社会の利益の調整に当たる1970年代以降の調整型官僚、多様な利益の調整は政治家に任せ、必要最小限の仕事をしようとする1980年代中頃以降の吏員型官僚という、時代区分に応じた官僚像を示した。国般2020

5(3)参照 ⭕

真渕勝の官僚像の類型に関する簡潔な説明となっています。

6 その他の官僚制に関する理論

(1)　官僚の拡大膨張傾向についての「法則」

官僚制の作動原理それ自体の中に予算の極大化や組織膨張につながるメカニズムが存在しているという主張は、一般社会でもしばしば指摘されます。中でも著名なのが以下の「法則」です。ただし、ワグナーを除けば、**社会科学上の法則として立証されたものではなく、経験則や諺程度のものにすぎません。**

①　ワグナーの法則

ワグナーの法則は、ドイツの経済・財政学者A.ワグナー（1835〜1917）によるもので、「**公共部門の財政支出は経済の成長率を上回る速度で膨張する**」というものです。

②　パーキンソンの法則

パーキンソンの法則は、イギリスの歴史家C.N.パーキンソン（1909〜1993）によるもので、「**行政機関の職員数はその業務量にかかわりなく、ある一定の比率で増大していく**」というものです。

③ ピーターの法則

ピーターの法則は、カナダの教育学者L.J.ピーター（1919 ～ 1990）によるもので、「ピラミッド型の組織で職員が昇進していく結果、往々にして自分の能力を超えた地位にまで登りつめることになる」というものです。

⑵ ダンサイアの「3人1組」論
① 「3人1組」論

イギリスの行政学者A.ダンサイア（1924 ～ 2015）によると、官僚制組織の構造は、**上下関係にある3人の職員の組合せを基礎単位にして幾重にも重ねたもの**です。したがって、官僚制組織における上下関係の作動方式は、**3人1組のうちの中間者の役割**に集約されます。例えば、局長―課長―課長補佐という3人1組の場合、中間者である課長が双方に情報を伝達するうえで要となります。

② ヒエラルヒー構造の双方向性

通常、官僚制組織は上級者が命令を発しこれを下級者が受容することを想定しています。しかし、「3人1組」論を踏まえると、官僚制組織のヒエラルヒー構造は、**上級者が一方的に決定しているわけではなく、上下双方向に機能している**と考えられます。例えば、局長は専決権が委譲されていても、自ら発案・決定するとは限りません。専決権者である局長が部下である課長の上申を待って決裁しているだけという現実はしばしば見られます。

```
［上位］（局長）      与党政治家や業界幹部との接触など情報源が広いが、実務の情報には疎い
   |
［中間］（課長）      上下両方向からの情報を選別・分解・翻訳し、双方に伝達する責務
   |
［下位］（課長補佐）  課長以上に情報が限られているが、所掌事務については精通している
```

確認してみよう

① 官僚制に対する批判として、C.N.パーキンソンは、公共部門の財政支出は経済の成長率を上回る速度で膨張し、行政職員数はその業務量にかかわりなく一定の比率で増大していくと述べ、その非効率性を指摘した。一方、R.マートンは、杓子定規の形式主義、繁文縟礼、法規万能主義、縄張り主義、権威主義など、行政職員に特有の行動様式を体系的に考察し、これらを

「少数支配の鉄則」と呼んで批判した。国般2009

2(1)、**6**(1)① 参照 ✕

財政支出の法則はワグナーによるものであり、寡頭制（少数支配）の鉄則はミヘルスによるものです。

過去問にチャレンジ

問題1
★

マックス・ウェーバーの官僚制に関する記述として、妥当なのはどれか。

区Ⅰ 2005

❶ マックス・ウェーバーは、官僚制の逆機能は、官僚制が健全に作動するために必要な諸原則が職員に内面化されたとき、そこに形成される職員の態度が時と場合によって過剰に表面化することから生じるとした。

❷ マックス・ウェーバーは、官僚制は近代以降の国家における政府の行政組織においてのみ見られるものであり、資本主義下の企業の組織や政党には見られないとした。

❸ マックス・ウェーバーは、官僚制とは、特権層を構成する社会的管理層が政治権力の主たる掌握者としての地位を形成する統治機構であり、市民的自由と対立するものであるとした。

❹ マックス・ウェーバーは、官僚制における非公式の人間関係や人格の重要性を指摘し、官僚制においては、その内部の状況や人間関係によって業務を遂行するに当たっての能率に大きな差が生じるとした。

❺ マックス・ウェーバーは、官僚制は上下の指揮命令系統が一元的に確立された階統制をとり、ひとたび完成されると破壊することは極めて困難になるという永続性があるとした。

【解答・解説】

正解 **❺**

> 正解肢は明確ですし、他の選択肢の間違いも見つけやすい易問です。

❶ ✕　これは、R.K.マートンに関する記述です。M.ウェーバーは近代社会には官僚制が不可欠であると主張して、官僚制の諸原則を挙げました。しかしマートンは、ウェーバーの挙げた官僚制の諸原則を職員が遵守しようとすることがかえって非合理的な行動につながることを指摘して、それを「官僚制の逆機能」と呼びました。

❷ ✕　ウェーバーは、官僚制は行政組織のみならず、政党、労働組合、教会、民間企業の経営においても見られるとしています。

❸ ✕　官僚制は、市民的自由と対立するとは限りません。ウェーバーのいう「官僚制」は組織が採り得る一形態のことで、組織のトップに誰が就くかは問いません。したがって、トップが強権的な人物であれば官僚制組織も強権的に機能しますが、トップが市民的自由を重視する人物であれば官僚制組織も市民的自由を尊重するように機能します。

❹ ✕　ウェーバーのいう近代官僚制は、公式的な人間関係だけに着目した、非人格的な（行政職員の個性に依存しない）組織形態です。各個人は入れ替え可能な歯車のような位置づけで、誰が担当しても業務を遂行するに当たっての能率に差が生じないとされます。

❺ ○　ウェーバーは近代官僚制の原則の一つとして「階統制の原則（ヒエラルヒー構造の原則）」を挙げています。また、ウェーバーは官僚制が一度完成されたら破壊するのは困難であるとして、「官僚制の永続性」を指摘しています。

マックス・ウェーバーの官僚制論に関する記述として、妥当なのはどれか。

区Ⅰ 2011

❶ マックス・ウェーバーは、官僚制はピラミッド型組織であるため、一群の特権的官吏団が政治の実権を握り、一般市民の自由が侵害されるおそれのある状況が出現することを指摘した。

❷ マックス・ウェーバーは、支配の正統性の観点から支配の類型を三つに分け、近代官僚制は、法や規則に基づき、個人の主観を排する形式主義的な支配で、伝統的支配の典型的な形態であるとした。

❸ マックス・ウェーバーは、公的活動と私的生活を明確に分離している限り、兼業や副業で働いている職員や名誉職的な職員も典型的な官僚制職員になるとした。

❹ マックス・ウェーバーは、官僚制の逆機能の存在を指摘し、規則は組織における行動の信頼性を高めるが、それらの規則は目指す目的と切り離され規則それ自体が絶対的なものと見なされがちになるとした。

❺ マックス・ウェーバーは、近代官僚制の構成要件として、明確な権限の原則を挙げ、業務は規則に定められた明確な権限の範囲内で行われるものであるとした。

【解答・解説】

正解 ❺

これも正解肢は明確ですし、他の選択肢の間違いも見つけやすい易問です。

❶ ✕　　M.ウェーバーの官僚制論は、官僚制組織における意思決定や情報伝達の仕組みを規律する原理や人事制度の特徴を挙げたもので、実権を握るのが誰かは問いません。

❷ ✕　　ウェーバーの支配の3類型（正当性の3類型）によれば、近代官僚制は、伝統的支配ではなく、合法的支配に分類されます。

❸ ✕　　ウェーバーは近代官僚制の構成要件として、「専業制の原則」を挙げています。したがって、兼業や副業で働いている職員や名誉職的な職員は、典型的な官僚制職員とはいえません。

❹ ✕　　これは、R.K.マートンに関する記述です。

❺ 〇　　このような原則に従っているため、担当者が誰であろうとも権限の範囲は変わらずに業務が執行されることになります。

マックス・ウェーバーの官僚制論に関する記述として、妥当なのはどれか。

区Ⅰ 2007

❶ マックス・ウェーバーは、近代官僚制は合法的支配の最も典型的な形態であり、行政組織のみに見られるものであって、私企業には官僚制化は見られないとした。

❷ マックス・ウェーバーは、官僚制組織とは、ピラミッド型の構造を持ち、その作動が客観的に定められた規則と上下の指揮命令関係とによって規律されている組織であるとした。

❸ マックス・ウェーバーは、官僚制について、上位者と下位者の相互理解によって設定された規則に基づく代表的官僚制と、上位者ないしは下位者によって強制的に賦課された規則に基づく懲罰的官僚制とに類型化した。

❹ マックス・ウェーバーは、官僚は集団への忠誠心を強化し、全体の目的よりも所属する下位組織の目的を重視するようになるため、官僚制全体の目的達成が阻害されることがあるとした。

❺ マックス・ウェーバーは、官僚制に必要な諸原理が職員に内面化されたときに、そこに生じる職員の心情と態度が、時と場合によって過剰に表れる現象を、訓練された無能力と呼んだ。

【解答・解説】

正解 ❷

> これも正解肢は明確ですし、他の選択肢の間違いも見つけやすい易問です。

❶ ✕　　M.ウェーバーの近代官僚制概念は、「大規模組織一般に共通して見いだされる合理的な管理の仕組み」を指すもので、行政組織のみならず私企業にも官僚制化が見られるとしています。

❷ ◯　　ウェーバーは、官僚制組織の特質として、「明確な階統構造」や「規則による規律」、「明確な権限」のほか、「文書主義」や「契約制」、「専業制」の原則などを指摘しています。

❸ ✕　　これは、アメリカの社会学者A.グールドナーに関する記述です。ただし彼は官僚制について、「代表的官僚制」、「懲罰的官僚制」と「**模擬的官僚制**」の三つに類型化しています。

❹ ✕　　これは、アメリカの社会学者P.セルズニックに関する記述です。彼は、組織成員の専門性の高度化が視野の狭隘化を伴って下位集団への忠誠心が強化され、組織全体の目的から乖離すること（セクショナリズム）の問題点を指摘しました。

❺ ✕　　これは、R.K.マートンの「官僚制の逆機能」に関する記述です。マートンは、官僚制組織の諸規則が職員に過剰に内面化された結果、柔軟性・適応力に欠いた対応が生まれる「訓練された無能力」などを指摘しています。

官僚制に関する記述として、妥当なのはどれか。

★★

❶　M.ウェーバーは、家産官僚制と近代官僚制とを区別し、近代官僚制は合法的支配の最も純粋な型であると位置づけ、近代官僚制の主な構成要件として、規則による規律の原則、契約制の原則、貨幣定額俸給制の原則を挙げた。

❷　P.M.ブラウは、TVAの事例研究により、官僚制における熟練と専門化が、官僚の視野を狭くし、自分の所属する集団への愛着を強め、組織全体の目的に反する価値を発展させるプロセスがあるとして、官僚制の逆機能を指摘した。

❸　M.クロジェは、「社会理論と社会構造」を著し、もともと規則は、一定の目的を達成するための手段として制定されるものであるが、規則それ自体の遵守が自己目的化する現象を目的の転移と呼んだ。

❹　A.グールドナーは、ある石膏事業所の官僚制化という事例研究を通して、代表的官僚制とは、一方的な上からの強制によって制定された規則に基づく官僚制の形態であるとした。

❺　P.セルズニックは、「官僚制現象」を著し、フランスの官僚現象を分析し、官僚制とは、自らの誤りを容易に正すことのできないシステムであり、フィードバックの困難なシステムであるとした。

【解答・解説】

> 発展的な内容もありますが、正解肢が明確なので解答できるでしょう。

❶ ◯　　M.ウェーバーは近代官僚制を合法的支配の最も純粋な形であるとし、近代官僚制の要件として規則による規律の原則などを挙げています。

❷ ✕　　これは、P.ブラウではなくP.セルズニックに関する記述です。ブラウは職業安定所や労働基準監督署の観察から官僚制の逆機能を論じた社会学者で、逆機能をインフォーマル組織との関連から論じたところに特徴があります。

❸ ✕　　これは、M.クロジェではなくR.K.マートンに関する記述です。クロジェは本問❺の説明にもあるように、官僚制を「自らの誤りを容易に正すことのできないシステム」と否定的に定義した論者です。

❹ ✕　　これは、「代表的官僚制」ではなく「懲罰的官僚制」に関する記述です。代表的官僚制とは、上からの一方的な強制ではなく、労働者の内部の合意によってルールが制定されているため紛争が起きにくいタイプをいいます。

❺ ✕　　これは、セルズニックではなくクロジェに関する記述です。セルズニックは本問❷の説明にあるように、TVAの研究を通じて官僚制の逆機能を論じています。ただし、クロジェが出題されることは少ないので、ここでは「セルズニックではない」ことが判別できれば十分です。

問題 5 ★ ストリート・レベルの行政職員に関する記述として、妥当なのはどれか。

区Ⅰ 2006

❶ ストリート・レベルの行政職員は、人間関係論的な官僚制の逆機能の研究から、アメリカの社会学者マートンにより導き出された現実の官僚制を構成する職員である。

❷ ストリート・レベルの行政職員は、外勤警察官や福祉事務所のケースワーカーなど、対象者と直接的に接触しながら日々の職務を遂行している職員である。

❸ ストリート・レベルの行政職員は、種々の業務を自分の判断で処理しなければならないため、非常に大きな法令上の権限を持っている。

❹ ストリート・レベルの行政職員の裁量行為は、法令適用の裁量とエネルギー振り分けの裁量とに分類されるが、法令適用の裁量は、ストリート・レベルの行政職員に特徴的なものとされる。

❺ ストリート・レベルの行政職員に対する勤務評定は、基本的に業務記録によるが、勤務評定の評価基準が、ストリート・レベルの行政職員の行動に影響を及ぼすことはない。

【解答・解説】

正解 ❷

正解肢は明確ですし、他の選択肢の誤りも見つけやすい易問です。

❶ ✕　ストリート・レベルの官僚（行政職員）についての研究は、アメリカの行政学者M.リプスキーによって進展されたもので、R.K.マートンの議論とは直接関係ありません。

❷ ◯　外勤警察官や福祉事務所のケースワーカーなどは、上司の指揮監督が弱く一定の裁量を持って対象者と直接接触する形で日々の職務を遂行しています。

❸ ✕　ストリート・レベルの官僚は、法令適用の**裁量**（＝法令で定められた**範囲内での判断の自由**）は与えられているものの、法令上の**権限**（＝法令上行い得る行為の**範囲・能力**）**が非常に大きいわけではありません**。

❹ ✕　**エネルギー振り分けの裁量**が、ストリート・レベルの官僚に特徴的なものとされます（法令適用の裁量は、執行活動に携わる他の官僚にも見られます）。ストリート・レベルの官僚は、上司に直接監視され続けることがないため、限られた時間・エネルギーを自身の裁量で多様な業務間に振り分ける必要が生じます。

❺ ✕　ストリート・レベルの官僚に対する勤務評定は、基本的に業務記録に大きく依存せざるを得ないため、上級機関・上司の定めた**勤務評定の評価基準が個々の職員の行動に大きな影響を与えやすくなります**。こうした評価基準に固執した（点数稼ぎを優先するような）行動は、本来求められる適切な公共サービスの提供との間に矛盾を生む危険性もあります。

ストリート・レベルの行政職員に関する記述として、妥当なのはどれか。

区Ⅰ2012

❶ ストリート・レベルの行政職員は、法適用に当たっては上司から直接に現場で指揮監督を受けなければならないため、法適用に当たっての裁量の余地は狭い。

❷ ストリート・レベルの行政職員に対する勤務評定を業務記録により行うと、高く評価される職務にのみ精を出すことになってしまうので、ストリート・レベルの行政職員に対しては、業務記録による勤務評定は行われない。

❸ リプスキーは、ストリート・レベルの行政職員は、限られた勤務時間とエネルギーをどの業務にどれだけ振り分けるかを自ら判断して決定できるので、ディレンマに直面することはないとした。

❹ ストリート・レベルの行政職員には、警察官や福祉事務所のケースワーカーなど、現場で住民と直接対応する職員は含まれるが、市役所の窓口職員や公立学校の教員など、施設で住民と直接対応する職員は含まれない。

❺ ストリート・レベルの行政職員は、法適用に当たっての裁量とエネルギー振り分けについての裁量を持っているが、エネルギー振り分けの裁量が、ストリート・レベルの行政職員に特徴的なものである。

【解答・解説】

> 細かい内容もありますが、正解肢が明確なので解答できるでしょう。

❶ ✕ 　法適用に当たっての裁量の余地は広いです。ストリート・レベルの官僚（行政職員）は、法適用に当たっては上司の濃密な指揮監督を受けず、なかば独立的に執務しているので、法適用の裁量の余地が広くなります。

❷ ✕ 　外勤警察官やケースワーカーなどのストリート・レベルの官僚は、上司の監視の目が届かない場所で日々の指示を受けずに勤務しているので、上司の側が業務記録を点検し、そこに記録された処理件数などを唯一の手掛かりにして勤務評定を行わざるを得ません。

❸ ✕ 　M.リプスキーは、ストリート・レベルの官僚は異質な種々の業務の処理を期待されているため、限られた勤務時間とエネルギーの範囲内ではさまざまな業務を満足のいくところまで十分に実行することは不可能であり、「あちらを立てればこちらが立たず」というジレンマ（エネルギー振り分けのジレンマ）に直面せざるを得ないとしました。

❹ ✕ 　ストリート・レベルの官僚には、警察官や福祉事務所のケースワーカー、判事、弁護士や裁判所職員、保健所職員、政府や自治体（市役所等）の窓口職員、公立学校の教員など、施設で住民と直接対応する職員も含まれます。

❺ ○ 　法適用に当たっての裁量は、必ずしもストリート・レベルの官僚にのみ特有の現象ではなく、執行活動を担当しているあらゆる第一線職員の業務に、程度の差はあれ常に付随しているものです。

問題7
★ ★
M.ウェーバーの官僚制に関するア〜エの記述のうち、妥当なものの
みを全て挙げているのはどれか。

国税・財務 2016

ア M.ウェーバーは、近代官僚制の特徴として、明確な権限の配分、職務の階層的構造、厳格で統一的な官職規律などを挙げた。これらの特徴は官僚の活動を統制し、官僚の活動の予測可能性を高めるものであり、このような統制メカニズムを備えた官僚制組織は、外部からの期待に応じて設定された目的を最大限に達成するという意味において、合理性を最も高い水準で達成する組織形態であるといえるとした。

イ M.ウェーバーは、行政の官僚制が一度確立すると、職業的官僚は兼職として職務を司る名望家とは異なりその職務に拘束されるために官僚制から脱出できなくなり、また、官僚制的支配機構が一たび成立すると被支配者の方もこれなしに済ますこともこれを他のものに取り替えることもできなくなるとした。こうして、官僚制は破壊することが最も困難な社会組織となり、永続的な性格を有することとなると主張した。

ウ M.ウェーバーは、支配の正統性の観点から支配の類型を伝統的支配、カリスマ的支配、合法的支配の三つに分け、合法的支配は最も優れている支配型であり、官僚制を合法的支配の最も純粋な型であるとした。また、官僚制の逆機能については、官僚が政治的な無責任から脱却し、自らの信念に従って断固として行動し、自己の行動の結果に責任を持つことによって乗り越えなければならないと主張した。

エ M.ウェーバーは、官僚制は、正確で安定的な事務処理や組織の規律などの面で優れており、合法的支配の最も純粋な組織形態であるとした。また、官僚制は明確な階層構造を必要とする行政機関に適した組織形態であり、官僚制化は、政党、営利企業といった行政機関以外の組織では進展することはなく、行政機関独自の合理化の過程において進行するものであると主張した。

① ア、イ
② ア、ウ
③ ア、エ
④ イ、エ
⑤ ウ、エ

【解答・解説】

正解 ①

> 問題文は長めですが、組合せ問題であり妥当な記述が明確なので解答できるでしょう。

ア ○　M.ウェーバーは近代官僚制を、与えられた目的を最大限に達成する（目的合理性）という意味において、最も合理的な組織形態であるとしています。

イ ○　ウェーバーは、近代官僚制は合理的な組織形態であるがゆえに、一度形成されると破壊困難であり永続性があると論じています。

ウ ✕　ウェーバーは官僚制の問題点も指摘しているものの、一般的な教科書的な記述では「官僚制の逆機能」を論じたのはウェーバーではなくR.K.マートンらのアメリカの社会学者です。また、ウェーバーの議論において「自らの信念に従って断固として行動し、自己の行動の結果に責任を持つこと」が求められるのは官僚ではなく政治家です。さらに、合法的支配は最も優れている支配型ともしていません。

エ ✕　「行政機関以外の組織では進展することはなく、行政機関独自」という点が誤りです。ウェーバーは、官僚制は近代社会の大規模組織一般に適用されるものであり、政党や企業などでも進展するとしています。

官僚制論に関する次の記述のうち、妥当なのはどれか。

★★

国般2004

❶ M.ウェーバーは、近代官僚制の合理性や予測可能性に着目し、規則による規律の原則、官職専有の原則、猟官制の原則などの構成要件を列挙して、近代官僚制を身分の不自由な官吏で構成される家産官僚制とは異なる、純粋で合理的な官僚制の存在形態として類型化した。

❷ R.ミヘルスは、行政官僚制のみならず政党や労働組合などの組織内部にも階層分化が進み、少数の指導者が多数の大衆を支配する現象を「寡頭制の鉄則」と呼んだ。彼は、M.ウェーバーが専ら行政官僚制に考察を限定したのを批判し、官僚制概念を拡張して社会全般にわたる官僚制化現象を指摘した。

❸ R.マートンは、M.ウェーバーが官僚制の合理的側面のみに関心を払った点を批判し、官僚制が規則の遵守自体を過剰に重視して柔軟な対応の余地を失ってしまう逆機能現象に着目した。マートンは、逆機能現象の解決策として、官僚制外部の環境要因を取り込み、組織管理の柔軟性を回復するためのコンティンジェンシー理論を提唱した。

❹ E.メイヨーらは、ホーソン工場実験の結果から、職場でのインフォーマルな人間関係が作業能率に大きな影響を及ぼすという人間関係論を提唱し、命令系統の一元化や権限の明確化などの原則に基づくライン中心のフォーマル組織に代えて、スタッフ中心のインフォーマル組織を重視した組織編成の必要性を主張した。

❺ M.リプスキーは、外勤警察官、ケースワーカーなど、広い裁量の余地を持って対象者と直に接触しながら職務を遂行する行政職員をストリート・レベルの官僚と呼び、その職務が一般に専門的・技術的で、上司の監視の目が届きにくいところで行われるため、その行動を規律し統制するには困難を伴うことを指摘した。

【解答・解説】　　　　　　　　　　　　　　　　正解 ❺

細かい内容もありますが、正解肢が明確なので解答できるでしょう。

❶ ✕　「官職専有の原則」と「猟官制の原則」が誤りです。M. ウェーバーの述べる「近代官僚制」の構成要件は、**官職占有の排除**や、**資格任用制の採用による猟官制の否定**などからなります。

❷ ✕　R. ミヘルスとウェーバーの関係が逆になっています。ミヘルスはもっぱら政党や労働組合などの組織における官僚制に考察を限定したのに対して、ウェーバーは官僚制概念を拡張して社会全般にわたる官僚制化現象を指摘しました。

❸ ✕　第2文の「コンティンジェンシー理論」は、経営学者の T. バーンズ、G.M. ストーカーや P.R. ローレンス、J.W. ローシュの主張です。ただし、行政学でコンティンジェンシー理論が出題されることはほとんどないため、ここでは「マートンの主張ではない」と判別できれば十分です。

❹ ✕　ライン・スタッフ理論は F. テイラーらをはじめとする科学的管理法や古典的組織論におけるフォーマル組織に関する理論で、スタッフもインフォーマル組織ではなくフォーマル組織の中に位置づけられます。

❺ 〇　M. リプスキーは、現場での裁量の広さと対象者に対する権力の大きさの双方を加味したうえで、外勤警察官やケースワーカーなどをストリート・レベルの官僚と呼びました。

★★

官僚制に関する次の記述のうち、妥当なのはどれか。

国般2007

❶ M.ウェーバーは、官僚制を家産官僚制と近代官僚制とに区別し、近代官僚制の構成要件として、規則による規律、明確な権限、明確なヒエラルヒー、文書主義、任命制、資格任用制、契約制、専業制などの原則を列挙した。

❷ P.ブラウは、官僚制組織には自らの所掌事務の範囲を広げ、組織を膨張させるメカニズムが内在しているとして、その非効率性を厳しく批判した。その上で、人間は組織の設計者の期待通りに行動し、組織を運営するわけではないとする「人間関係論」を最初に提示した。

❸ W.ウィルソンは、行政活動を政党政治に従属させることによって、有能にして効率的な官僚制を育成するべきだと論じた。ウィルソンがモデルとしていたのは、スポイルズ・システムが定着していたジャクソン大統領の時代のアメリカ官僚制であった。

❹ R.マートンは、官僚制の逆機能に目を向け、規則は一定の目的を達成するための手段として制定されるものであるが、規則それ自体の遵守が自己目的化してしまうことがあるとして、こうした現象をPOSDCoRBと呼んだ。

❺ C.フリードリヒは、行政責任をめぐるH.ファイナーとの論争において、政治と行政との間には「分離の規範」が確立されるべきであるので、行政の果たすべき責任としては議会に対するアカウンタビリティを確保すれば足りると説いた。

【解答・解説】　　　　　　　　　　　　　　　　　　　正解 ❶

> ❺はまだ扱っていない論点ですが、正解肢が明確なので解答できるでしょう。

❶ ○　　近代官僚制の構成要件にはさまざまなものがありますが、少なくともこの問題文で挙げられているものは覚えておきましょう。

❷ ✕　　P. ブラウ（1918 ～ 2002）もインフォーマル組織について言及していますが、「人間関係論」を最初に提示したのはホーソン実験を行った G.E. メイヨー（1880 ～ 1949）らです。また、前段の官僚制組織の拡大膨張性向は19世紀に A. ワグナーが唱えており、非効率性についても「パーキンソンの法則」が有名です。

❸ ✕　　W. ウィルソンは政治行政二分論の主唱者であり、政党による行政支配を排除すべきであると論じています。ジャクソニアン・デモクラシーに代表される猟官制（スポイルズ・システム）は彼の批判対象です。

❹ ✕　　R.K. マートンは、問題文に記述された現象を「目的の転移」と呼び、「官僚制の逆機能」の特徴の一つとしました。問題文中の「POSDCoRB」は、L.H. ギューリックが組織の長が担う七つの役割をまとめた略語です。

❺ ✕　　行政責任論争において、アカウンタビリティ（説明責任）の確保を重視したのは H. ファイナーです。彼は、行政官僚にはできるだけ裁量権を与えないようにして、彼らの行為を法で厳格に縛るべきであると主張しました。詳しくは第4章第1節で扱います。

官僚制に関する次の記述のうち、妥当なのはどれか。

❶ M.ウェーバーは、近代官僚制と家産官僚制を区別し、近代官僚制において は君主と官吏が主従関係にあり官吏の身分が拘束されているのに対して、 家産官僚制においては自由な身分の官吏が契約によって任命されていること を特徴として対比した。

❷ 軍隊組織は、官僚制にはない特徴を持つ組織であり、厳格な身分制と明確 な階級制、上位から下位への連絡が一元化された命令系統、意思決定の集権 性、外部との関わり合いが抑制される閉鎖性などを特徴とする。

❸ P.セルズニックは、官僚制による分業が組織内での利害の分岐を生み、官 僚制全体の目的よりも下位組織の目的を重視し内面化することで、それぞれ の利害が対立し、組織内のコンフリクトが生じると指摘した。

❹ 真渕勝は、我が国の官僚像について、1960年代以前の家産官僚制の性格 を残す吏員型官僚、1970年代以降の自由民主党政権の長期化と利益団体の 活動の活発化による国士型官僚、1980年代以降の政治と社会からの圧力に よる調整型官僚の登場を指摘した。

❺ R.マートンは、官僚制組織の成員が訓練や実務を通じて組織にとって必 要な行動原則を身に付けた時には、状況によって柔軟に行動原則に沿った行 動が表出されるとして、官僚制の逆機能的側面を強調した。

【解答・解説】 　　　　　　　　　　　　　　　　　　　　正解 ❸

❹はやや発展的な内容ですが、正解肢が明確なので解答できるでしょう。

❶ ✕　　「近代官僚制」と「家産官僚制」の説明が逆になっています。つまり、家産官僚制は身分制のもとでの主従関係に基づく身分不自由な官僚制、近代官僚制は自由な契約関係に基づく官僚制となります。ただ、この知識がなくても「近代」と「身分」がミスマッチなことから、明らかに組合せがずれていることは推測できるでしょう。

❷ ✕　　まず、「官僚制にはない特徴を持つ組織」という点が誤りです。むしろ軍隊組織は官僚制の特徴を典型的に有する組織です。また、「厳格な身分制」という点も誤りです。現代の軍隊では身分制は否定されています。

❸ ◯　　P.セルズニックは、アメリカのTVA（テネシー渓谷開発公社）を事例として、能率を高めるはずの分業が組織内の対立（セクショナリズム）という逆の結果をもたらすことを論じました。

❹ ✕　　各類型の名称が入れ替わっています。真渕勝の類型では、1960年代以前は戦前の家産官僚制の性格を残す「国士型官僚」、1980年代以降の自民党政権では族議員と業界団体との調整を主たる職務とする「調整型官僚」、1990年代以降は政治家の決定に粛々と従う「吏員型官僚」としています。

❺ ✕　　「柔軟に行動原則に沿った行動」という点が誤りです。R.K.マートンは、訓練を通じて必要な行動原則を身につけると、そのとおりにしか行動できない官僚が生まれるとしています。そしてこれを「訓練された無能力」と呼び、官僚制が逆の結果をもたらすことを強調しました。

問題 11 　　**官僚制や官僚の行動に関する次の記述のうち、妥当なのはどれか。**
★★
国般 2005

❶　M.ウェーバーは、支配の正統性が、伝統的支配、カリスマ的支配、合法的支配の３段階を経て発展していくものとし、合法的支配を支える合理的な官僚制として近代的官僚制をとらえた。彼によれば、近代的官僚制は、20世紀初頭にアメリカ合衆国に誕生したとされる。

❷　M.ウェーバーは、官僚制を支配と関連させて論じたため、官僚制を政府組織に限定して考えた。また、アメリカ合衆国における官僚制論も、民間企業の利潤最大化を目的とする経営学的組織論とは別に発展したため、官僚制は政府組織に限定されるものとして考えられた。

❸　R.マートンによれば、官僚は行動を規則の支配に委ねており役割にこたえるため規律を重んじるが、これが、必要な変化にも反対する集団規範を作り出し、柔軟な行動を制約するとされる。このような手段の目的化現象は、官僚制の逆機能の一つとされる。

❹　辻清明は、1950年前後の我が国の官僚制を研究し、『日本官僚制の研究』を著した。彼によれば、第二次世界大戦後、我が国の官僚制は、民主化が徹底されたことにより、戦前のそれと一線を画し、家産官僚制の性格を払拭して近代的官僚制に生まれ変わったとする。

❺　官僚は公共の利益のために働いているものと一般にはみなされるが、A.ダウンズは、現実には、自己利益を追求しているとの前提に立って官僚の行動を分析した。彼によれば、官僚は、権力や政策との一体感などについては自己利益とはみなしておらず、不正な手段によるものを含めた収入を自己利益とみなしている。

【解答・解説】 正解 ❸

❹・❺が発展的な内容ですが、正解肢が明確なので解答できるでしょう。

❶ ✕　M.ウェーバーが提示した支配の3類型は時代に対応した発展段階論ではなく、いつの時代もこの三つの支配の要素は見られるとしています。また、近代的官僚制が20世紀初頭のアメリカで誕生したとはしていません。

❷ ✕　ウェーバーは、政府組織に限定せず、大規模組織一般に共通して見られる合理的な管理の仕組みとして官僚制を概念化しています。また、アメリカ合衆国の官僚制論は経営学的組織論の影響下で発展しており、政府組織だけでなく民間組織を対象にした官僚制研究が進展しました。

❸ ◯　ウェーバーが近代官僚制の合理的な側面を主張したのに対して、R.K.マートンは官僚制の非合理的な側面を逆機能として指摘しました。

❹ ✕　辻清明は、『日本官僚制の研究』において、日本の官僚制組織の特徴として封建的な割拠主義（セクショナリズム）が存在していることを指摘し、戦前の官僚機構の特徴が**温存・強化**されていると批判しました。

❺ ✕　公共選択学派を代表する論者であるA.ダウンズは、官僚は自己利益の追求を動機として行動すると考えて、権力や政策との一体感などをその一例として挙げています。

M.リプスキーのストリートレベルの官僚 (street-level bureaucrats) に関するア～エの記述のうち、妥当なもののみを全て挙げているのはどれか。

国般2016

ア ソーシャル・ワーカーや教師など、日々サービスの対象者に直接接し職務を遂行する現場担当職員を、ストリートレベルの官僚と呼び、現場の職員であるがゆえに、職務上の裁量の余地が広く、対象者に対する権力が大きいことが特徴であるとした。

イ 外勤警察官の主な職務には、住民から持ち込まれた事案に対応する活動と、街の中で地域を巡回しながら行う活動があるが、異なる性質の業務を担当していることによる「エネルギー振り分けのジレンマ」を解消するには、巡回活動に専念する定型化が望ましいとした。

ウ ストリートレベルの官僚は、職務の性質上、上司の濃密な監督を受けないことから、職権を乱用した人権侵害、恣意的な法適用による不公平な対応、対象者との癒着などの弊害が懸念されるため、対象者の自宅を訪問することを禁止すべきとした。

エ 行政の仕事のうち、特に政策の実施や執行に関しては、行政改革の潮流の中で非営利組織などの主体に委ねられるようになり、行政組織と同様の役割を果たすようになる人々を「新しいストリートレベルの官僚」と呼んだ。

❶ ア、イ
❷ ア、ウ
❸ ア、エ
❹ イ、ウ
❺ ウ、エ

【解答・解説】

正解 ❸

> **イ**と**ウ**の誤りはキーワードの組合せだけでは判別できませんが、ストリート・レベルの官僚の特徴から類推できるようにしましょう。

ア ○ M.リプスキーは、ソーシャル・ワーカーや教師、外勤警察官など、サービス対象者に直接接触する官僚は広い裁量を有するとしています。

イ ✕ 「巡回活動に専念する定型化が望ましい」という記述が誤りです。仮に巡回活動に専念したとしても、巡回活動中に何に集中すべきかという点でエネルギー振り分けのジレンマが生じるため、ジレンマを根本的に解消することはありません。

ウ ✕ 「対象者の自宅を訪問することを禁止」という記述が誤りです。自宅訪問が禁止されてしまえば、警察官の「巡回連絡」も、ソーシャル・ワーカーや教師の「家庭訪問」も不可能になってしまうので、常識に照らして誤りと判断できます。

エ ○ 例えば、従来は自治体の福祉事務所が行っていたソーシャル・ワークの業務が、NPOなどによって代替されている状況が挙げられます。NPOは行政組織ではありませんが、行政組織と同様の役割を果たしており、新しい形のストリート・レベルの官僚ということができます。

第 2 章

行政組織の設計

日本の行政組織
公務員制度
予算制度

1 日本の行政組織

学習のポイント

・ 日本の行政組織については、国家公務員試験では満遍なく出題されるので
  しっかり学習しておきましょう。特に、内閣府、人事院、会計検査院といっ
  た通常の省庁とは異なる機関についてはポイントを押さえておきましょう。
・ 逆に地方上級試験では基本事項しか出題されない傾向にあります。

1 内　閣

(1) 戦前の内閣

　以下に示すように**大日本帝国憲法下の総理大臣は権限が弱く、総理大臣のリー
ダーシップを脅かす存在が複数存在する割拠的な政治体制**でした。

① 同輩中の首席としての総理大臣

　当初、1885（明治18）年の内閣制では、各省に国務大臣を置き、内閣首班とし
て内閣総理大臣を設置し、総理大臣には強い指導力が与えられていました（大宰相
主義）。しかし、1889（明治22）年の大日本帝国憲法が発布されると、総理大臣は「**同
輩中の首席**」にすぎず、憲法には内閣という文言もなく、各大臣と総理大臣の区別
が明確ではありませんでした（小宰相主義）。つまり、憲法で総理大臣のリーダーシッ
プの根拠がそもそも明確に規定されていなかったのです。

② 軍部との関係

　内閣は軍部に対して非常に弱い存在でした。陸海軍の統帥権（最高指揮権）は天
皇にあり、内閣から独立していたのです。また、**軍部大臣現役武官制**（軍部大臣は
現役の武官でなければならない）は、軍部の政治介入を招きました。

③ 独立した政府組織の存在

　加えて、**内閣から独立した政府組織が存在していました**。明治憲法で天皇の最高
諮問機関と位置づけられた**枢密院**が重要事項を決定することもあり、内閣はリー
ダーシップを損なう可能性を常に秘めていました。

⑵ 戦後の内閣

以下に示すように、日本国憲法では内閣総理大臣の権限が格段に強化されました。

① 行政権

「行政権は、内閣に属する」（憲法65条）とされ、**すべての行政機関が内閣のもとに置かれました**。戦前の枢密院や宮中の内大臣などのように内閣から独立した政府機関は廃止されました。

ただし、**会計検査院は憲法上独立した組織**として存続しています。

② 内閣の首長

また、憲法において「首長たる内閣総理大臣」（憲法66条1項）と規定され、**内閣総理大臣は内閣の首長である**こと（他の大臣よりも上位）が明記され、戦前と比較してその権限は格段に強化されました。**国務大臣の任免権は内閣総理大臣の専権事項**となっています（同法68条）。

③ 内閣制の3原則

内閣について次の3原則があります。

合議制の原則	内閣の職権は閣議に諮る
分担管理の原則	各省の所掌事務は、各大臣が分担管理する
首相指導の原則	総理大臣が任免権などを有する首長である

これらの原則は議院内閣制を機能させるために重要な要件ですが、例えば、総理のリーダーシップと各大臣の分担管理の原則との間にどのように折り合いをつけるのかといった問題をはらんでおり、**相互に矛盾する可能性もあります**。

補 足

　最終的な意思決定が複数人の合議に委ねられていることを合議制といいます。これに対して、最終的な意思決定が1人の長に委ねられていることを独任制といいます。

　合議制の機関は複数人の合議を基礎とするため慎重な決定や多様な意見を反映できるという長所がある反面、決定に時間がかかりやすい、責任の所在が不明確になりやすいという短所があります。独任制の機関はその逆で、1人の長が決断すればよいため迅速な決定が期待でき、責任の所在も明確ですが、独断に流され慎重な決定ができないおそれがあり、多様な意見が反映できない可能性があります。

2 内閣の補助部局

(1) 内閣官房

　内閣官房は、**内閣の補助機関であると同時に、内閣総理大臣の活動を直接補佐・支援する組織**です。また、すべての府省より上位に位置します。

① 旧来の内閣官房

　各省庁の派遣・出向職員から構成され、派遣・出向元が固定化し、各省庁の定例的な人事に依存してきました。このため、国政の基本方針の策定等といった重要な役割を果たすことができず、消極的な調整の場にすぎないといわれてきました。

② 中央省庁再編による改革
(ア)総合戦略機能

　内閣官房の任務として、「内閣の重要政策に関する基本的な方針に関する企画及び立案」(内閣法12条2項2号)が特に明記され、内閣の重要政策に関する企画立案機能を含む**総合戦略機能を果たす**ことが明確化されました。

(イ)政治任命職スタッフの増員など

　その時どきの政策課題に応じ柔軟かつ弾力的な運営を可能とするため、**行政組織の内外から人材を機動的に登用することができる**ようになりました。

◆内閣官房の主なポスト

内閣官房長官	・国務大臣の充当職 ・**内閣官房の主任の大臣は総理大臣**であるが、その下で内閣官房の事務を統轄する役職
内閣官房副長官	・政務2名、事務1名が置かれ、内閣官房長官の補佐を行う ・政務は衆議院議員1名、参議院議員2名、事務は事務次官経験者等から任命する慣行が続いている
内閣危機管理監	・官房副長官に準ずる地位であり、国防など高度に政治的な判断が要求されるものを除き、テロ・大規模災害・ハイジャックなどの危機管理を統理する ・阪神・淡路大震災などの危機管理体制の不備の反省から、1998年に創設された職位であり、内閣として行う措置について一次的に判断し、初動措置について関係省庁との総合調整・指示を行う
内閣官房副長官補	・官房長官、官房副長官、危機管理監の補佐を行う ・内政・外交・安全保障および危機管理を3名で分担している
内閣総理大臣補佐官	・内閣の重要政策に関し内閣総理大臣に進言、意見の具申を行う ・1996年に新設された職位で定員は当初3名以内であったが、2001年の中央省庁再編時に5名以内に増員した ・国家安全保障会議の改組に伴い、国家安全保障担当補佐官を常設することとされた
その他	・その他、内閣広報官、内閣情報官などのポストがある ・内閣情報官は、内閣情報調査室のトップとして情報の収集調査に関する事務を掌理する ・内閣官房に勤務する職員は約1,400人であり、その半数は内閣情報調査室に勤務している

◆ 内閣官房の組織図

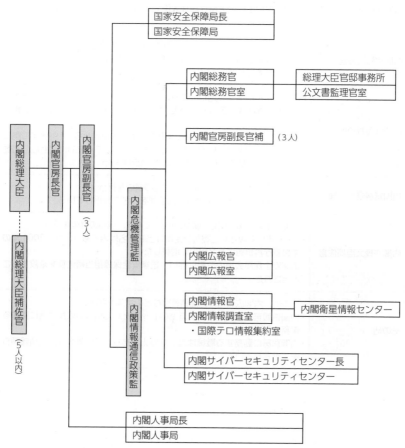

（内閣官房ホームページより作成／2021年1月現在）

(2)　内閣府

　　内閣府は、**内閣および内閣官房を支援するための組織として内閣の下に設置され
ている、内閣総理大臣を長とする行政機関**です。2001年の省庁再編時に、内閣機
能を強化する一環として従来の総理府に代えて、内閣および内閣総理大臣を助ける
「知恵の場」として新設されました。

① 内閣府の役割

内閣府は、❶内閣官房の総合戦略機能を助けて横断的な企画・調整機能を担い、❷総理大臣が担当する事務を処理します。

つまり、内閣府は、他の省同様に行政事務を分担管理するとともに、政府全体の見地から関係行政機関の連携を確保し、**縦割り行政の是正を行う**目的から設置されているのです。

② 内閣府の組織

また、内閣府は内閣の下に置かれており、**他の省よりも一段上の上位組織**と位置づけられているので、**国家行政組織法の適用を受けません。**また、横断的な企画・調整機能を発揮するために、「**重要政策に関する会議**」、「**特命担当大臣**」といった機関が設置されています。

（ア）重要政策に関する会議

「重要政策に関する会議」は、経済財政、科学技術といった**国家運営の基本に関わる重要政策などについて調査審議する機関**です。同会議は、総理大臣または官房長官を議長とし、関係大臣、有識者から構成されています。

2020年12月現在、経済財政諮問会議、総合科学技術・イノベーション会議、国家戦略特別区域諮問会議、中央防災会議、男女共同参画会議の五つが設置されています。

> **補足**
>
> 経済財政諮問会議は、内閣総理大臣の諮問に応じて、経済全般の運営の基本方針、財政運営の基本方針、予算編成の基本方針、その他経済財政政策に関する重要事項についての調査審議をし、必要に応じて内閣総理大臣等に意見を具申します。

（イ）特命担当大臣

特命担当大臣は、**行政各部の施策の統一を図るために必要となる企画立案および総合調整**を実施します。関係行政機関の長に対して資料・説明を求めることができ、勧告を出すこともできます。また、特に必要があると認めた場合には、勧告事項について内閣総理大臣に指揮監督をするよう意見具申を行います。

どのような担当大臣を設置するかは内閣次第ですが、法律上、**沖縄・北方対策担当大臣、金融担当大臣、消費者・食品安全担当大臣、少子化対策大臣は必置**とされています。

（ウ）大臣委員会

　内閣府には外局として、公正取引委員会、国家公安委員会、金融庁、消費者庁が設置されています。このうち**国家公安委員会委員長**は**国務大臣の充当職**となっています。外局の長に国務大臣をもって充てるのは内閣府の外局のみであり、このことから国家公安委員会を**大臣委員会**といいます。

◆内閣府の組織図

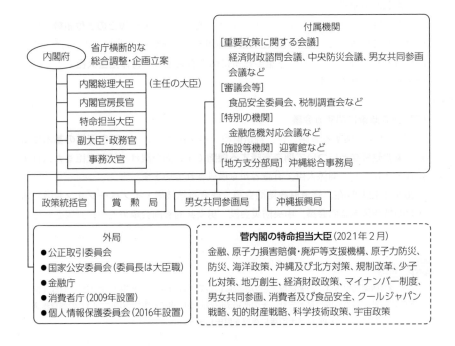

(3)　内閣法制局

　内閣法制局は、**法制的な面から内閣を直接補佐する機関**です。

　法律問題に関して内閣、内閣総理大臣および各省大臣に対し意見を述べる意見事務、閣議に付される法律案、政令案および条約案を全般的に審査する審査事務を行います。

　法律にとどまらず**憲法解釈についても、内閣法制局の見解が政府の公定解釈**として重みを持っています。長は内閣法制局長官（副大臣級）で内閣が任命します。

⑷　国家安全保障会議

国家安全保障会議は、**日本の安全保障に関する重要事項を審議する機関**です。2013年12月に、従来の安全保障会議を改組する形で設置され、事務局として内閣官房に**国家安全保障局**が設置されました。

総理大臣、官房長官、外務大臣、防衛大臣による**４大臣会合**が定期開催され、国家安全保障に関する外交・防衛政策の司令塔として位置づけられています。また、会議に出席して意見を述べることができる**国家安全保障担当補佐官**を常設することになりました。

⑸　会計検査院と人事院

①　概　要

会計検査院は憲法90条、人事院は国家公務員法に規定された行政委員会（後述）です。

会計検査院は「内閣に対し独立の地位」を有し（会計検査院法１条）、**人事院は「内閣の所轄の下」に置く**とされています（国家公務員法３条１項）。**会計検査院は憲法上の機関**（憲法90条）**として内閣から独立**していますが、人事院は各省の外局としての委員会よりも強い独立性が確保されているものの、内閣の補助機関として内閣の下に置かれており、**会計検査院と比較するとその独立性は弱い**です。

> 🐨 **補足**
>
> 　行政委員会の特徴については後述しますが、行政委員会である人事院は準立法権、準司法権を有しています。準立法権とは人事院規則の制定権のことであり、準司法権とは公務員の不利益処分（懲戒処分など）の審査権などのことを指します。

②　組織上の特徴

組織の独立性を高めるために、会計検査院、人事院はともに次のような組織上の特徴を持っています。

合議制機関	・国会の両院の同意のもとで内閣によって任命された3人の委員（厳格な身分保障がある）から組織される
内部組織権	・国家行政組織法の適用を受けずに、内部組織について独自に規則を制定できる
二重予算制度	・会計検査院や人事院の予算を内閣が修正する場合には、修正前の要求書も国会に提出しなければならない

◆ **会計検査院・人事院・行政委員会・各省の比較**

	会計検査院	人事院	行政委員会	各省
設置根拠	憲法・会計検査院法	国家公務員法	国家行政組織法	
			○○委員会設置法	××省設置法
内閣からの独立性	内閣から「**独立**」	内閣の「**所轄下**」	大臣の「所轄下」	内閣の「統轄下」
内閣の指揮監督	**及ばない**			及ぶ
特徴	**合議制**（3人の委員は内閣が任命）		**合議制**	独任制

確認してみよう

① 　平成13（2001）年に行われた中央省庁等再編では、内閣総理大臣の補佐体制を強化するため、内閣官房は、各省の対立を調整する総合調整の機能に加えて、企画立案の機能を有することとなり、その役割が強化された。国般2020

▶ **2**（1）参照 **○**

　内閣官房は、内閣の補助機関であるとともに内閣の首長たる内閣総理大臣を直接に補佐・支援する機関で、内閣の庶務、内閣の重要政策の企画立案・総合調整、情報の収集調査等を担っています。

② 　経済財政諮問会議は、平成30（2018）年に財務省に設置された合議制組織であり、毎年度、「経済財政運営と改革の基本方針」を策定、公表し、中長期の財政目標や予算の総額、公債発行額など、今後の財政の大枠を示し、

予算を積み上げて決定するミクロ編成で重要な役割を果たしている。国般
2020

2（2）② 参照 ✕

経済財政諮問会議は、2001（平成13）年に「内閣府」に設置された「重要政策に関する会議」
です。また、同会議は基本方針を定めるだけで、具体的な予算の総額や公債発行額までは示し
ません。そして同会議は、「ミクロ編成」ではなく、予算の大枠を定める「マクロ編成」で重
要な役割を果たしています（詳しくは第3節で扱います）。

③　人事院は、準立法的及び準司法的機能を持つ合議制の中央人事行政機関で
あり、内閣の所轄の下にあるが、国家行政組織法の適用を受けないなど、相
当の独立が認められている。区Ⅰ2004

2（5）② 参照 ◯

人事院と会計検査院それぞれの独立性の違いを確認しておきましょう。

④　人事院は、中央人事行政機関として広範な準立法権と準司法権を持ち、国
会の両院の同意を経て内閣が任命する人事官3名によって組織される。会計
検査院とともに内閣に対し独立の地位を有すると憲法に定められており、人
事院には国家行政組織法は適用されない。国般2003

2（5）①、② 参照 ✕

会計検査院は内閣から独立した組織ですが、人事院は内閣の所轄下にあります。また、憲法
ではなく国家公務員法に規定された独立行政委員会です。

3 内閣の統括下にある行政機関

（1）　省・外局・内部部局・附属機関

①　省

省は「**内閣の統轄の下に……行政事務をつかさどる機関**」（国家行政組織法3条
3項）として置かれ、各省の長が「主任の大臣」として行政事務を分担管理してい
ます。

② 外局（庁および行政委員会）

　省および内閣府には外局として行政委員会と庁が設置されています。外局は**府や省の一部ですが、府や省の他の部局とは分離され、一定の独立性を有しています。**内閣府とその外局を除き、省・行政委員会・庁はいずれも国家行政組織法３条により、法律による設置改廃が求められています。このことから、省・行政委員会・庁は「３条機関」とも呼ばれます。

③ 内部部局

　内部部局とは、**内部組織として行政機関の任務の遂行を分担するために設置されている「官房」、「局」**（庁では「官房」、「部」、行政委員会は「事務局」）のことです。さらに、官房・局・部には「課」や「室」が置かれています。

　1983年の国家行政組織法改正により、従来「法律事項」とされていた官房・局・部等の内部部局の設置および所掌事務の範囲が「政令事項」となりました。政令とは、内閣が定める命令（規則）です。つまり、法律事項から政令事項に変わると、**内部部局の編成は、議会の統制から外れて内閣（行政）の裁量で変更可能になり**ます。

④ 地方支分部局

　地方支分部局とは、**地方に置かれる国の出先機関**のことです。法務省の法務局、財務省の財務局・税関、国土交通省の地方運輸局・地方整備局、厚生労働省の地方厚生局・都道府県労働局などがこれに当たります。地方自治尊重の観点から、**地方支分部局の設置は法律事項**となります。

⑤ 附属機関

　附属機関とは、内部部局とは別に設けられている附属組織であり、**審議会等、施設等機関、特別の機関**の三つがあります。国家行政組織法８条に基づくため、「８条機関」と呼ばれます。このほか、政令に基づくものもあります。

🍎 ヒント

　これらの行政機関のうち、附属機関を除けば内部部局のみが政令の定めにより設置されるものである点に注意しましょう（他は法律の定めによる）。

◆ 行政の組織

種類		設置改廃	概要
省と外局（行政委員会・庁）		法律	いわゆる霞が関の「中央省庁」
内部部局		政令	官房、局、部、課、室など
地方支分部局		法律	国の地方出先機関
附属機関	審議会等	法律または政令	主に調査・審議を行う諮問機関
	施設等機関	法律または政令	試験研究機関、検査検定機関など
	特別の機関	法律	上記のいずれにも該当しない組織

(2) 省の内部組織
① 副大臣と大臣政務官

　2001年の中央省庁再編により従来の政務次官が廃止され、内閣のリーダーシップを強化するために、**イギリスの議院内閣をモデル**として、**副大臣**および**大臣政務官**が置かれるようになりました。

　副大臣はラインとしての役割を担い、大臣の命を受けて省庁の政策・決定について関係部局を指揮監督します。**大臣政務官はスタッフとしての役割を担い**、特定の政策・企画について、大臣の指示を受けて行動・助言を行います。

② 官房系統組織

　なお、各省庁、各局には**ライン系統の組織を補佐するスタッフ組織**として官房系統組織が整備されています。各省庁には、官房長によって統轄される**大臣官房**が設置されており、人事（ヒト）・総務（情報）・会計（カネ）の総括管理機能を担当する「官房三課」が設置されています。

③ 各局の筆頭課

　各局には、通称「筆頭課」（総務課、庶務課という名称が多い）が総括管理機能を所管し、局長を補佐する役割を担っています。

(3) 行政委員会と審議会
① 行政委員会

　行政委員会は、**属する行政機関の指揮監督から独立した合議制の機関**です。職務の独立性を持ち、所属機関の「所轄」のもとにあるとはいえ、その権限行使につい

ては所属機関の指揮監督には服しておらず、任期や罷免の理由を法定するなど委員の身分保障が与えられている点に組織的特徴があります。

② 審議会

審議会は、一般に**専門性や代表性を確保するために設けられた合議制の諮問機関**を意味し、国レベルでも地方レベルでも数多く設置されています。このほかにも大臣や局などに「私的諮問機関」として設置される審議会に類似した組織があります。

> **ヒント**
>
> 前述のとおり、審議会は附属機関に分類され、法律または政令の規定によって設置されます。また、基本的な役割は諮問機関であるため、その答申には原則として行政機関の意思決定に対する法的拘束力はありません。
>
> 一方、行政委員会は外局に分類され、行政権に加えて準立法権、準司法権などの権限を持つものがあります。すでに紹介した会計検査院や人事院はこの行政委員会に当たります。

③ 歴史

行政委員会は、**官僚制の弱いアメリカで発達した組織**であり、フランスやドイツのような強い官僚制を有する国では発達してきませんでした。アメリカでは、規制行政の多くは行政委員会（独立規制委員会）が「行政審決」で処理しますが、日本は独任制の官庁が「行政処分」で処理するのが一般的です。

◆行政委員会と審議会の比較

	行政委員会	審議会
設置目的	❶ 行政の民主化を実現する（行政外部の人材） ❷ 政治的な中立性・公平性を確保する ❸ 技術的な専門性を確保する ❹ 各界代表による利害調整を実現する（代表性の確保）	
設置改廃	**法律**	**法律または政令**
権限	・行政権・**準立法権・準司法権** 　（行政機関として国家意思を表明）	・原則として決定権なし（**諮問機関**） ・答申は参考とされるのみで**法的拘束力はなし**

	行政委員会	審議会
	合議制	**合議制**
組織	・固有の事務局を設置 ・委員の**身分保障を厳格に法定** ・委員は両院の同意のもとで内閣が任命	・一般に固有の事務局を持たない ・審議会ごとにさまざまな任命要件あり （**大半は国会の同意不要**）
課題や限界	・法律案や政令案の提出権はない ・予算要求書を直接送付できない	・行政機関がすでに決定した方針を確認するだけで、**官僚の「隠れ蓑」にすぎない**との批判
沿革	・戦後に**アメリカ**の独立規制委員会をモデルに設立（占領終了後多くは廃止・改組）	・戦前から存在したが、戦後急速に増加 ・2001年の行政改革の一環として、**順次整理合理化が進展**（一時100以下に整理）
現在	内閣府および各省に合計として9委員会 （2020年現在）	130程度 （2020年現在）

◆ 国の行政委員会

名称	設置機関	主な職務	設置年
中央労働委員会	厚生労働省	・企業等の労働争議の調整（斡旋・調停・仲裁）	1946年
公正取引委員会	内閣府	・独占禁止法等の違反事件の審査、違反行為の排除	1947年
国家公安委員会	内閣府	・警察制度の企画立案や予算、その他警察行政に関する調整などの事務について、警察庁を管理する	1948年
公安審査委員会	法務省	・暴力主義的破壊活動を行った団体に対する活動制限・解散の指定などの処分	1952年
公害等調整委員会	総務省	・公害紛争の調整（斡旋・調停・仲裁・裁定など）	1972年
運輸安全委員会	国道交通省	・鉄道・船舶・航空事故について公平中立な立場から原因究明を行う	2008年
原子力規制委員会	環境省	・原子力利用における安全の確保、原子力規制行政の一元化を目的として設置	2012年
個人情報保護委員会	内閣府	・共通番号（マイナンバー）の導入に当たって、個人情報保護のため制度の運用状況を監視する	2016年
カジノ管理委員会	内閣府	・カジノ施設の設置および運営に関する秩序の維持および安全の確保を図る	2020年

確認してみよう

① 　審議会は、利害関係者の意向を各省庁の政策立案に反映させる機能を充実させるため、平成13年1月の中央省庁再編を機に、その数が増加している。
区Ⅰ 2002

3 (3) 参照 ✕

中央省庁再編に伴い、整理合理化が進んで大きく減少しました。

② 　行政委員会は、アメリカの独立規制委員会と同様、ほとんどの許認可事務を行政審決により処理している。区Ⅰ 2002

3 (3) ③ 参照 ✕

日本では許認可事務の大半は独任の行政官庁が行っています。

4 行政の意思決定

(1) 稟議制

　稟議制の稟議とは、「下位者が上位者の意向を伺う」という意味合いをもつ言葉であり、稟議制とは、**末端職員がある事案の処理方針を記載した文書を起案し、これを関係者に順次回覧し、最後に決裁者に至るという文書処理方式・意思決定方式**です。

　稟議制は、日本の行政だけでなく民間企業でも広く活用されてきたため、日本独特の意思決定方式だといわれています。また、関係者による承認や決裁者の決裁の**意思表示として押印がなされる**ことから、批判的意味を込めて「**ハンコ行政**」とも呼ばれてきました。

◆稟議制の仕組み

(2) 辻清明の稟議制論
① 概　要

　日本の行政組織における文書処理・意思決定方式として稟議制の存在を最初に体系的に分析したのが辻清明です。辻は稟議制の特徴を、**❶末端の職員が起案している、❷職員が個別審議するので、会議や討論審議は行わない、❸決済者は下から上がってきたものをそのまま承認する**、と説明しました。したがって、稟議制は長所があるものの、行政のセクショナリズムを強めるものであると批判し、その改革を主張しました。

長所	短所
・関係者の参加と協力が確保でき、決定後に異議が生じにくい ・関係者に情報が周知徹底される ・文書保存に役立つ	・決定までに時間を要する ・決定権者のリーダーシップが発揮しにくい ・責任の所在が不明確になりやすい

② 批　判

　辻の稟議制論は長らく通説となっていましたが、行政が会議や討論審議を行っていないかのような印象を与えるなど大きな事実誤認があることが、後に井上誠一によって指摘されました。

(3) 井上誠一の稟議制論

　元キャリア官僚で官庁での実務経験がある井上誠一（いのうえせいいち）は、日本の行政組織の意思決定方式について詳細な分析を行い、**行政の意思決定は稟議書以外のものも含めて案件によって使い分けている**ことを指摘しました。現在では井上の議論が通説的見解となっています。

◆**井上誠一による行政の意思決定方式の分類**

	類型	特徴	事例
稟議書型	順次回覧決裁型	・**事案が軽易**であるため、決裁権は委譲され、関係者の範囲は狭い ・起案は上位者の設定したマニュアルどおり行われる	・裁量の狭い許認可処分
	持ち回り決裁型	・起案に先立って、**会議形式の意見調整**が行われる ・起案は関係者の合意を清書したものにすぎず、関係者の席に直接持参し押印	・法令案・要綱案 ・裁量の広い許認可処分
非稟議書型	文書型	・答弁書案は担当係長や課長補佐が作成し、課長、総務課、局長などが個別了解する	・予算の概算要求書 ・国会答弁資料
	口頭型	・大臣や局長などの日常的な行為に関する意思決定方式	・会議への出欠席 ・陳情者との面会など

補足

　稟議制については、ここに紹介した辻、井上の議論をまとめるような形で西尾勝も論じています。試験問題では、辻や井上の稟議制論について西尾によるものと記述されるものがありますが、その点を誤りとするのではなく辻や井上の主張との整合性から判断するようにしてください。

確認してみよう

① 　辻清明によれば、我が国で稟議制的な意思決定の慣行が長い間みられることと、スタッフ・ラインの未分化との間には密接な関係があるとされていた。その後の行政改革においてスタッフ機能が強化されたが、実質的意思決定がどのような方式で行われようと、最終的な文書処理においては稟議書型の処理が行われている。国般2002

4(2)① 参照 ○

辻清明の学説に関する記述としては妥当です。ただし、後に井上誠一によって、非稟議書型

の意思決定方式の存在も指摘されています。

....

② 　稟議制は、官僚制組織の意思決定方式の一つであり、辻清明は、最終的に
決裁を行う職員が起案文書を作成すること、文書が順次回覧され個別に審議
されることなどを特徴として指摘するとともに、これが効率的であるとして、
欧米の官僚制組織の意思決定にも広がっていったとした。国般2020

4 (2) ①　参照 ✕ ▶

　辻清明は、稟議制の特徴として、最終的に決裁を行う職員ではなく末端の職員が起案文書を
作成することを指摘しました。また彼は、稟議制を日本特有の意思決定方式としており、行政
のセクショナリズムを強める等の点で批判しています。

5 日本の行政システム

(1) スクラップ・アンド・ビルド方式

　スクラップ・アンド・ビルド方式とは、**局・部・課などの新増設**（ビルド）**を要
求する省庁はその前提として、同格の組織・職を同数統廃合**（スクラップ）**する案
を提示しなければならない**とするものです。「合理的再編成」とも呼ばれ、**行政部
局の肥大化防止**として機能しています。**1968**（昭和43）**年の1省庁1局削減の措
置以降確立された方式**で、現在は、総務省の機構審査が運用されています。

(2) 大部屋主義

　大部屋主義とは、小さなセクションごとの間の壁がない「**大部屋**」**で執務を行う
という日本の行政組織の特徴**をいいます。職場のレイアウトに注目して日本の行政
組織の職務形態の特徴を描き出したもので、政治学者の**大森 彌**（1940～　）によっ
て概念化されました。

　1か所にいることで、職場の様子を全員が知ることができ、必要に応じて、相互
に支援することができます。そのため、担当者が仮に不在であっても、他の誰かが
代わりとなることが可能です。また、大部屋主義は、個室と比べて組織の適正規模
が曖昧になりやすく、員数の点で一定の伸縮性があります。したがって、実務的に
は不要な職員でも何らかの事情で抱え込むことができるし、逆に人員が削減された
場合も、若干の無理をしてでも仕事を再分配して、組織を維持することが可能とな
ります。

◆大部屋主義と個室主義

	大部屋主義	個室主義
該当国	日本	アメリカ
職務分担	[はじめに職員ありき] ・職務は局や課などの基礎単位について与え、複数の人員を配置し、全員で組織の職務を担わせる	[はじめに職務ありき] ・できるだけ職務の内容を精細に定め、それに適した人材を採用する ・つまり、職員単位にまで事務分掌が貫徹している
職場レイアウト	一所での集団執務	原則として個室での執務
特徴	・所掌事務に係員全体が連帯して責任を負い、現場レベルで知識が共有・習得される	・適材適所で専門的技能が最大限活用され、当該技能は洗練されるが、職務の幅は狭くなる
任用	閉鎖型任用 (職階制になじまない)	開放型任用 (職階制と適合的)

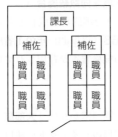

大部屋主義

個室主義

確認してみよう

① 1990年代の行政改革会議最終報告に基づいて、1省庁1局削減の措置がとられ、これ以降、スクラップ・アンド・ビルド方式が確立され、各省庁の内部機構の新増設に対し適用された。都Ⅰ2006改

5 (1) 参照 ✕

スクラップ・アンド・ビルドは1960年代の第一次臨時行政調査会の答申に基づきます。

② 　　大森彌は、日本の行政組織の特徴として、それぞれの組織の職務分掌が明確であり、それゆえに個人の役割も明確になっていることや、外形的に個々人が独立して、区切られた空間で執務する形態などを指摘し、これを「大部屋主義」と呼んだ。国般2020

5 (2) 参照 ✕

これは、米国の行政組織の特徴である「小部屋（個室）主義」に関する記述です。

過去問にチャレンジ

問題1 ★
　　　我が国の中央行政機構における審議会に関するA～Dの記述のうち、妥当なものを選んだ組合せはどれか。

区Ⅰ 2019

A 審議会は、重要事項に関する調査審議、不服審査その他学識経験を有する者等の合議により処理することが適当な事務をつかさどらせるために設置される合議制の機関である。

B 審議会は、行政委員会と同様に、行政機関としての決定権限を有しており、諮問機関としての審議会の答申には、行政機関の意思決定を拘束する法的な効力がある。

C 審議会は、内閣府又は省の外局として設置されるものであるが、行政機関からの独立性を確保するため、その委員は、国会の承認を得て内閣が任命しなければならない。

D 審議会は、政策決定における民主的手続と専門性を確保するために設置されているが、行政機関が既に決定した方針を確認しているだけで形骸化しており、審議会は行政の隠れみのになっているという批判がある。

① A　B
② A　C
③ A　D
④ B　C
⑤ B　D

【解答・解説】

正解 **3**

> 審議会について、定番の論点が並んだ問題です。

A ○ 審議会は「合議制」の機関の典型といえます。

B ✕ 審議会には行政庁としての決定権限がなく、原則として答申には行政機関の意思決定を拘束する法的な効力はありません。

C ✕ まず審議会は、「外局」ではなく「附属機関」の一つです。また、大部分の審議会の委員の任命について、国会の承認は必要ありません（例外的に、食品安全委員会などのように委員の任命に国会の同意が必要とされるものもあります）。

D ○ ほとんどの審議会は属する行政機関の見解と異なる答申を出すことが稀であるため、このように批判される場合があります。

問題2 我が国の中央行政機構における行政委員会又は審議会に関する記述
★ として、妥当なのはどれか。

区Ⅰ 2008

❶ 行政委員会は、政治的中立性や特に専門知識を必要とする分野などに設け
られる独任制の行政機関である。

❷ 諮問機関としての審議会の答申には法的拘束力があるため、行政官庁は必
ずこれに従わなければならない。

❸ 行政委員会には、行政権を行使するのみならず、準立法権や準司法権を行
使するものもある。

❹ 審議会の委員は、政策形成へ民意を反映するため、すべて国会の承認を得
て内閣が任命しなければならない。

❺ 行政委員会は、内閣からの完全な独立性を有しており、内閣の予算、人事
の統制に服することはない。

【解答・解説】

行政委員会と審議会について、定番の論点が並んだ問題です。

❶ ✕　　行政委員会は、独任制ではなく**合議制**の行政機関です。これは、人事院や国家公安委員会など政治的中立性を必要とする分野のほか、高度な専門知識や対立する利害の調整、公正かつ迅速な裁決を必要する分野などに設けられます。

❷ ✕　　審議会は大臣などの諮問に対して答申を行う諮問機関にすぎず、その答申は政策立案・決定に対して参考とされるだけで、原則として**法的拘束力や強制力は有しません**。ただし、電波監理審議会のような参与機関は、例外的に行政庁の意思を拘束する議決を行います。

❸ ◯　　準立法権の代表的な例としては人事院による「人事院規則」の制定、準司法権の例としては同じく人事院による「人事院裁定」や中央労働委員会による「救済命令等の手続」などが挙げられます。

❹ ✕　　大部分の審議会の委員の任命には、**国会の承認は不要**です（国会の承認を必要とするものとしては、電波監理審議会等があります）。このように、多くの審議会では各省庁の判断で委員が決まるため人選の偏りが見られ、行政の権威づけや責任回避のための隠れ蓑であるとして批判されています。

❺ ✕　　会計検査院は例外的に憲法に基づいて内閣からの完全な独立性を有した地位を認められている「憲法機関」ですが、その他の行政委員会は内閣からの**完全な独立性を有していません**。例えば、内閣の所轄下ながら強力な独立性を有する人事院についても、法制度上、完全な独立性があるとはいえません。

　　我が国の中央行政機構における**行政委員会又は審議会**に関する記述
　　★　　として、妥当なのはどれか。

区Ⅰ 2011

❶　行政委員会の設置理由には、政治的中立を要する場合、複雑な利害を調整
する場合、高度の専門性を要する場合、慎重な手続を要する場合が挙げられ
る。

❷　審議会は、行政機関が社会の識者や諸団体の意見を聞くための諮問機関で
あり、府省庁の外局として設置される合議制の機関である。

❸　行政委員会は、一般行政機構から独立した独任制の機関であり、規則を制
定する準立法権や裁決を行う準司法権を持つことがある。

❹　審議会は、国民社会の様々な意見、利害を政治過程に反映する制度的ルー
トであり、行政委員会と同様に、行政機関としての決定権限を持っている。

❺　行政委員会は、独自の判断と責任に基づいて行政事務を処理するため、責
任の所在が明確になり、決定までの時間が早いといった長所を備えている。

【解答・解説】 正解 ❶

　これも行政委員会と審議会について、定番の論点が並んだ問題です。❺は、行政委員会が合議制の機関であることを踏まえ、合議制の特徴に照らして考えましょう。

❶ ○　行政委員会の設置基準は、❶政治的中立を要する場合（人事院など）、❷対立する利害の調整を目的とする場合（労働委員会など）、❸高度な専門知識を必要とする場合（原子力規制委員会など）、❹慎重な手続を必要とする場合（公正取引委員会など）、という4点が挙げられます。

❷ ✕　審議会は、国家行政組織法8条等に基づき個別の法令等によって設置される合議制の諮問機関ですが、府省庁の外局ではなく附属機関です。府または省の外局として置かれている合議制の機関は、行政委員会です。

❸ ✕　行政委員会は、一般行政機構から独立した**合議制の機関**です。

❹ ✕　審議会は、民意を政策に反映させるために設けられたものであり、行政委員会とは異なり、行政機関としての**決定権限を持っていません**。審議会の答申は政策立案・政策決定の参考とされるだけで、原則として法的拘束力や強制力はありません（ただし、電波監理審議会などの参与機関の場合は、決定に拘束力があります）。

❺ ✕　行政委員会は、行政機関の権限行使に当たって、その機関の意思が複数の自然人の合議によって決定される**合議制の機関**です。そのため、中立性・公正性・専門性といった長所を有する一方で、**責任の所在が不明確になり、決定に時間がかかる**といった短所も持ち合わせています。

問題4 ★ 稟^{りん}議制に関する記述として、妥当なのはどれか。

都Ⅰ 2005

❶ 稟議制は、専ら行政組織で採用されている意思決定方式であり、重要な事案のため議会答弁資料の作成の際には必ず用いられる。

❷ 稟議制は、関係者間で事前に十分な意見調整が行われており、回議の際に反対や不満が出にくいため、決定を急ぐ場合に特に有効である。

❸ 稟議制では、意思決定過程が文書として残り、責任の所在が明確になるため、意思決定に関与した者は、事案について強い責任感をもつとされる。

❹ 稟議制では、決定権者の決裁を得ることにより、事案の処理方針が確定するため、決定権者がリーダーシップを発揮しやすいとされる。

❺ 稟議制は、下位の職員が起案した稟議書を上位の職員に順次回議していく形式をとるため、組織内部の上下関係を再確認させる効果があるとされる。

【解答・解説】

> 稟議制の特徴をひととおり学習できる問題です。

❶ ✗ 　稟議制は、行政組織だけでなく民間企業等でも採用されています。また、議会答弁の資料作成では稟議制は採用されないのが一般的です。

❷ ✗ 　稟議制のうち、比較的軽易な決定をする際に採用される「順次回覧決裁型」では、関係者間で十分な意見調整は行われておらず、また決定を急ぐ場合には不向きであるとされます。

❸ ✗ 　稟議制は、文書を回覧して印判（ハンコ）を押すことで意思決定に参画する方式ですが、起案者から最終決定権者まで多くの者が関与して順次印判を押していくため、**各個人の責任の所在が不明確になりやすい**とされています。

❹ ✗ 　稟議制は、決定権者がリーダーシップを発揮しにくい意思決定方式とされます。稟議制は、下位者である起案者から最終決定権者まで印判を順次押していく積み上げ方式であることから、最終決定権者に稟議書が回ってきた段階には最終決定権者以外の者すべての承認が得られていることになります。そのため、最終段階で最終決定権者の一存だけで判断をひっくり返すことは難しくなります。

❺ ◯ 　稟議制は、下位の起案者から順次上位の職員に回覧して印判を求める方式のため、常に組織内部での上下関係を再確認させる効果があるとされています。

次の文は、我が国の意思決定方式に関する記述であるが、文中の空所A〜Dに該当する語又は語句の組合せとして、妥当なのはどれか。

区Ⅰ 2016

　井上誠一は、日本の中央省庁で使用されている意思決定方式について整理し、稟議書型と非稟議書型に区別し、稟議書型はさらに　　A　　と　　B　　に分けられるとした。　　A　　の具体例については、法規裁量型行政処分の決定があり、　　B　　の具体例については、　　C　　の決定がある。また、　　D　　の決定は非稟議書型に属するとされる。

	A	B	C	D
❶	順次回覧決裁型	持ち回り決裁型	法令案・要綱	予算の概算要求
❷	順次回覧決裁型	持ち回り決裁型	会議への出欠席	予算の概算要求
❸	順次回覧決裁型	持ち回り決裁型	予算の概算要求	法令案・要綱
❹	持ち回り決裁型	順次回覧決裁型	法令案・要綱	会議への出欠席
❺	持ち回り決裁型	順次回覧決裁型	予算の概算要求	法令案・要綱

【解答・解説】 正解 ❶

　この問題は、**C**から見ていきましょう。語句のうち「会議への出欠席」と「予算の概算要求」はいずれも非稟議書型の具体例ですので、**C**は「法令案・要綱」となります。すると、これが具体例ということで**B**は「持ち回り決裁型」、そこで自動的に**A**は「順次回覧決裁型」、この三つの組合せは❶しかありませんので、**D**は「予算の概算要求」となります。

A　「順次回覧決裁型」が該当します。**A**の具体例が「法規裁量型行政処分」とあることから判別できます。法規裁量とは、覊束_{きそく}裁量とも呼ばれるもので、判断の基準が法律による厳格な拘束を受けていて、行政機関に裁量の余地がないものをいいます。法規裁量型行政処分は日常的なルーティンワークとして処理される軽易な案件になることから、辻清明のいう稟議制に近い順次回覧決裁型が採用されています。

B　**A**が「順次回覧決裁型」なので、自動的に「持ち回り決裁型」が該当することになります。持ち回り決裁型とは、重要な政策的事案に関する決定に際して垂直的・水平的な意見調整をあらかじめ行い、合意を得ておく方法です。また、持ち回り型の意見調整は会議形式を基本とし、この会議での決定が実質的な意思決定となるため、文書が起案され回覧する段階は形式的なものとなります。

C　「法令案・要綱」が該当します。つまり、順次回覧決裁型よりも持ち回り決裁型のほうが重要案件ということになります。持ち回り型の具体例としては他に、行政裁量の余地が大きい便宜裁量型行政処分の決定が挙げられます。

D　「予算の概算要求」が該当します。「予算の概算要求」と「会議への出欠席」はともに非稟議書型に該当しますが、**A**により❶〜❸に絞られるため、予算の概算要求が妥当となります。

我が国の内閣制度に関する記述として、妥当なのはどれか。

★★

区Ⅰ 2020

❶　内閣総理大臣は、日本国憲法の下では、国務大臣単独輔弼制によりその地位が「同輩中の首席」とされており、各大臣の任免権を持たない。

❷　内閣官房長官は、閣議を主宰し、内閣の重要政策に関する基本的な方針その他の案件を発議するが、国務大臣をもって充てることを要しない。

❸　内閣官房は、閣議事項の整理や行政各部の施策の統一を図るために必要な総合調整等を行い、ここに経済財政諮問会議等の重要政策会議が設置されている。

❹　内閣府には、内閣総理大臣を直接的に補佐するための「知恵の場」としての役割があり、内閣法により新設された組織である。

❺　内閣法制局には、閣議に付される法律案、政令案及び条約案を審査し、これに意見を付し、及び所要の修正を加えて、内閣に上申する事務がある。

【解答・解説】

　特別区としては難易度の高い問題ですが、いずれも国家一般職では出題されている論点です。

❶ ✕　　これは、大日本帝国憲法（明治憲法）下における内閣制度に関する記述です。日本国憲法では、内閣総理大臣は各大臣の任免権を持ちます（憲法68条）。

❷ ✕　　「閣議を主宰し、内閣の重要政策に関する基本的な方針その他の案件を発議する」のは、内閣官房長官ではなく内閣総理大臣です。また、「内閣官房長官は、国務大臣をもつて充てる」と内閣法で規定されています（内閣法13条2項）。

❸ ✕　　経済財政諮問会議等の重要政策に関する会議は、内閣官房ではなく内閣府に設置されています。

❹ ✕　　内閣府は、内閣法ではなく内閣府設置法により2001年に新設された組織です。また、内閣総理大臣を「直接的に」補佐するのは**内閣官房**の役割とされており、内閣府は**内閣官房の総合戦略機能を助ける**「知恵の場」とされます。

❺ ◯　　内閣法制局は、法制的な面から内閣を直接補佐する機関として置かれており、閣議に付される法律案・政令案・条約案の審査や法令の解釈などの任務に当たっています。

問題7 我が国の内閣に関する次の記述のうち、妥当なのはどれか。

★★★

国般2003

❶ 各省の行政事務を主任の大臣が分担管理するという、明治憲法下の大臣単独輔弼制を引き継いだ「分担管理の原則」は、平成13年（2001年）1月の中央省庁再編の際、各省にまたがる事項を総合調整する役割を担う特命担当大臣が複数任命されたことで撤廃された。

❷ 内閣は内閣総理大臣が主宰する閣議によってその職権を行う「合議制の原則」が採られている。主宰者である内閣総理大臣は重要政策に関する基本的方針を発議できるが、各大臣は主任の大臣としての所掌事務に関する案件以外は閣僚懇談会でのみ発議が許される。

❸ 内閣総理大臣が行政各部に対して指揮監督する場合、閣議による決定方針に基づく必要があり、また、内閣総理大臣が各大臣を罷免する場合も閣議による承認を必要とするなど、「合議制の原則」を貫徹することで内閣総理大臣への過度の権力集中や独裁化を未然に防ぐ制度設計となっている。

❹ 内閣官房は、内閣の補助機関としての性格を有するとともに、内閣総理大臣の活動を直接補佐・支援する役割も有しており、企画立案、危機管理、広報などの機能を担う。平成13年（2001年）1月の中央省庁再編に合わせて、内閣総理大臣補佐官の増員など内閣総理大臣の直接のスタッフ体制の充実強化が図られた。

❺ 平成13年（2001年）1月の中央省庁再編によって新設された内閣府は、内閣官房が総合戦略機能を担うのに対して、内閣総理大臣が主任の大臣として担当するにふさわしい国政上重要な実施機能を専ら担う外局から構成される機関であり、公正取引委員会、公害等調整委員会、消防庁などから構成されている。

【解答・解説】

　かなり細かい内容もありますが、国家一般職ではこのレベルまで覚えておく必要があります。

❶ ✕　「分担管理の原則」は、2001年の中央省庁等改革でも撤廃されていません。この原則は、内閣法3条1項（国家行政組織法5条1項も同様）に定められた「各大臣は、別に法律の定めるところにより、主任の大臣として、行政事務を分担管理する」というもので、縦割りの弊害や首相のリーダーシップが発揮できないなどの問題が指摘されています。

❷ ✕　各大臣は内閣の構成員としての「国務大臣」であるので、「案件の如何を問わず、内閣総理大臣に提出して、閣議を求めることができる」とされています（内閣法4条3項）。したがって、各大臣は、主任の大臣としての所掌事務に関する案件以外でも、閣議で発議・発言できます。

❸ ✕　内閣総理大臣が各大臣を罷免する場合は、閣議による承認は必要ありません。内閣総理大臣の国務大臣**任免権**は、内閣総理大臣の専権事項です（憲法68条）。

❹ ◯　2001年の改革では内閣機能の強化の一つとして、内閣総理大臣補佐官の定数上限引上げ（3人以内から5人以内へ）の他に、内閣官房副長官補（3人）、内閣広報官（1人）、内閣情報官（1人）なども特別職として設置されました。なお、内閣総理大臣補佐官自体は1996年に設置されています。

❺ ✕　公害等調整委員会と消防庁は、**総務省**の外局です。また、内閣府は、内閣の統轄のもとにある実施機関としての性格とともに、内閣や内閣官房の事務を助ける内閣補助部局としての性格も有しています。

　　我が国の国家行政組織に関する次の記述のうち、妥当なのはどれか。

★ ★ ★

国般 2007

❶ 　行政委員会は、フランス、ドイツなど高度に行政官僚制が発達した国でしばしば見られる合議制機関であり、我が国でも、公正取引委員会や公害等調整委員会など広範に設置されているが、三権分立を厳格に維持する必要から、準立法、準司法的権限は与えられていない。

❷ 　第二次臨時行政調査会の基本答申は、行政機関の内部組織（局・課）の編成に関しては法律によることを義務付けるべきとした一方、これ以外の組織・機構については政令による設置を認めた。これを受けて、施設等機関及び特別の機関の設置については政令に委ねられることとなった。

❸ 　昭和35（1960）年の自治省新設以降の我が国の省庁制は、平成13（2001）年の中央省庁再編に象徴されるように極めて流動的であり、基幹的な行政機関である府・省の統廃合や新設がたびたび行われてきた。その結果、ほぼ内閣ごとに法定の国務大臣数を改正する必要が生じるなど、内閣の構成も不安定であった。

❹ 　国家行政組織法に規定する「審議会等」は、学識経験者等で構成される合議制の機関であり、法律又は政令の定めるところにより設置される。審議会等の数は平成13（2001）年の中央省庁再編の前には200以上あったが、再編の際に100以下に整理統合された。

❺ 　内閣総理大臣補佐官は、当初は首相の私的な補佐役としての位置付けであったが、内閣機能の強化を目的として、平成8（1996）年の内閣法の一部改正により法制化され、内閣官房に設置された。定数は平成13（2001）年以降5名以内とされ、経済財政と教育の二分野については、設置が義務付けられている。

【解答・解説】

正解 ❹

かなり細かい内容もありますが、国家一般職ではこのレベルまで覚えておく必要があります。

❶ ✕ 　行政委員会には、具体的な職権行使について独立性が認められており、規則を制定する**準立法的権限**や裁決等を行う**準司法的権限**を有するものもあります。また、行政外部の人材の力を行政活動に採り入れていく行政委員会は、**行政官僚制が弱いアメリカ**で発達した組織です。行政官僚制が発達しているのであれば、わざわざ外部の人材の力を借りる必要はありません。

❷ ✕ 　第二次臨時行政調査会の基本答申（1982）では、行政需要の変化に即した行政組織の機動的、弾力的、効率的編成・運営を図るため、行政機関の**内部組織の編成に関しても政令事項とする**ように提言しています。そしてその答申を受け、1983年の国家行政組織法改正により、それまで法律事項だった**内部組織の編成は政令事項に改められました**。また、同改正により、法律に基づいて設置される「特別の機関」という種別が新たに設けられました。よって、特別の機関の設置を政令に委ねるとしている点も誤りです。

❸ ✕ 　府・省の統廃合や新設はたびたび行われるようなものではなく、特別な事態です。また、内閣を構成する内閣総理大臣以外の国務大臣の定数は内閣法により定められており、内閣ごとに改正するようなことはありません。

❹ ◯ 　1997年7月に成立した中央省庁等改革関連法により、211存在した審議会が2001年から大幅に削減されました。

❺ ✕ 　2007年の出題時点では、設置が義務づけられている補佐官はいませんでした。2014年より国家安全保障担当の設置が法律上義務づけられていますが、経済財政と教育ではありません。

我が国の行政組織に関する次の記述のうち、妥当なのはどれか。

★★★

国般 2005

❶ 昭和59年（1984年）の国家行政組織法の改正によって、それまで法律事項であった行政組織の編制は、すべて政令事項へと改められた。これにより、省庁の統合や新設にも国会の承認が不要となったため、弾力的に省庁の再編を行うことが可能となった。

❷ 平成13年（2001年）の中央省庁再編以降、政治主導の確立という観点から、国の行政組織において政治任用の対象となる特別職が事務次官、官房長、局長などにも拡大された。これにより、事務次官等の幹部職員に与党議員や民間人が登用される例が増えている。

❸ 国の行政組織にはセクショナリズムがみられ、強力な調整メカニズムを欠いているという指摘があったことから、平成13年（2001年）の中央省庁再編にあわせて、複数の省にまたがる政策課題について総合調整を行い必要に応じて勧告を行う権限が総務省に与えられた。

❹ 我が国の行政組織で組織の長が指導力を発揮できないのは、これを補佐するスタッフが存在しないことによるという指摘があった。平成13年（2001年）の中央省庁再編の際には、内閣総理大臣の補佐体制の整備として、内閣総理大臣補佐官の定数の上限の引上げなどが行われた。

❺ 国の行政組織においては、課や係の単位ではなく個々の職員単位に所掌事務が定められ、個々人の責任範囲が明確であるのに対して、地方自治体の行政組織では、課や係の単位に所掌事務が定められ、課員、係員が連帯して責任を負う体制になっているところが多い。

【解答・解説】

正解 ❹

　かなり細かい内容もありますが、国家一般職ではこのレベルまで覚えておく必要があります。

❶ ✕　　省庁の統合や新設は、現在でも法律事項です。1983（昭和58）年制定、1984（昭和59）年施行の改正国家行政組織法によって、従来法律事項とされていた**官房・局・部等の内部部局の設置および所掌事務の範囲**については政令事項となりました（国家行政組織法7条5項）。なお、同時に審議会等も政令で設置できることとなっています。

❷ ✕　　現在でも、事務次官・官房長・局長などの幹部職員は政治任用の対象となる特別職の公務員ではなく、一般職の公務員です。一般職の公務員でも、文化庁長官やスポーツ庁長官のように民間人が充てられることはありますが、あくまで例外的な事例です。

❸ ✕　　2001（平成13）年の中央省庁再編に合わせて、省庁間の総合調整機能は、総務省ではなく、新しく設置された内閣府に与えられました。

❹ ◯　　内閣総理大臣補佐官自体は1996年に設置されており、当初は「3名以内」とされていましたが、2001（平成13）年の中央省庁再編の際に、定数の上限が「5名以内」に引き上げられました。どのような政策を担当させるかは内閣の任意ですが、国家安全保障担当の補佐官だけは必置となっています。

❺ ✕　　国の行政組織も、地方自治体の行政組織と同様に「大部屋主義」です。行政組織法上、国の行政組織の所掌範囲は基礎単位組織ごとに定められることとなっており、個々の職員の事務の分掌は明確ではなく、欧米のような職位（個人）単位での分掌（個室主義）にはなっていません。

国般2012

❶ 日本国憲法は「行政権は内閣に属する」と定め、全ての行政機関、すなわち立法府と司法府に属しない政府機関を内閣の所管の下に置いている。ただし、その例外的な扱いを受ける機関として国家公安委員会、検察庁、公正取引委員会があり、これらは政治的中立性が強く求められる組織であるとして、特定の政党によって構成され、党派性を帯びることになる内閣には属しないこととされている。

❷ 一般に、内閣は「合議制の原則」「分担管理の原則」「首相指導の原則」という相互に矛盾する可能性のある三原則の均衡関係の下に運営されているが、近年、我が国では首相指導の原則を強化する方向での制度改革が進められている。すなわち、閣議における首相の発議権を明確にしたこと、首相に国務大臣の罷免権を付与したこと、閣議は全会一致ではなく多数決によることを内閣法に明記したことなどである。

❸ 戦前の省庁の組織編制は、基本的には内閣・各省庁の裁量に委ねられていたが、現在の国家行政組織法は、省庁の新設改廃のみならず、省庁の内部部局の局および部の新設改廃も法律で定めるものとしている。省庁の組織編制を法律事項としていることについては、各省庁が弾力的に組織を改編することを困難にしているとの弊害が指摘される一方で、行政機関の膨張抑制に寄与しているという効用も指摘されている。

❹ 外局には独任制の組織である「庁」と合議制の組織である「委員会」があり、いずれも府省の下に設置されるものの、高度の独立性を認められた機関である。例えば、庁の長たる長官、および委員会の長たる委員長は、府省の大臣の指揮監督を受けないものとされ、外局職員の任命権者は長官や委員長である。さらに、その独立性を担保するため、長官や委員長には外部の有識者を充てるのが通例となっている。

❺ 平成13年の省庁再編にともない、内閣機能を強化する一環として、従来の総理府に代えて内閣府が新設された。総理府は各省と同列に位置する行政機関であり、各省の権限に優越するような強力な調整権限を持っていたわけではなかったが、内閣府は、国家行政組織法の適用の対象外と位置づけられ、行政を分担管理する各省よりも一段高い立場から企画立案及び総合調整を行えることとなった。

【解答・解説】

正解 ❺

　かなり細かい内容もありますが、国家一般職ではこのレベルまで覚えておく必要があります。

❶ ✕　　行政委員会である国家公安委員会と公正取引委員会は内閣から一定程度の独立性を有していますが、いずれも内閣府の外局であり、内閣総理大臣の所轄下に置かれています。また、検察庁は法務省の特別の機関として設置されているため、法務大臣は検察官を一般に指揮監督することができます（個々の事件の取調べ・処分については、検事総長を通じてのみ指揮を行います）。

❷ ✕　　首相による国務大臣の罷免権は、1947年に施行された日本国憲法ですでに規定されており、近年の改革で新たに付与されたものではありません。また、「閣議は全会一致ではなく多数決によることを内閣法に明記した」も誤りです。閣議決定について**内閣法には明記されていませんが、慣例により全会一致が原則とされています**。

❸ ✕　　戦前の省庁の組織編制は内閣・各省庁の裁量に委ねられていましたが、現在では1983（昭和58）年の国家行政組織法の改正により、従来「法律事項」とされていた官房・局・部等の内部部局の設置が「政令事項」となっています。

❹ ✕　　委員会は高度の独立性を認められていますが、庁の長たる長官は担当府省の大臣の指揮監督を受け、長官が大臣の意向とは関係なく権限を行使することは認められていないなど、府省の制限のもとに置かれています。また、委員長には外部の有識者を充てるのが通例ですが、長官は通常の官僚ポストであり外部の有識者を充てるのは例外的です。

❺ ◯　　内閣府は、他の省庁とは異なり「内閣に置かれる機関」として位置づけられているため、国家行政組織法の適用の対象外となっています。これは「内閣の統轄下」にある各省庁よりも、内閣府が一段高い位置づけを与えられている表れであるとされています。

我が国の意思決定システムに関する次の記述のうち、妥当なのはどれか。

国般2018

❶ 行政機関による決定が、どのような基準や手続で行われているのかを、決定の相手方（国民や企業等）が知ることができるようにするため、平成5（1993）年に行政手続法が制定され、各府省は、法律や予算の立案過程を府省のウェブサイトで公表することが義務付けられた。

❷ 憲法との整合性が求められる法律案については、内閣法制局がその内容や形式を審査し、一方で、憲法との整合性が問題とならない法律案については、内閣法制局ではなく、各府省の文書審査の担当課が審査し、迅速に閣議決定と国会への法案提出が行われる仕組みとなっている。

❸ 稟議制は、行政組織の末端の者によって起案された稟議書を順次上位者に回覧し、承認を求め、最終的に決裁者に至る方式であり、辻清明は、その効用を、議案の決定過程に関係する全ての組織成員が参加できるため、決定後に関係者からの異議が生じるのを未然に防ぐことにあるとした。

❹ 政府委員制度は、国会審議において、国務大臣を補佐するために内閣が政府委員を任命する制度であったが、平成11（1999）年に制定された「国会審議の活性化及び政治主導の政策決定システムの確立に関する法律」によって廃止され、中央省庁等再編以降、国務大臣、副大臣、大臣政務官、政務次官以外の者は国会答弁をすることができなくなった。

❺ 審議会は、国会の本会議や委員会の審議に対する専門知識の提供や政策に関わる利害の調整を目的として、国会法に基づいて設置され、有識者等で構成される合議制の諮問機関であり、国会の補助機関として国会の審議や議決を支援している。

【解答・解説】

正解 ❸

❶と❹は発展的な内容ですが常識を働かせれば誤りだろうと推測できますし、正解肢が明確なので解答できるでしょう。

❶ ✕ 　法律や予算の立案過程をウェブサイトで公表する義務はありません。法律や予算の立案過程ではさまざまな利害関係者との細かい調整が必要ですので、それを逐一公開するのは現実的ではありません。

❷ ✕ 　内閣法制局は、内閣提出法案**全般**について審査する機関であり、法の形式面・内容面についてその整合性や解釈等の点から助言を与えます。その過程では、憲法との整合性のみならず、既存の法との整合性等も審査の対象となります。

❸ ○ 　辻が示した稟議制の簡潔な説明となっています。

❹ ✕ 　現在でも、政府参考人制度を用いて、大臣が答弁するにふさわしくない行政運営の細目や技術的説明などについて、国務大臣、副大臣、大臣政務官、政務次官以外の者が**答弁することはできます**。

❺ ✕ 　審議会は、国会法ではなく**国家行政組織法**8条に基づいて個別の法令により内閣や各省庁に設置される合議制の機関です。大臣などの諮問に答申する諮問機関という性格を持ちますが、原則としてその答申に法的拘束力がない点も特徴の一つです。

第2章　行政組織の設計

2 公務員制度

学習のポイント

・ 公務員制度については時事的な出題も多いのですが、出題の中心はあくまで
基本事項です。
・ 日本の歴史、定員数の変化、人事院の役割といった点を中心に学習しておき
ましょう。

1 閉鎖型任用と開放型任用

第1章で学習したとおり、官職の任用制は猟官制、情実任用制から資格任用制（メリット・システム）に移行してきました。この資格任用制では、どういった要素を資格として認めて任用するかが問題となります。

(1) 閉鎖型任用

日本の公務員制度は終身雇用・年功序列を前提としており、組織への加入は原則として新規採用に限定され、新卒者を主な対象とした試験が実施されます。また公務員に求められるのは、**ゼネラリストとしての広範囲にわたる知識や能力**です。

そのため、実務上の能力は、組織内における職業訓練（OJT：On the Job Training）を通じて積み重ねられ、人事異動を繰り返しながらキャリアを形成していきます。このように、**新規採用を新卒者に限定し、組織内で任用を重ねていく制度**を閉鎖型任用（クローズド・キャリア・システム）と呼びます。

(2) 開放型任用

アメリカの公務員制度は、欠員の発生した職位をその都度補充する仕組みです。原則として、そのポストにふさわしい即戦力が求められ、職務遂行能力を見極めるための試験が行われます。このため、類似する職務については、**民間企業と公務との間での転職も行われ、人材の流動性が高い**です。このような制度を開放型任用（オープン・キャリア・システム）と呼びます。

公務については**職位ごとに職務が細かく定められており、その職位に就任する職員の資格要件も細かく定められています**。これを職階制といいます。このように組織は職務や職責の体系であるとの認識のもと、行政任務の遂行に必要な仕事をその種類や能力によって分類しています。

	開放型任用	閉鎖型任用
理念	組織とは職務・職責の体系であり、組織の職位には、職位に割り当てられた職務・職責を遂行する資格・能力を有する者を任用する（**職階制**）。	課などの単位で職務を大まかに割り振り、職務を所属職員が協力して実施する（組織に配属されて初めて具体的な仕事の内容が決定する）
求められる人材	**スペシャリスト**	**ゼネラリスト**
採用	中途採用が例外ではない	新卒採用・終身雇用が基本
研修	職務に必要な知識の補習を重視	潜在能力を開発することを重視
官民移動	日常的	例外
事例	アメリカ	日本・ヨーロッパ

確認してみよう

① 　開放型任用制の下では、転職による中途採用も多い。そのため、個々の職位の職務・職責をこなすのに必要な事務処理能力は執務の中で訓練され習得されるべきものと考えられており、閉鎖型任用制に比べて職場における研修が重視される傾向が強い。国般2000

1 (1)、(2) 参照 ✕

　個々の職位をこなすのに必要な能力が執務の中で訓練され習得される（OJT）のは、閉鎖型任用制の特徴です。

2 戦前日本の官吏制

(1) 官吏の地位

　戦前の日本では、官公庁に勤める職員は、官吏（かんり）と非官吏とに大別されました。**官吏とは天皇によって任命される職員（天皇の官吏）**のことです。一方、**非官吏は天皇の任命権には属さない民法上の雇用関係**のため、行政権の執行が認められていませんでした。

官吏はまず高等官と判任官に分けられ、高等官はさらに親任官（大臣級）、勅任官（次官・局長級）、奏任官（課長級以下）に分けられました。これらはすべて天皇からの距離に応じて分類され、戦前の行政職員には、高等官・判任官・非官吏の**身分制（階級制）**が形成されていました。

◆戦前日本の官吏の身分制

官公庁に勤める者				任命	文官	武官
官吏	官吏	高等官（年俸）	勅任官 親任官	天皇が直接任命	大臣・大使等	大将
			勅任官	天皇が直接任命	次官・局長・知事等	中将・少将
			奏任官	総理大臣が上奏、天皇が任命	課長以下のキャリア	大佐～少尉
		判任官（月給）		大臣が上奏、天皇が任命	ノン・キャリア	下士官
	非官吏（日給）	雇員		法令上特段の規定なし	補助的業務	兵卒
		傭人			肉体労働	

補足

　表からわかるように、広義の勅任官は高等官のうち奏任官以外を指し、狭義の勅任官はさらに親任官を除いたものを指します。よって、高等官は親任官・勅任官・奏任官の3種類と捉えることも勅任官・奏任官の2種類と捉えることもあります。紛らわしいですが気をつけましょう。

⑵　試験制度

①　明治初期～中期

　日本は明治維新の直後から欧米諸国に倣い、近代国家として必要な人材の確保に努めました。しかし、実際は**維新の原動力となった薩長の藩閥勢力による情実任用**が行われました。

　1885年に内閣制度が発足すると、官吏の任用を原則試験によって行う旨が示されました。1887年には文官試験試補及見習規則により、「文官高等試験」の合格者の中から採用する仕組みとなり、**一応の試験任用制度が確立**します。しかし、**帝国大学出身者には事実上の無試験登用の特典**が与えられていました。

　その後、文官任用令（1893）によって、**奏任官**について**「文官任用高等試験」**（いわゆる**高文**）に**合格した者から採用**するという原則が確立し、**帝国大学出身者に対**

する無試験登用の特典は**廃止**されました（一部、一般教養の予備試験の免除等の特典はあった）。ただ、依然として勅任官の任用については定めがなく、自由任用が行われました。

② 山県有朋内閣による文官任用令改正

1898年に誕生した我が国最初の政党内閣である**第1次大隈内閣**（いわゆる**隈板内閣**）は、勅任官に政党員を多数任用しました。このため政党員の間で猟官熱が高まりました。

続く**第2次山県有朋内閣**は、こうした政党員の猟官運動を抑えるため、1899年に文官任用令を改正し、**勅任官の自由任用を廃止し、原則、勅任官の任用を一定の有資格者に限定**しました（**奏任官の資格のない者は直ちに勅任官に任用できない**等）。このようにして、次官級までは試験登用を経た職員によって構成されるという**閉鎖型任用制が確立**しました（ただし、山県内閣による文官任用令改正後も、内閣書記官長のような内閣と命運をともにする一部の官職については自由任用が認められていました）。

③ 自由任用の拡大

その後、大正期に入り政党勢力が伸長してくると、自由任用の範囲も拡大されます。他方で官僚勢力が勢いを増すと自由任用の範囲が狭められました。このように**大正～昭和初期は政党と官僚の力関係によって自由任用の範囲が一進一退しました**。

補足

文官試験試補及見習規則導入の前年、1886年に帝国大学が設立されました。当初は無試験登用の特典があったことからもわかるように、官吏の主な供給源として設置されていました。このように、官吏養成機関をまず設置し、その後で採用試験制度を整備する方式は18世紀のプロイセンと同じスタイルで、試験制度が法律偏重という点も含めて、日本の官吏制度はドイツをモデルとしていました。無試験登用の廃止後は私学出身者と平等になりましたが、試験委員はほとんど帝国大学教授で大学の講義に即した出題であったため、採用者もまた帝国大学法科出身者に偏重していました。

◆戦前官吏制度の歴史

明治初期	主要行政部・陸軍・海軍は、薩摩・長州中心の藩閥的な情実人事
1887年 (明治20年)	**文官試験試補及見習規則：資格任用制を導入** [特徴] ドイツを範として官吏制度を設計 [問題点] 帝国大学出身者は無試験任用、勅任官の規定なし
1893年 (明治26年)	**文官任用令：無試験任用の特例を撤廃**し、高等文官試験、普通文官試験を実施 [問題点] 勅任官に関する規定なし
1899年 (明治32年)	文官任用令改正 [背景] **大隈内閣**は、勅任官に政党員を多く採用、官僚の不評を買った [改革] **山県内閣**は、勅任官への登用を奏任官のみに限定 (閉鎖型任用制の確立)
大正期	大正デモクラシーにより政党勢力の力が増すと、政党と官僚の力関係によって、試験登用と政治任用の範囲が一進一退した

確認してみよう

(1) 　戦前において、行政職員には官吏、雇員、傭人という身分的な区別があり、いずれの任用権も天皇の大権に属していた。区Ⅰ2004

2 (1) 参照 ✕

天皇の任用権に属するのは官吏のみです。

(2) 　日本においては、既に明治中期より文官試験が開始され、公務員の資格任用制の導入は比較的早かった。しかし、帝国大学卒業者の無試験任用が長く続き、試験による採用が全面的に制度化されたのは第二次世界大戦後のことである。国般1998

2 (2) ② 参照 ✕

明治中期には公開競争試験が導入されており、当初帝国大学卒業者は無試験登用でしたが、こうした特権もすぐになくなりました。

3 戦後日本の公務員制

(1) 戦後改革

　戦前の官吏制は、GHQの改革によって大きく改められました。主要な改正点は以下のとおりです。

① 全体の奉仕者としての公務員

　まず、戦前の官吏は「天皇の官吏」として特権的な地位を占めていましたが、日本国憲法において国民主権が規定されたことにより、**公務員の任免は「国民固有の権利」**であり、公務員は「**全体の奉仕者**」とされました（憲法15条）。

② 一元化

　次に、戦前の差別的な身分制度を改め、**官吏・非官吏ともに公務員制度に一元化**し、待遇上の差異も縮小しました。

③ 人事院の創設

　戦前は、資格任用制度は確立していたものの、採用、分限、給与などの人事管理が個別化していたため、新たに**中央人事行政機関として人事院が創設**されました（1948）。

(2) 国家公務員法の制定

① 概　要

　日本国憲法の制定に伴い、**従来の官吏制に代わる新しい公務員制度の根本基準**を定めた国家公務員法が1947年に制定されました。

② 職階制の導入と挫折

　国家公務員法では、アメリカの科学的人事行政の理念が導入され、**職階制が規定されます**。これに合わせて**職階法**（国家公務員の職階制に関する法律）**も制定**されました。職階制は一時的に実施されましたが、**日本の職務慣行に合わず、規定自体は残りつつも休眠化**しました。その後2007年の国家公務員法改正とともに職階法は廃止されました。

◆国家公務員法の制定と改正

1946年	・H.フーバー率いる**フーバー人事行政顧問団**が来日し、各省の人事権も掌握した強力な人事行政機関の設置等を含む報告書を提示し、次の**片山内閣に国家公務員法の要綱を示した** ・当時の吉田政権は公務員らのゼネストの問題に直面しており、フーバー案を受け入れる代わりに、フーバー案に**公務員のストライキ禁止**を盛り込ませた
1947年	・**片山哲内閣**のもとで国家公務員法が制定され、❶臨時人事委員会の設立（独立性・権能の弱い中央人事行政機関）、❷公務員の労働基本権保障（ストライキの禁止規定を盛り込まなかった）、❸**事務次官を政治任用の対象となる特別職**とした ・これは、フーバーが一時帰国した際に成立したもので、最初の国家公務法ではフーバー案は骨抜きにされた
1948年	・帰国後のフーバーは巻き返しを図り、マッカーサーの承認を取り付けたことでフーバー案が実現し、吉田茂内閣が国家公務員法を改正し、❶人事院の設立（独立性・権能の強い中央人事行政機関）、❷労働基本権の大幅制限（労働三法などの適用除外）、❸特別職の範囲縮小（**事務次官を政治任用の対象外の一般職に**）といった点が改められた

(3) 公務員の定員管理

① 総定員法

　1969年に制定された総定員法（行政機関の定員に関する法律）で、「**公務員総数**」**の最高限度が法定化され、国家公務員の総数に厳しい上限が課される**ようになりました。

　具体的には、総定員法によって、**非現業職員を中心とする各府省庁の常勤職員の総定員が定められ、各府省庁の定員は政令で、それ以下の組織は省令で規定**するようになりました。

② 定員削減計画

　総定員法の制定と同時に、**各府省庁に一定の定員削減を課す「定員削減計画」**が開始されました。この計画は、各府省庁から返上された定員枠を国（行政管理庁）がプールしておき、それを新規組織の定員に充てるというものです。

　このようにして、**総定員法と定員削減計画の組合せにより、公務員定数の純増が防止されました**。定員削減計画は、5年計画を基本としつつ、現在まで続いています。

③ 国家公務員の定員

　国家公務員の定員は1967年までは増加傾向でしたが、上記の総定員法および定員削減計画により抑制されるようになり、その後、80万人強程度の水準で推移し

てきました。しかし、平成に入り郵政民営化や独立行政法人化などの改革が行われる中で総定員数は大幅に減少し、2020年度末定員では、常勤職員で約33万人となっています。

(4) 公務員の種類

　公務員は国の公務に従事する国家公務員と地方の公務に従事する地方公務員に大別されます。また、国・地方ともに特別職と一般職に分類されています。

① 特別職

　特別職の国家公務員は国家公務員法2条に列挙されていますが、大まかに分類すれば、**政務を担当するもの**（内閣総理大臣、国務大臣等）、**人事制度の設計を立法部、司法部に委ねるもの**（裁判官および裁判所職員、国会議員等）、**職務の性質上、別個の身分取扱いの基準によるもの**（防衛省職員）などに分けられます。

② 一般職

　国家公務員法には、**一般職の国家公務員**についての身分保障や服務に関する規定などの諸規定が定められています。なお、非現業国家公務員、検察官、国営林野事業に従事する現業職員、特定独立行政法人の職員も一般職に含まれます。

◆公務員の種類

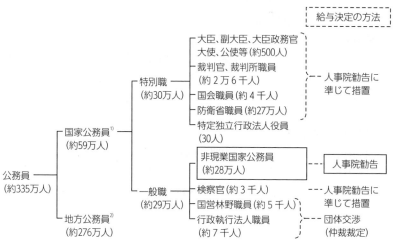

1) 国家公務員の数は令和2年度末予算定員による。
2) 地方公務員の数は「令和2年地方公共団体定員管理調査」による。

（出典）総務省資料より作成

⑸ 公務員の労働基本権と給与

① 概　要

　原則、公務員には労働三法は適用されず、**労働基本権は大きく制約されています。**そのため代償措置として、人事院の給与勧告制度があります。人事院は、公務員の給与等勤務条件の決定について法定すべき基本事項を国会および内閣に勧告しています。

◆公務員の労働基本権の制約

	争議権	団体交渉権	団体行動権
警察・消防・入管・監獄職員など	×	×	×
非現業職員	×	△	○
現業職員	×	○	○

△：交渉は可能だが、協約締結権は認められていない

② 給与勧告の手順

　人事院は毎年、国家公務員と民間企業の給与についての実態調査を行い、**官民の給与比較**を行っています。この給与実態調査に基づき、人事院は、公務員の俸給表が適当であるかどうか毎年少なくとも1回、国会および内閣に報告しなければなりません。つまり、公務員の給与は民間との較差を基準として決められ、その給与体系は**民間準拠**となっています。

　給与勧告の対象となるのは**一般職の非現業国家公務員**です。人事院は、官民格差の大きさなど社会一般の情勢に照らし、給与等の改定が必要だと判断すると、改定内容を示した給与勧告を国会および内閣に勧告します。

③ 給与勧告の取扱い

　人事院勧告の取扱いについては内閣の判断に委ねられています。ほとんどの場合、内閣は給与勧告の内容に従って給与法等の改正案を国会に提出します。ただし、政治・社会情勢などを考慮して、**人事院給与勧告を凍結する場合もあります。**

◆人事院による給与勧告

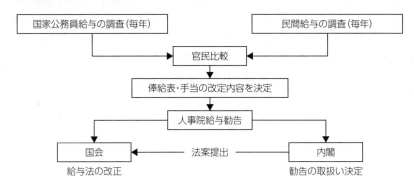

確認してみよう

①　公務員の任用については、閉鎖型任用制と開放型任用制が挙げられる。1920年代の米国で形成されてきた公務員制度は、資格任用制を基本にした閉鎖型任用制であったのに対し、第二次世界大戦後の我が国の公務員制度では、科学的人事行政論に基づく職階制が実施され、現在に至る開放型任用制が確立された。国般2018

1 (1)、(2)、3 (2) ② 参照 ✕

　まず、「米国は……閉鎖型任用制」という記述が誤りです。米国は科学的人事行政論に基づいた職階制を基本とする開放型任用制が採用されています。また、後段の記述も誤りです。戦後の日本では米国の影響で職階法が制定されたものの、日本の人事慣行に合わないことから実施されないままに2007年に廃止されており、現在でも閉鎖型任用制です。

②　明治期の後半には、公務員の任用に関し、公開試験制度の原則が確立されるとともに、人材を広く吸収することを目的として、内閣に統一的な人事行政機関が置かれた。区Ⅰ2004

3 (1) ③ 参照 ✕

　統一的な人事行政機関（人事院）が置かれたのは戦後のことです。

③ 　政治的中立性は、公務員制度の基本原理の一つであり、日本国憲法においても、全て公務員は全体の奉仕者であると定められている。政治的中立性を担保するためには、政治家が公務員をコントロールする民主的統制の強化が必要であり、我が国では、各府省の事務次官、局長など特に高い政治的中立性が求められる職には、資格任用ではなく、政治任用が行われている。国般2018

3 (1)、(2) 参照 ✕

「事務次官、局長……政治任用」という記述が誤りです。現在でも事務次官や局長などの幹部職員は資格任用制であり、国家公務員試験に合格した官僚の中から選任されています。

④ 　国及び地方公共団体の常勤の職員の定員は、いわゆる「総定員法」で機関別に定められている。この法律は、組織改正に伴う翌年度の定員の増減に合わせ、毎年度末に改正されている。国般1998

3 (3) ① 参照 ✕

総定員法は国家公務員の総数について定めた法律です。機関別の定員は政令によります。

⑤ 　我が国の公務員は、国家公務員と地方公務員に分類され、現在、両者の数は拮抗している。また、国家公務員は一般職と特別職に分類されるが、一般職国家公務員の数は、平成12（2000）年以降、国立大学法人化や郵政民営化等を経て、現在は平成12年の時の7割程度まで減っている。国般2018

3 (4) 参照 ✕

「両者の数は拮抗」という記述が誤りです。2020（令和2）年度定員で見ると、国家公務員は約59万人、地方公務員は約276万人です。

⑥ 　非現業の一般職の国家公務員は、争議権、団体交渉権及び団結権のすべてが否定されており、その代償措置として、人事院による勤務条件についての勧告制度がある。区Ⅰ2004

3 (5) ① 参照 ✕

非現業の一般職には、団体交渉権の一部と団結権が認められています。

⑦　　国家公務員の給与については、民間企業の給与水準との格差をなくすことを基本に、第三者機関である人事院が、給与の改定について内閣および国会に対し勧告を行う、給与勧告制度が採られている。これは、国家公務員の労働基本権が制約されていることの代わりに設けられている措置である。国般 2020

3 (5) 参照　◯

　人事院の給与勧告は、労働基本権制約の代償措置として、職員に対し、社会一般の情勢に適応した適正な給与を確保する機能を有するものです。

4 各国公務員制度

(1)　代表的官僚制

　近代的な公務員制度では、専門能力に基づいた資格任用制を基本としますが、多民族国家では、行政官僚制の職員構成に一般国民の人口構成を反映させることが望ましいとの観点から、民族、人種、性別などの**国民構成比に基づき採用人数を割り当てる**ことがあります。これを**代表的官僚制**と呼びます。

①　イギリスの例

　第二次世界大戦後のイギリスでは、公務員の出自は上・中流階級者に偏向していました。そのため、**J.D. キングスレー**は『代表的官僚制』(1944) の中で、人口比では多数派である労働者階級の利害を公務員制度に反映させるため、公務員における労働者の割合を増大すべきだと主張しました。

②　アメリカの例

　一方、アメリカでは1960年代の人種・民族問題の高まりを経て、**アファーマティブ・アクション**（積極的差別是正措置）が導入されました。その一つに人種や民族などの違いから**社会の少数派に属する人々を一定割合で採用することを義務づけるクォーター制度**があります。なお、アファーマティブ・アクションは1964年の公民権法（市民権法）の制定により導入された措置です。

(2)　アメリカの公務員制度

　アメリカではペンドルトン法の制定によって資格任用制（メリット・システム）

が導入され、その後確立されましたが、**今日でも政治的任用は行われています**。

現在のアメリカでは、政権与党が交代すると、新政権が行政統制の実効力を強めるため、各行政機関の幹部を中心に3,000人程度の大幅な人事の入れ替えが行われます。

⑶　イギリスの公務員制度

イギリスの内閣には、日本の大臣に相当する**閣内相**（約20名）と、日本の副大臣や政務官に相当する**閣外相**（約100名）が存在しており、与党の役員も内閣に大臣として加わっていて、**内閣と与党が一体化**しています。

しかしその分、アメリカのような**政権交代に伴う職業的行政官の入れ替えは行われず、官僚の政治的中立原則が徹底される**仕組みになっています。イギリスでは公務員の匿名性が政治的中立を確保するために重要な要素だと考えられているため、政権交代を前提として、政権交代後も引き続き適切に機能する公務員制度が確立しています。政党はマニフェストと呼ばれる公約を準備し、各省に配属される大臣、副大臣などがこの公約を具体化しますが、公務員はこれを専門知識や経験に基づき必要に応じて修正する役割を担っています。

⑷　フランスの公務員制度

フランスでは、19世紀のナポレオンの時代に近代的官僚制が確立し、エコール・ポリテクニックなどの官僚養成学校が設立されるようになりました。しかし、公務員制度全般を規定する統一的な法律は存在しませんでした。

第二次世界大戦後は統一的な公務員法が制定され、高級公務員については、**国立行政学院（ENA：エナ）、理工科大学校（エコール・ポリテクニック）**などのグランゼコール（高級官僚養成機関）を通じた公務員の採用システムが確立されました。フランスではこうした官僚養成機関の出身者が大統領府や大臣官房に政治任用され、後に政治家に転身するといった密接な政官関係が存在しています。

⑸　ドイツの公務員制度

ドイツでは、戦前の特権的な官僚制度が反省されて「市民としての官僚」という位置づけが強調されています。一方で、官僚は、**政党に所属することも許されており**、政党が、党所属の官僚を省の主要ポストに就けることもあります。

確認してみよう

① 　近代的な公務員任用制度は、専門能力に基づく資格任用制を基本とするが、多民族国家などでは行政官僚制の職員構成に全国民の人口構成を反映させる配慮も重視されることがある。このような考え方を代表的官僚制と呼ぶ。国般1998

4 (1) 参照 ○

　「代表的官僚制」という言葉は、第1章第4節で扱ったグールドナーの官僚制の類型にも出てきますが、全く意味が違うことに注意してください。

過去問にチャレンジ

我が国の公務員制度に関する記述として、妥当なのはどれか。

★

区Ⅰ 2010

❶ 大日本帝国憲法下の行政職員には、官吏・雇・傭人の種別があったが、その任用に当たっては、公開競争試験をすべて退け、閉鎖型任用制であるスポイルズ・システムをもっぱら採用した。

❷ 現在、我が国では、アメリカ型科学的人事管理を導入し、任用時に要求される資格や能力の要件を職級ごとに細かく規定しているため、採用もこれに対応できる即戦力を求めており、職員の専門分化が進んでいる。

❸ 現在、閉鎖型任用制を採る我が国では、職員の終身雇用を基本としているため、職員の新規採用は、その年度の職種ごとの欠員数を採用枠とし、主として学校卒業見込み者を対象に実施される。

❹ 敗戦後、GHQ占領下での改革により、中央人事機関として独立性と中立性の高い人事院が設置されたが、その後、占領政策の見直しで、人事院は民主的憲法に反するとの批判から、準立法権限を失った。

❺ 敗戦後、人事院は、全官庁の職務の分類を行い、その分類に対応する試験の実施と、これに基づく人の配置と給付の格付けがセットになった職階制を完全に実施した。

【解答・解説】

正解 ❸

> 日本の公務員制度に関わる基本的な論点を確認する問題です。

❶ ✕　「公開競争試験をすべて退け」という点が誤りです。公開競争試験が導入されていない官職も存在していましたが、官吏のうち、奏任官は高等文官試験、判任官は普通文官試験という公開競争試験によって選抜されていました。

❷ ✕　日本では、アメリカ型の開放型任用制は導入されていません。職階制は事実上用いられることはなく、現在でも閉鎖型任用制を基本としています。

❸ ◯　部分的に専門家や民間経験者の中途採用も行っているものの、全体から見ればあくまで例外にとどまります。

❹ ✕　「準立法権限を失った」という記述が誤りです。現在、人事院は人事院規則という規則制定権を有しており、これが準立法権に該当します。

❺ ✕　「職階制を完全に実施した」という記述が誤りです。旧国家公務員法には職階制に関する規定が存在し、それを実施するための職階法も制定されましたが、その運用は凍結され、完全実施はされませんでした。そして現在は、国家公務員法の職階制の規定は削除され、職階法は廃止されています。

我が国の公務員制度に関する記述として、妥当なのはどれか。

★

区 I 2013

❶ 人事院は、国会の両院の同意を得て内閣が任命する人事官をもって組織される機関であり、準立法権と準司法権をもつ。

❷ 人事院は、地方公務員と国家公務員の給与水準を比較検討して、給与の改定を内閣と国会に、毎年、少なくとも1回、勧告しなければならない。

❸ 我が国では、採用時に公開競争試験で潜在的能力を判断し、内部研修によりスペシャリストとする、終身雇用を保障した開放型任用制が採用されている。

❹ 職階制は、官職を職務の種類及び複雑と責任の程度に基づいて分類整理する制度であり、国家公務員については、第二次世界大戦後にこの制度が導入され、今日まで実施されている。

❺ フーバーを団長とする合衆国対日人事行政顧問団の報告書に基づき、国家公務員法は、独立性の強い人事院の設置、事務次官の政治任用、公務員の労働基本権の保障の拡大という形で改正された。

【解答・解説】

やや細かい内容もありますが、いずれも公務員制度に関する基本的な論点です。

❶ ○ 　人事院は、国家公務員法に基づいて内閣の所管のもとに設けられる中央人事行政機関です。人事院は3人の人事官によって構成される合議制の機関で、国家行政組織法は適用されず、一般の行政委員会よりも独立性の強い行政機関となっています。

❷ ✕ 　人事院は、民間給与実態調査を実施し、これに基づいて**民間企業従業員**と一般職の国家公務員の給与水準を比較検討して、双方の給与水準の格差をなくすため、公務員給与の改定を毎年少なくとも1回は内閣と国会に勧告することができます。

❸ ✕ 　日本の公務員制度では、職員の終身雇用制を保障した**閉鎖型任用制**が採用されています。また職員は、スペシャリストではなくゼネラリストとして育成されます。

❹ ✕ 　第二次世界大戦後に職階制の裏づけとなる法規定はできましたが、事実上凍結されていました。さらに2007年、国家公務員法の職階制に関する規定が削除され、「国家公務員の職階制に関する法律」も廃止されました。

❺ ✕ 　同報告書に基づき、国家公務員法は、❶独立性の強い人事院の設置、❷事務次官の職を一般職に改めて**政治任用の対象から除外**、❸一般職の職員を労働三法および最低賃金法などの適用対象から除外し、その**労働基本権を大幅に制限**、という形で改正されました。

公務員制度に関する記述として、妥当なのはどれか。

★★

❶ 近代公務員制度は、まずアメリカで創設され、トレヴェリアン報告書に基づく資格任用制度を導入したが、次いでイギリスにおいて、ペンドルトン法によって公開試験による公務員の任用が実施された。

❷ 明治憲法下の日本の官吏は、天皇の官吏であり、天皇が自ら任命する勅任官、総理大臣が天皇に上奏して任命する奏任官及び各省大臣が総理大臣を経て上奏し任命する判任官に区分された。

❸ フーバーを団長とする合衆国対日人事顧問団は、日本の公務員について調査分析をして、職員数が少なすぎる、規律が欠けている、給料が高すぎるなどの指摘をし、吉田内閣に国家公務員法の要綱を作成するよう要請した。

❹ 日本の国家公務員制度においては、官職を職務の種類及び複雑と責任の度に応じて分類整理した職階制が実施されてきた。

❺ 日本では、採用時に公開競争試験で潜在的能力を判断し、内部研修によりスペシャリストとする、終身雇用を保障した開放型任用制が採用されてきた。

【解答・解説】

正解 ❷

やや細かい内容もありますが、いずれも公務員制度に関する基本的な論点です。

❶ ✗　アメリカとイギリスが逆になっています。近代公務員制度は、まず**イギリス**で創設され、ノースコート＝トレヴェリアン報告書（1853）に基づく資格任用制度を導入し、次いで**アメリカ**において、ペンドルトン法（1883）によって公開試験による公務員の任用が実施されました。

❷ ○　戦前の行政職員には他にも、天皇の任命権には属さない雇員・傭人などの非官吏もいました。

❸ ✗　まず、国家公務員法の要綱を作成したのはフーバー合衆国対日人事顧問団自身で、それを吉田内閣ではなく片山内閣に示してその制定を要請しました。また、フーバー人事顧問団は、「職員数が多すぎる」、「給料が安すぎる」などと指摘しています。

❹ ✗　日本の公務員制度で職階制が実施されてきたとはいえません。フーバー顧問団は日本政府に職階制の導入を求めており、国家公務員法などには将来職階制を導入することを前提とした規定がありました。しかし、官僚の反対などによって職階制に関する法律は施行されず、2009年に職階法は正式に廃止されました。

❺ ✗　日本の公務員制度は、開放型任用制ではなく閉鎖型任用制に分類されます。また、スペシャリストよりむしろゼネラリストを内部研修で養成するのが、日本などで採用されている閉鎖型任用制の特徴です。

第2章　行政組織の設計

215

我が国又はアメリカの公務員制度に関する記述として、妥当なのはどれか。

区Ⅰ 2016

❶ 我が国では、フーバーを団長とする調査団が行った勧告に基づいて、1948年に内閣の所轄の下に置かれる合議制の機関である人事院が設置されたが、その機能の一つである人事院勧告制度は、労働基本権を制約された国家公務員の代償措置として位置づけられる。

❷ 我が国では、2008年に国家公務員制度改革基本法が制定され、官職を職務の種類、複雑さ及び責任の程度に応じ、分類整理した職階制の創設などが盛り込まれ、職階制が導入された。

❸ アメリカでは、ジャクソン大統領が、1883年にペンドルトン法を成立させ、官僚機構への民主的統制手段として、選挙に勝利し政権を握った政党が、公職者の任免を支配する猟官制が導入された。

❹ アメリカでは、ノースコート・トレヴェリアン報告を受け、猟官制の廃止、公開競争試験の採用、試験と採用を監督する中央機関の設立、成績に基づく昇進などの制度が導入された。

❺ アメリカでは、ギューリックが、公務員への採用について、採用者の構成は社会の構成を適正に反映したものでなければならないとする代表的官僚制の概念を提起し、社会の少数派に属する人種、民族の人々を割当比率まで採用し、現状の格差を是正するアファーマティブ・アクションが講じられている。

【解答・解説】

正解 **❶**

やや細かい内容もありますが、いずれも公務員制度に関する基本的な論点です。

❶ ○ 　国家公務員法では、一般職の職員らの争議権や団体交渉権を認めていないため、通常の労働者と異なり労使交渉ができません。何らかの代替措置がないと、例えば公務員の給与が物価水準に全く合わないなど、給与体系が不適正な状態に置かれてしまいます。そのために発案されたのが、人事院勧告制度です。

❷ ✕ 　「職階制が導入された」が誤りです。職階制は、組織のすべての遂行業務の分類体系を確立したうえで人事管理を行うもので、アメリカ型の公務員制度が典型です。日本の国家公務員法も職階制を定めていましたが、技術的困難から運用は長い間凍結され、制度としては導入されないまま2009年に廃止となりました。

❸ ✕ 　「ジャクソン大統領が……ペンドルトン法を成立させ」という記述が誤りです。ペンドルトン法が成立したのは1883年であり、ジャクソン大統領の在任期間（1829 ～ 37）の半世紀後です。そもそもペンドルトン法は資格任用制を導入したものであり、政治任用重視のジャクソン大統領の人事政策と明らかに食い違うことからも、間違いと判別できます。

❹ ✕ 　ノースコート゠トレヴェリアン報告が提出されたのは、アメリカではなくイギリスです。ただし、猟官制はアメリカ独自のものなので、「猟官制の廃止」はイギリスには妥当しません。

❺ ✕ 　「ギューリックが……代表的官僚制の概念を提起し」という記述が誤りです。代表的官僚制の概念を提起したのは、イギリスのJ.D.キングスレーです。なお、「アファーマティブ・アクション」はアメリカの呼び方で、イギリスでは「ポジティブ・アクション」と称されます。

人事院又は人事院勧告に関する記述として、妥当なのはどれか。

★★　　　　　　　　　　　　　　　　　　　　　　　　　　　　区Ⅰ 2007

❶　人事院は、内閣の所轄のもとに置かれているが、相当の独立性が与えられており、国家行政組織法は適用されない。

❷　人事院は、毎年度職種別に地方公務員の給与の実態を調査し、これを国家公務員の給与の現状と対比して人事院勧告を行う。

❸　人事院勧告は、毎年国会及び内閣に対して行われ、内閣は閣議決定の上、その勧告を完全実施しなければならないことが法定されている。

❹　人事院勧告制度は、国家公務員に労働基本権が一切認められていないため、その代償措置として設けられている。

❺　人事院勧告制度は、一般職の国家公務員だけではなく、現業の国家公務員及び公営企業の職員も対象としている。

【解答・解説】

全体的に細かい内容もありますが、正解肢が明確なので解答できるでしょう。

❶ ○　人事院は3名の人事官（うち1名が総裁）をもって組織される国の人事行政を司る合議制機関です（その下に官僚組織となる事務総局が設置されています）。形式的には内閣の所轄に置かれていますが、国家行政組織法の適用除外の機関（国家公務員法4条4項）であるため、権限は内閣から独立して行使されます。

❷ ✕　人事院勧告は、地方公務員ではなく民間企業の給与実態を調査し、これを国家公務員の給与の現状と対比して行われるものです。

❸ ✕　人事院勧告の受入れの是非については、給与関係閣僚会議（総務大臣、財務大臣、厚生労働大臣、内閣官房長官などが出席）によって決定されるのであり、自動的に勧告を完全実施することが義務づけられているわけではありません。過去に何度か受入れを見送ったこともあります。

❹ ✕　警察職員や消防職員、自衛隊職員には労働三権のすべてが認められていませんが、一般の行政職員には団結権が認められています。また、現業職員には団体交渉権も認められていて、争議権のみ認められていません。

❺ ✕　人事院勧告制度は、一般職の非現業職員に適用され、現業の国家公務員（国有林野）や特定独立行政法人職員（国家公務員の身分を持つ）には適用されません。

問題6 公務員制度に関する次の記述のうち、妥当なのはどれか。

★★
国般2016

❶ 米国のジェファーソン大統領は、有権者の意思を政策に反映するためには人事にもそれを反映することが真の民主主義であると考え、就任後政府高官を大規模に更迭し、自らの政治信条に沿った人々を新たに登用した。

❷ 米国では、猟官制の伝統が確立されていたが、1880年代に行政課題の複雑化と専門化に対応するため、資格任用制と政治的中立性を根幹とするペンドルトン法案が議会に提出されたものの、否決され、資格任用制の範囲の拡大は断念された。

❸ 公務員制度におけるアメリカン・デモクラシーは、米国のジャクソン大統領が、それまでの政府高官を大規模に更迭し、選挙活動への貢献の度合いで支援者の任用を行う政治任用を改め、メリット・システムを導入したジャクソニアン・デモクラシーにみられる。

❹ 英国では、政党内閣制の発達期に、1853年のノースコート・トレヴェリアン報告の勧告を受けて、政権交代時には政権の意図を明確に反映するために、政党色を人事に反映することが有効であるとして、内閣による民主的統制を重視する新しい公務員制度が確立された。

❺ 明治初期の我が国では、明治維新を遂行した藩閥勢力から官吏が登用されていたが、試験合格者から官吏を登用する仕組みが確立され、最初の政党内閣である隈板内閣も試験に基づく官吏制度が日本の民主主義を確立すると考えた。

【解答・解説】

かなり細かい内容もありますが、国家一般職ではこのレベルまで覚えておく必要があります。

❶ ○ 　当時の連邦政府はフェデラリスト（連邦派）が多数を占めていたため、アンチフェデラリスト（連邦政府の強大化に反対する立場）のT.ジェファーソン大統領は大規模な更迭を実施し、自らの政治信条に沿った人々を新たに登用しました。

❷ ✕ 　「否決され、資格任用制の範囲の拡大は断念」という記述が誤りです。ペンドルトン法は1883年に成立しており、資格任用制は実現しています。

❸ ✕ 　「メリット・システムを導入したジャクソニアン・デモクラシー」という記述が誤りです。A.ジャクソン大統領は急進的な民主主義の立場から、むしろ政治任用を大規模に展開しています。そもそも資格任用制（メリット・システム）を導入したペンドルトン法が成立したのは1883年であり、ジャクソン大統領の在任期間（1829～37）の半世紀後です。

❹ ✕ 　「ノースコート・トレヴェリアン報告の勧告を受けて……政党色を人事に反映」という記述が誤りです。政党色が露骨に反映された情実任用が行われていたことを批判して資格任用制の導入を勧告したのが、ノースコート＝トレヴェリアン報告です。

❺ ✕ 　「隈板内閣も試験に基づく官吏制度」という記述が誤りです。隈板内閣は与党憲政党の党員を大量に政治任用しています。これを危険視した山県有朋内閣が、政治任用の途を封じるために外部からの登用を原則禁じた閉鎖型任用制を確立したという経緯があります。

我が国の公務員制度に関する次の記述のうち、妥当なのはどれか。

❶ 明治20年代から資格任用制が確立されていたが、公開競争による採用試験制が導入されたのは、第二次世界大戦後、国家公務員法が制定されてからである。戦前は全国各地域の人口比に応じて帝国大学出身者に高等官の採用数が割り当てられていたが、採用試験が導入された結果、特定の大学出身者が採用される比率が高まった。

❷ 片山内閣はフーバー人事顧問団の原案を修正し、各省庁の局長級以上の官職を政治任用の対象とする国家公務員法を成立させた。以来、この政治任用制度は、自民党単独政権下では安定的に運用されたが、細川内閣以降の連立政権下では、省庁幹部の任用をめぐる連立与党内の対立のために国会で同意が得られない例がしばしば生じるようになった。

❸ 我が国の公務員制度は閉鎖型任用制に分類されるといわれる。一般的に、閉鎖型任用制は終身雇用と年功序列を基本としており、入口段階で同時期に採用された職員がジェネラリストとして養成され、退職までに多様な職務に従事することが想定されている。

❹ 人事院は、中央人事行政機関として広範な準立法権と準司法権を持ち、国会の両院の同意を経て内閣が任命する人事官3名によって組織される。会計検査院とともに内閣に対し独立の地位を有すると憲法に定められており、人事院には国家行政組織法は適用されない。

❺ 国家公務員には原則として労働三法は適用されず、その労働基本権は制限されている。一般の職員には、職員団体を組織する団結権や当局との団体協約締結権は認められているが、争議権は認められておらず、また、警察職員、海上保安庁職員、監獄職員には、団結権は認められているが、団体協約締結権や争議権は認められていない。

【解答・解説】 正解 ❸

かなり細かい内容もありますが、国家一般職ではこのレベルまで覚えておく必要があります。

❶ ✕ 日本では、明治20年代から資格任用制が導入され、公開競争試験による任用が行われていました。また、戦前に全国各地域の人口比に応じて帝国大学出身者に高等官の採用数が割り当てられていたという事実はありません。

❷ ✕ 片山内閣は、各省庁の**事務次官**を政治任用の対象になり得る特別職とする国家公務員法を1947年に成立させましたが、翌年この国家公務員法は吉田内閣によって改正され、事務次官は政治任用の対象とはならない一般職となり、今日に至っています。

❸ ◯ 日本およびヨーロッパ各国の公務員制度は、終身雇用と年功序列を基本とする「閉鎖型任用制」に分類されます。日本にも、専門的な知識や経験を持つ外部の人材を一定期間任期付きで一般職公務員として採用する「任期付き任用制度」がありますが、あくまで例外的な扱いです。

❹ ✕ 日本国憲法には、人事院が内閣に対し独立の地位を有するという規定はありません。会計検査院は憲法90条に明文の根拠を有していますが、人事院は国家公務員法に基づいて設置されているものです。

❺ ✕ 一般職の国家公務員は、団結権および団体交渉権の一部は認められていますが、当局との団体協約締結権は認められていません。また、警察職員、海上保安庁職員、監獄職員は、団結権も含めて労働三権すべてが認められていません。

第2章 行政組織の設計

223

各国の公務員制度と政治に関する次の記述のうち、妥当なのはどれか。

国般1998

❶ 日本の公務員制度は職員の終身雇用制を基本にしているため、職員の新規採用はほぼ入り口採用に限定され、個々の職位への任用は職員に対する人事異動の発令という形式で行われる。この制度は、第二次世界大戦後アメリカの制度を取り入れたものである。

❷ ドイツでは行政の政治的中立が求められており、個々の公務員が政党に所属することも禁じられているなど徹底したものとなっているため、政党が幹部職員の人事に影響を及ぼすことはない。

❸ アメリカの議会は、議員の政策立案を支えるためのスタッフ機構を充実させ、行政に頼らなくても政策立案や専門的な審議ができる体制を整えていったが、我が国では政権政党の政策能力の向上や、与党と行政との日常的な接触によって、政策立案や議会審議がなされてきたとされている。

❹ 議院内閣制を採るイギリスでは、行政府の官職に任命される下院の与党議員は、我が国同様、各省大臣及び各大臣を補佐する政務次官に限られ、政権構成員として行政府の官職に任命される与党議員の数は少ない。したがって、行政府の最高機関である内閣と与党の最高機関とは明確に区別される。

❺ 二大政党制が確立しているイギリスにあっては、同じく二大政党制のアメリカと同様、政権政党の交替に伴い、新政権による行政統制を実効あるものとするために、我が国の事務次官、局長に当たるような行政機関の重要な官職に就く者の大幅な入れ替えが行われる。

【解答・解説】

正解 ❸

かなり細かい内容もありますが、国家一般職ではこのレベルまで覚えておく必要があります。

❶ ✕ 日本では、第二次世界大戦前から「閉鎖型任用制」が採用されています。戦後、「職階制」を基礎にしたアメリカ型の「開放型任用制」の導入を試みましたが、日本の終身雇用を基本とする人事慣行とかけ離れていたので定着しませんでした。

❷ ✕ ドイツでは、政党が官僚の人事に大きな力を持っています。官僚は政治的中立が求められていますが、個々の官僚の政党所属は全く自由であるため、政党色の強い官僚が多いです。また、各省の大臣ポストを各政党が「指定席」として確保している関係で、党所属の官僚がそれぞれの省の主要ポストに就いています。

❸ ◯ 日本の中央省庁による立法作業の標準的な手続では、各省の主管課の起案した法案の原案は各省間の折衝を通過し、次いで与党の関係機関の了承を得て閣議に提出されます。そして閣議決定を経た後、内閣提出法案として国会に上程されると、議会における審議過程に送られ、与野党間の折衝となります。

❹ ✕ イギリスでは、20名ほどの閣内大臣のほかに、各省ごとに複数の長官、政務次官等（閣外大臣）が置かれ、これらの官職に与党議員が任命され、その総数は百数十名に達します。またイギリスでは、日本の与党の副総裁・党三役・国会対策委員長等に相当する人々まで、いわば無任所の政権構成員として行政府の官職に任命されているので、イギリスの内閣は「行政府の最高機関」であると同時に「与党の最高機関」でもあります。

❺ ✕ ❹で示したように、イギリスでは大量の政党政治家が行政府に乗り込んできますが、その反面で職業的行政官の人事は政治的登用の枠外に置かれています。各省の事務次官等はすべて職業的行政官が就任する官職であり、これらは内閣の交替ごとに大幅な入れ替えが行われるということはありません。アメリカとの違いを確認しておきましょう。

3 予算制度

学習のポイント

・ 予算制度は、国家一般職では比較的出題されますが、地方上級ではほとんど
出題されません。
・ 特別区では、予算編成手法や会計検査院に関する出題が中心となります。
・ 予算制度は財政学で詳しく扱う内容なので、併せて学習すると理解が深まり
ます。

1 予算の種類

　我が国の予算にはいくつかの分類軸があります。内容別の予算名称、時期別の予算名称をそれぞれ見ていきましょう。

(1) 予算の種類 (内容別)

　内容別の予算の種類は次のとおりです。

	概要	近年の状況・特徴
一般会計予算	・国の主要な収入・支出を管理する予算 ・通常「予算」という場合にはこれを指す	・歳出削減などにより、財政赤字（歳出－歳入）は縮小してきているが、依然として規模は大きい
特別会計予算	・特定の歳入を特定の歳出に充てるために設けられている予算	・2007年に「特別会計に関する法律」が制定され、特別会計の統廃合や剰余金の一般会計への繰入れなどの改革が行われた
政府関係機関予算	・特別の法律によって設立された全額政府出資の法人の予算	・政府関係機関の整理合理化が進んだため、2020年現在、沖縄振興開発金融公庫、日本政策金融公庫、国際協力銀行など

(2) 予算の種類 (時期別)

　時期別の予算の種類は次のとおりです。

	概要	近年の状況・特徴
当初予算 （本予算）	・新会計年度前までに国会の議決を経て成立した予算	・予算審議の遅れや野党の審議拒否などで期日前までに成立しないことがある
暫定予算	・当初予算が年度開始前までに成立しない場合に暫定的に組まれる予算 ・当初予算成立後は当初予算に組み込まれる	・明治憲法下では、当初予算不成立の場合は、前年度予算が新年度予算として執行される規定があったため、暫定予算は存在しない
補正予算	・当初予算どおりの執行が困難になった場合の当初予算の組替え	・公共事業の追加や減税、災害復旧、財源措置を伴う経済対策などの場合に策定

(3)　予算の構成

　我が国の予算は以下のような項目で構成されています。

予算総則	・予算書の冒頭に置かれる総括的な規定 ・公債発行の限度額などが示されている
歳入歳出予算	・予算の中核的な部分で、税収入や公債発行予定額などの歳入予算 ・支出の主体や内容から構成された歳出予算から成り立っている
継続費	・数年度を要する事業等についての必要な経費の総額と年度割額の支出見込み ・予算の単年度主義の例外に当たる
繰越明許費	・事業の性格により年度内にその支出が終わる見込みのないものについて、あらかじめ国会の議決を経て、次年度に繰越支出が認められているもの ・予算の単年度主義の例外に当たる
国庫債務負担公費	・工事契約や物品納入契約など、その契約の時点でまだ歳出が確定していないため歳出予算に含まれないが、現実に現金支出が必要となった場合に改めて歳出予算に計上されるもの

② 予算編成手法

(1)　シーリング方式

　シーリング方式とは、**予算要求額に上限（シーリング）を設ける方式**です。日本でも採用されている方式で、公式には「概算要求基準」と呼ばれており、**前年度予算を基準に予算総額の上限を設定する方式**です。

　例年8月初旬に、財務省が原案をまとめたものが、閣議で決定されます。シーリ

ングは、1961年度の予算編成以降現在まで活用されており、財政の逼迫に伴って徐々に基準が引き下げられています。1982年度予算では**ゼロ・シーリング**（前年度予算額からの増額なし）、1983年度は**マイナス・シーリング**（前年度予算額より減額）となりました。その後もマイナス・シーリングが継続しています。

(2) PPBS

PPBSとは、Planning Programming and Budgeting Systemの略称であり、計画事業予算制度などと訳されます。端的にいうと**長期計画と予算編成を結びつける制度**のことです。以下、プロセスごとに説明します。

① 計画（Planning）

まず、各省庁の目的が設定されたうえで、それを達成するための代替案となるプログラムの開発と選択が行われます。これが**Planning**（計画）の段階です。

例えば、雇用対策について、「失業者の減少」という目標を設定し、長期的な観点からこの目標を達成するのに効果的なプログラムを、**費用便益分析**（cost benefit analysis）によって選択します。

② プログラム作成（Programming）

そして、選択されたプログラムに関して、具体的な実行計画が策定されます。これが**Programming**（プログラム作成）の段階です。計画の段階では長期にわたる費用や便益が分析されますが、ここでは、5か年程度の期間で当該プログラムがもたらす効果が検討されます。

③ 予算編成（Budgeting）

最後に、選択されたプログラムに関して年度分の予算配分の作業が行われます。これが**Budgeting**（予算編成）です。実際の予算編成では、まず目的別に予算が編成され、これが旧来の費目別予算として計上されます。

補足

PPBSは、アメリカのJ.F.ケネディ政権の国防総省においてR.マクナマラ長官のもとで一定の成功を収めました。続くL.ジョンソン政権では、連邦政府全体で導入されたものの、3年で失敗しました。

PPBSは、可能な代替案をすべて検討するため膨大な作業が要求され、事務コストが多大であったためです。

(3) ゼロベース予算

ゼロベース予算(Zero-Based Budgeting)とは、**既存事業の継続を一切認めず、全政策について政府の目標に照らし、予算をゼロから積み上げる方式**のことです。この方式では、前年度予算をベースにしたインクリメンタリズム的決定(後述)を廃止することに重点を置いています。

ゼロベース予算は、1970年代に、アメリカの**J.カーター**政権で導入されたものの、事務作業に膨大なコストが生じたため、中途で挫折しました。

◆ PPBSとゼロベース予算の比較

	PPBS	ゼロベース予算
概要	・長期計画と単年度の予算とをプログラムを通じて結合し、政策目的を達成するのに最も効果的な手法に予算を計上する	・既存事業の継続を一切認めず、すべての政策について、政府の目標に照らして、予算をゼロから積み上げる方式
共通点	・**費用便益分析**の手法を予算編成に導入し、予算の合理化を図る	
歴史	・L.ジョンソン政権が全面的に導入するも、失敗 (1960年代)	・J.カーター政権が導入するも、失敗 (1970年代)

確認してみよう

① シーリング方式とは、概算要求の段階から前年度予算に関係なく要求限度の枠を設定する手法であり、この手法では事業の優先順位を明確にすることができる。都Ⅰ2008

2 (1) 参照 ✕

概算要求基準は前年度を基準に決定されます。それゆえ優先順位をもとにした弾力的な予算編成には適していません。

② PPBSは、アメリカ連邦政府が各省庁の事業計画と予算との関係を一層合理化しようとしたもので、ニクソン大統領によって全省庁に導入された。区Ⅰ2004

2 (2) 参照 ✕

R.ニクソンではなく、L.ジョンソン政権で導入された手法です。

第2章 行政組織の設計

2 (2) 参照 ✕

③ 　G.W.ブッシュ政権下の米国連邦政府では、D.ラムズフェルド国防長官の就任に伴って、年々の予算編成過程で費用便益分析（費用効果分析）の手法を活用しようとする計画事業予算制度（PPBS: Planning, Programming, and Budgeting System）が導入された。国般2019

2 (2) 参照 ✕

PPBSは、J.F.ケネディ政権下で、R.マクナマラ国防長官の就任に伴って、まず国防総省の予算編成過程に限定して導入され、次のL.ジョンソン政権下で連邦政府の全省庁の予算編成過程過程に導入されました。

④ 　PPBSとは、長期的な計画策定と短期的な予算編成とを切り離し、予算編成については長期的な計画策定にとらわれず、資源配分に関する組織体の意思決定を合理的に行おうとする手法である。都Ⅰ2008

2 (2) 参照 ✕

PPBSは計画策定と予算編成を結びつけるものです。

⑤ 　PPBSは、行政の計画過程と予算過程を結びつけた合理的な予算編成を実現するもので、大量のデータを必要としないため、作業量が大幅に軽減される。区Ⅰ2004

2 (2) 参照 ✕

事前に政策の効果を測定しようとするため、膨大な作業量を伴います。

3 日本の予算編成プロセス

(1) 概算要求の作成

　各省庁の概算要求の作成は、5～8月にかけて行われます。以下に示すように、**課のレベル→局のレベル→省庁のレベル**といった具合にエスカレーションしていきます。

　まず課レベルで5月ごろ、課内の班や係からの予算要求を取捨選択します。次に6月ごろ、局レベルで課の予算要求を局総務課が査定し取捨選択します。そして7月ごろから2か月かけて省庁レベルで、各局の予算要求を大臣官房会計課が査定し

取捨選択をします。最後に、省庁として正式にまとめられた概算要求が8月末を期限に財務省に提出され、査定を受けます。

> **補足**
>
> エスカレーションの過程において、査定をする側（守備側）は、次の段階では要求する側（攻撃側）に転じるという「攻守交代システム」が成立しているといわれます。例えば、課内の班や係から提出された予算要求は課が査定（守備）しますが、そうして取りまとめたものを次の段階では局に要求する（攻撃）立場に変わります。このプロセスは、概算要求が財務省に提出された後の、財務省内での査定においても続きます。
>
> また、予算査定では、過去のほとんどの決定は所与とし、新しい条件に応じるための限界的な変化にのみ注意を集中する方策が採られているといわれます（後述のインクリメンタリズム）。つまり、前回通すことができた予算は今年も得られて当たり前で、前回と今回の条件の違いのみが査定のポイントになる、ということです。

⑵ 財務省原案の作成と復活折衝

　各省庁の概算要求は財務省主計局によって査定され、その結果は12月末ごろまでに財務省原案としてまとめられます。

① ヒアリング・査定・査定局議

　9月ごろ、主計局は各省庁にヒアリングを行って概算要求の中身を説明させ、必要があれば追加の資料などを要求します。ヒアリングが終わると査定が本格的に行われます。

　10月ごろ、局次長を中心とする査定局議において、主計官、主査などが行った査定の根拠などを多面的な観点から査定していきます。ここで、各省庁の予算要求が1件1件詰められます（**予算のミクロ編成**）。

② 予算全体の推計作業と財務省原案の内示

　各省庁の予算要求の積み上げと平行し、主計局は、次年度の予算の見積り、歳入の見積りを行います（**予算のマクロ編成**）。歳入見積りの内容によって、主査が当初査定した予算額は次第に切り詰められます。12月末には財務省の予算原案がまとめられ、閣議で報告されるとともに、詳細な内容が各省庁に内示されます。

③ 事務折衝と政治折衝

　財務省原案が内示された翌日から、各省庁が認められなかった予算要求について

復活を要求する事務折衝を行います。事務折衝は、課長折衝、局長折衝、次官折衝と三つのレベルで実施されます。課長レベルで処理できないものは局長折衝で、といった形です。

　事務折衝で決着しなかった内容は、各省大臣と財務大臣による大臣折衝（政治折衝）に委ねられます。

◆**予算の編成プロセス**

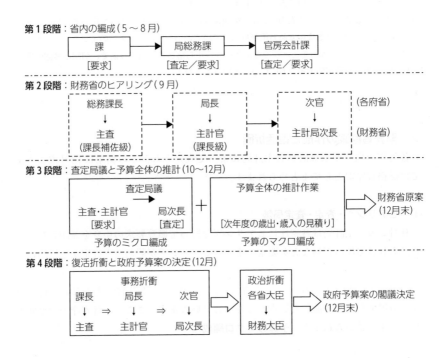

第1段階：省内の編成（5〜8月）

課	→	局総務課	→	官房会計課
［要求］		［査定／要求］		［査定／要求］

第2段階：財務省のヒアリング（9月）

総務課長　↓　主査（課長補佐級）→ 局長　↓　主計官（課長級）→ 次官　↓　主計局次長　（各府省）（財務省）

第3段階：査定局議と予算全体の推計（10〜12月）

査定局議　主査・主計官［要求］→ 局次長［査定］　＋　予算全体の推計作業［次年度の歳出・歳入の見積り］　⇒ 財務省原案（12月末）

予算のミクロ編成　　　予算のマクロ編成

第4段階：復活折衝と政府予算案の決定（12月）

事務折衝　課長↓主査 ⇒ 局長↓主計官 ⇒ 次官↓局次長　⇒ 政治折衝　各省大臣↓財務大臣　⇒ 政府予算案の閣議決定（12月末）

4 会計検査院

(1) 会計検査院の役割

① 会計経理の監督

　会計検査院は常時会計検査を行い、会計経理を監督し、その適正を期し、かつ是正を図ります。不適切な経理を発見したときは、単にこれを指摘するだけでなく、その原因を究明して所轄の長や関係者に対して是正改善を促すという積極的な機能

を果たしています。このため会計検査院には主に以下の権限が与えられています。

❶不適切な会計経理について是正、改善の処置を要求する権限、❷法令、制度、行政に関して意見を表示し、または改善の処置を要求する権限です。

② 決算の確認

決算の確認とは、決算の計数の正確性と、決算の内容をなす会計経理の妥当性を検査判定して、検査を完了したことを表明することです。

会計検査院の検査が済んだ決算は、**内閣が国会に提出する**ことになっていますが、決算は「議案」ではなく「報告」であることから、仮に**国会が決算を承認しないとしても、予算執行の効力は失われません。**

③ 会計検査院の組織

会計検査院は、上記の役割を他から制約を受けることなく果たせるよう、「**内閣に対し独立の地位**」が与えられています（会計検査院法1条）。

(2) 会計検査の仕組み
① 検査の対象

会計検査院が行う検査の対象は、**会計検査院が必ず検査しなければならないもの**である必要的検査対象と、**会計検査院が必要と認めるときに検査ができるもの**である選択的検査対象とに分けられます。

具体的には、国の会計（全分野）、政府関係機関など国が出資している団体、国が補助金その他の財政援助を行っている都道府県、市町村、各種法人にまで及びます。

② 検査の仕組み

検査の対象となっている省庁や団体は、その取り扱った会計経理の計算書を会計検査院に提出します。そして、**会計検査院は提出された書面に基づき検査を実施します。**これを書面検査といいます。また、事業の実態を把握するため、**実際に省庁の出先機関や都道府県に赴き、実地の検査を実施する**場合もあります。これを実地検査といいます。これらの検査は予算執行中に行われることもあります。

(3) 会計検査の基準

会計検査院の検査は、戦後直後から正確性、合規性（合法性）を**基本に実施**されてきました。しかし近年は、この二つの基準に加え、行政改革などにより効率的な行政運営が求められる中で、経済性・効率性・有効性という三つの観点（3E）か

らの検査も併せて実施されています。

　ただ、1968 〜 93年の実際の検査では、**正確性・合規性が75.8％と検査の中心**
であり、経済性・効率性は20.2％、有効性検査は４％にすぎないという結果になっ
ており、近年でも正確性・合規性のほうに力点が置かれているといえます。

◆会計検査の基準

基本 〈
正確性　　　　　　　　　：決算書が予算執行を正確に反映しているか
合規性（合法性）　　　：予算・法令・規則に照らして違反していないか

↓

3E 〈
経済性（Economy）　　　：同じ成果をより安い経費で達成できないか
効率性（Efficiency）　　：同じ経費でより高い成果を達成できないか
有効性（Effectiveness）：所期の目的が達成されているか

確認してみよう

① 　会計検査院が行う会計検査の優先順位は、従来の合法性ないし合規性を規
　準とする検査から、最近では、経済性、効率性、有効性のいわゆる3Eを規
　準とする検査に移行してきた。従来の合法性ないし合規性を規準とする検査
　は、今日では、ほとんど行われていない。国般2002

4 (3) 参照　✕

　合法性ないし合規性を基準とする検査は今日でも会計検査の重要な要素です。

過去問にチャレンジ

問題1
★ ★

我が国の会計検査院に関するA〜Dの記述のうち、妥当なものを選んだ組合せはどれか。

区Ⅰ 2019

A 会計検査院は、内閣に対し独立の地位を保障された組織で、3人の検査官をもって構成する合議制の検査官会議と事務総局とで組織されており、検査官会議は意思決定機関である。

B 会計検査院の検査は、国及び国の出資する法人等の会計を対象とするが、地方自治の本旨に基づき、国が補助金その他の財政援助を与えた都道府県及び市町村の会計については対象とすることはできない。

C 会計検査院の検査は、正確性、合規性、経済性、効率性及び有効性の観点その他会計検査上必要な観点から行うものであるが、特に、経済性、効率性及び有効性については、3E基準と言われる。

D 会計検査院は、検査の結果、国の会計事務を処理する職員が故意又は重大な過失により著しく国に損害を与えたと認めるとき、その事件を検察庁に通告し、当該職員を懲戒処分しなければならない。

1. A　B
2. A　C
3. A　D
4. B　C
5. B　D

【解答・解説】

> Dは細かい内容ですが、AとCが明らかな正解ですので、解答できるでしょう。

A ○ 　会計検査院は日本国憲法に基づいて内閣から独立した機関であり、この点が人事院と大きく異なる位置づけとなっています。本章の第１節も確認してください。

B ✕ 　「都道府県及び市町村の会計については対象とすることはできない」という記述が誤りです。会計検査院の検査は国のカネを対象とするものですから、国からの補助金等を受けた地方公共団体の事業も検査の対象となります。

C ○ 　経済性（economy）、効率性（efficiency）、有効性（effectiveness）は、その英語の頭文字を取って3Eと呼ばれています。

D ✕ 　「当該職員を懲戒処分」という記述が誤りです。懲戒処分を行えるのは当該職員を監督する立場にある所属機関の長などであり、会計検査院はあくまで「懲戒処分の要求」を行うのみです。

予算及び決算に関する次の記述のうち、妥当なのはどれか。

国般2008

❶ 予算作成過程は、原則として新しい会計年度が始まる以前に完了しなければならない。国会の審議状況から判断して、予算がそれまでに成立しそうにないという状況に立ち至った場合には、行政府によって経常経費や公共事業費などを組み込んだ補正予算が作成される。

❷ 予算編成過程において、財務省主計局主計官は、各省庁から提出された予算要求書を査定した後、主計局局議において、各省庁の要求を査定側に立って説明し、局長・次長・総括主計官等は各省庁を擁護する立場に立ってヒアリングを行い、財務省原案作成のための調整が図られる。この調整を経た財務省原案がそのまま閣議決定され、政府の予算案となる。

❸ アメリカ合衆国は、現在、予算編成手法として企画計画予算編成方式（PPBS）を適用している。これは政策の基本的目的を明確にし、産出指標として客観化するとともに、目的達成計画を構成する事業の代替案を、費用・便益分析などのシステム分析によって明確にするものであり、PPBSを実施するため、1980年代に財務省から予算局が分離され、行政管理予算局が創設された。

❹ 会計検査院が会計検査を行う際の規準は、施策若しくは事業の目的が十分達成されているかという「有効性」の規準が伝統的に大きい比重を占めていたが、近年の行政改革等により効率的で信頼性の高い行財政の執行が求められていることから、「経済性」「効率性」「合規性」と呼ばれる三規準に移行してきている。

❺ 決算過程では、各省庁の報告に基づき財務大臣が歳入歳出の決算を作成して内閣から会計検査院に送付し、会計検査院はこの決算を検査して検査報告を作成する。決算と検査報告はともに国会に送られて国会で審議されるが、仮に国会が決算を承認しないとしても、それによって予算執行の効力が左右されることはない。

【解答・解説】

> かなり細かい内容もありますが、国家一般職ではこのレベルまで覚えておく必要があります。

❶ ✕　「補正予算」ではなく「暫定予算」です。何らかの理由で新年度開始までに国会の議決が得られず本予算が成立しない場合には、本予算が成立するまでの間の必要経費の支出のために「暫定予算」が作成されます。

❷ ✕　「財務省原案」がそのまま閣議決定されるのではなく、財務省原案が各省庁に内示された後に財務省と各省庁の復活折衝を経て、最終的に政府案が閣議決定されます。また、財務省主計局主計官は各省庁を**擁護する立場**に立って説明し、局長・次長・総括主計官等は各省庁の要求を**査定する側**に立ってヒアリングを行います。つまり、主計官は各省庁の話を聞いたうえで各省庁の代理人としてそれを説明し、上司である局長などはそれを査定するという構図です。

❸ ✕　PPBSは、1960年代後半のL.ジョンソン政権下でアメリカ連邦政府全体に導入されましたが、❶あまりにも総合的すぎたこと、❷予算の持つ政治的側面を看過してしまうこと、❸効果レベルの成果についての能率評価が困難なことを主な理由として、R.ニクソン政権期の1970年代はじめに廃止されました。また、（以下は細かい知識なので覚える必要はありませんが）行政管理予算局の前身である予算局はF.ルーズヴェルト政権期の1930年代に大統領府が創設された際に財務省から大統領府に移され、ニクソン政権期の1970年に行政管理予算局として改組・改称されました。

❹ ✕　会計検査院の会計検査規準で伝統的に大きい比重を占めてきたのは、「正確性」と「合規性」です。また、三規準と呼ばれるのは「経済性（economy）」、「効率性（efficiency）」、「**有効性**（effectiveness）」です。

❺ ◯　決算過程は、❶政府諸機関がその会計帳簿を整理し会計を締めて決算報告を作成する過程と、❷これと並行して行われる会計検査院による会計検査の過程、そして❸政府諸機関の決算報告と会計検査院の検査報告が国会に提出され審議・承認される過程とに分かれています。

予算と決算に関する次の記述のうち、妥当なのはどれか。

❶ 予算編成の意思決定方式は、各局の総務課等が各課等からの予算要求原案に関するヒアリングを経て内示し、不同意の場合には復活要求がなされる局内の過程を経て、省庁・行政府レベルへと続き、文書を用いて行われることから、西尾勝によれば稟議書型の意思決定に分類される。

❷ 概算要求基準（シーリング）とは、平成21（2009）年の民主党政権の発足に伴って導入された予算編成に関するもので、各省庁が財務省に概算要求する際に要求できる上限を前年度比で示す予算基準であり、この基準を用い、経済財政諮問会議と財務省主計局が予算総額を管理する。

❸ 会計検査院は、内閣法90条に基づく内閣の付属機関で、国会の同意に基づいて内閣が任命する3人の検査官による検査官会議を意思決定機関とし、国の収入支出の決算を検査し確認すること、常時会計検査を行って会計経理を監督し、適正を期し、是正を図ることなどを役割とする。

❹ W.ニスカネンは予算極大化（最大化）モデルを提唱し、官僚は自らの所属する行政機関の予算を可能な限り最大化させようとするのに対し、政治家は予算に関する情報を十分持たないことから官僚の統制不足が生じ、最適なサービス量以上の予算が決定されるとした。

❺ G.アリソンは、実現可能な三つ程度の選択肢を摘出して比較するにとどめて、短期間での決定を重視することにより漸進的に政策の変更を繰り返すという政策形成過程のモデルを考案し、それを予算編成過程に適用した場合には、新規の増分のみ厳しく審査することにより予算は迅速に決定されるとした。

【解答・解説】

正解 **④**

正解肢は発展的な内容ですが、第1章第4節で扱っています。

❶ ✕ 　西尾勝による井上誠一の稟議制論の紹介では、予算編成の意思決定方式は「非稟議書型」の意思決定に分類されます。予算編成過程で作成される文書は、実質的に確定している内容を事後的・形式的に文書化したものであり、こうした点から予算編成の意思決定方式は非稟議型に属します。本章第1節も確認してください。

❷ ✕ 　シーリング方式は、1961（昭和36）年度に導入されています。2001（平成13）年の中央省庁再編により、財務省主計局とともに、経済財政諮問会議がシーリングの決定において一定の役割を果たすようになっています。

❸ ✕ 　会計検査院は、内閣法ではなく**憲法90条**に明文の根拠を持ち、会計検査院法1条により、内閣に対して「独立の地位」を持っています（内閣の附属機関ではありません）。

❹ 〇 　W.ニスカネンの予算極大化モデルでは、官僚は予算極大化のみに動機を持っているとしています。要はセクショナリズムだと考えれば、不自然ではないでしょう。

❺ ✕ 　ここで書かれているモデルは、C.E.リンドブロムが提唱したインクリメンタリズムで、実際の予算編成過程の分析を通じて作成された政策形成過程モデルです。G.アリソンは、1962年のキューバ危機に際して、アメリカ政府の政策決定を分析して三つの政策決定モデルを提示しています。両者とも詳しくは、第4章第2節で扱います。

第2章　行政組織の設計

第 3 章

地方自治

中央地方関係
日本の地方自治

1 中央地方関係

1 中央地方関係の類型

世界各国の中央と地方の関係はさまざまで、その比較についても多様なモデルがあります。行政学では、西欧諸国の中央と地方の関係を、〈分権－集権〉と〈分離－融合〉という分析軸により、アングロ・サクソン系（英米型）とヨーロッパ大陸系（大陸型）という二つの系統に分けるのが最も一般的な議論です。

◆英米型と大陸型の比較

アングロ・サクソン系 (英米型)		類型	ヨーロッパ大陸系 (大陸型)	
イギリス、アメリカ、英連邦諸国		主な国々	フランス、ドイツ、オーストリア	
分権型	自治を許容	基礎自治体	自治を制限	集権型
	早期から自治体化	広域自治体	国の地方下部組織（遅い自治化）	
	なし	内政総括官庁	あり	
	自治体警察	警察	国家警察	
分離型	制限列挙方式 自治体の権限は法律等により個別に列挙し、原則として授権された権限しか行使できない	自治体の権限	概括例示 (包括授権) 方式 自治体の権限を制限列挙方式のように個別列挙せず、包括的・概括的に規定する	融合型
	立法的・司法的統制が中心	統制手段	行政的統制が中心	

(1) 分権型と集権型

① 分権型

分権型は、主に**アングロ・サクソン系諸国に見られる中央・地方関係**です。

これらの国々では、国（または州）の地方下部機構が簡素であり、これが早くから広域的な自治体に転化したという事情があります。また、**警察が国ではなく自治体である市町村の所管事項**とされています。

② 集権型

集権型は、主に**ヨーロッパ大陸系諸国に見られる中央・地方関係**です。

これらの国々では、封建制時代の地域区分が意図的に解体され、国と市町村の中間に当たる「県」が、自治体ではなく国の地方下部機構であるという点が共通します。また、**警察が国家警察として整備**されています。

(2) 分離型と融合型

① 分離型

アングロ・サクソン系諸国の地方自治が**分離型**と呼ばれるのは、以下の特徴からです。

（ア）自治体権限の制限列挙方式

まず、自治体に事務権限を授権する際、自治体が行使し得る権限を**個別に列挙する方式**を採ります。これを**制限列挙方式**といいます。自治体の権限が個別に列挙されていればその範囲を越えた行為は明確に認識することができ、その行為は訴訟の対象となります。イギリスでは「**ウルトラ・ヴァイリーズ（ultra vires）の法理**」（越権行為の法理）として確立しました。

> 🛸 **補足**
>
> 実際に英米型の国家では中央・地方の事務権限をめぐる訴訟が多く、訴訟で越権行為の違法性が確定すれば、当該行為は無効となります。

（イ）事務権限の分化

国と自治体、広域自治体と基礎的自治体の事務権限が明確に区分され、中央政府が地方政府やその首長を統制するのが困難であることから、国は所管事務を現地で執行するために各地に地方出先機関を設置します。**このため、同一地域内で、市町村役場と府県の地方事務所と国の地方出先機関が並存**し、それぞれの機関が相互に

無関係に行政サービスを提供しています。

　アングロ・サクソン系諸国では「内政の総括官庁」が設置されておらず、国の地方出先機関も各省別に多元的に分立しています。

② 融合型

　ヨーロッパ大陸系諸国の地方自治が融合型と呼ばれるのは、以下の特徴によります。

（ア）自治体権限の概括例示方式

　自治体に事務権限を授権する際は、自治体が行使し得る権限を**個別明示せず、比較的広い領域を示しそれに関係する事務を行う方式**を採ります。これを概括例示方式（包括授権方式）といいます。

（イ）行政事務の地方委任

　しかし、国と地方の事務配分が明確に区分されていないため、国と自治体の間で事務に重複部分が生じ、**同一地域で同類のサービスが重複する事例**がしばしば起こります。そのため、国の事務権限は県などの広域的自治体を通じて執行し、**国の事務の執行を基礎的自治体である市町村に委任して執行する**という方式が多用されています。したがって、市町村は自治体としての事務を執行すると同時に、**国の地方下部組織として国からの委任事務を執行する**という二重の役割を担っています。

　そこでヨーロッパ大陸系諸国では、「内政の総括官庁」というべき内務省が設置されました。府県レベルの広域的自治体には内務省が派遣した官選知事を置き、国の各省所管の事務を一元的に調整しています。市町村に対する統制は、内務省－府県知事－市町村長というルートに統合されています。

◆地方自治の違い

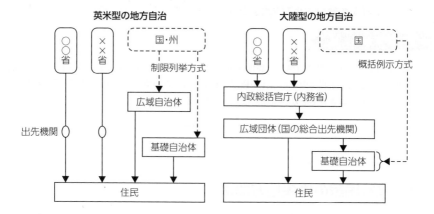

確認してみよう

① 　大陸系の国家では、中央政府の地方行政機構が簡素で、早くから広域的な地方政府に転化したこと、警察が基礎的な地方政府の所管とされたことなどから、分権・分離型の特徴を有している。区Ⅰ2009

1 参照 ✕

これは英米型についての説明です。

② 　大陸系諸国においては、中央集権の伝統が強く、国の地方出先機関が整備されている。そのため同一地域内に市町村役場と府県の地方事務所と国の地方出先機関とが並存し、それぞれの機関が相互に無関係に行政サービスを提供している。国般2001

1 (2) ① 参照 ✕

国の出先機関が地方自治体と並存し、相互に無関係というのは英米型の特徴です。

③ 　一般に、アングロ・サクソン系諸国では、自治体の事務権限を定める法律に、自治体が実施できる事務、行使できる権限を個別具体的に列挙しており、

これを制限列挙方式と呼んでいる。また、自治体へ明示的に授権されていない事務権限については、原則として、国の各省庁がその執行を自治体の長に委任して執行させる方式をとることとしている。国般2008

1 (2) ② 参照 ✕

　国が自治体の長に事務の執行を委任するのは、大陸系の特徴です。また、「制限列挙方式」とは、列挙された事務に限り自治体が権限を有する方式なので、列挙されていない事務（自治体へ明示的に授権されていない事務）は、自治体に委任するのではなく、国が直接執行します。

2 福祉国家の中央地方関係

(1) 背　景

　第二次世界大戦後、地方分権改革や福祉国家化が進展したことで、英米型と大陸型という類型が見直されるようになってきました。今日では後に説明するように、英米型か大陸型を問わず、中央と地方には相互依存関係があるという見方が有力です。

　ただし、**類型間の差異は縮小してきたものの、英米型と大陸型の差異はまだ残存している**と考えられます。

① 英米型の変化（分離型の融合化）

　英米型の国々では福祉国家化の進展で、例えばナショナル・ミニマム（国家が国民に対して保障する最低限度の生活水準）の設定とその管理といったように中央政府の役割が増大し、地方に対する関与が強化されました。

補足

　「地方分権」のマイナス面として、住んでいる自治体によってサービスの量・質のバラツキが大きくなる点が挙げられます。19世紀のころはそれがあまり問題視されなかったのですが、20世紀に福祉国家化が始まり「ナショナル・ミニマム」が設定されるようになると、どの自治体に住んでいても最低限の保障はすることが必要となり、中央政府の関与が大きくなったという事情があります。

② 大陸型の変化（集権型の分権化）

　第二次世界大戦後のドイツでは連邦制が採用されます。フランスでは、F.ミッテ

ラン大統領のもと1980年代に地方分権改革が行われ、広域地方組織の完全自治体化が進展しました。

(2) ロウズの相互依存論

　イギリスの政治学者R.A.W.ロウズ（1944～　）は、イギリスの地方自治を念頭に置きながら、中央政府と地方政府が保有している行政資源、またこれに基づく権力関係に注目しました。ロウズによれば、**中央政府は立法権限と財源の保有において優位に立ち、地方政府は行政サービスの実施に不可欠な組織資源と情報資源において優位に立つ**ため、両者には相互依存の関係が成立しているとしました。

◆ **ロウズの相互依存論**

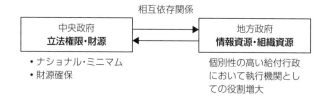

(3) 村松岐夫の相互依存論

　日本の地方制度はドイツ・プロイセンに範を求め、大陸型の特徴を帯びてきました。このことから戦後日本の行政学では、日本の地方制度は機関委任事務、天下り、補助金など極めて集権的であり、中央省庁が地方を管理しているという考え方が通説でした。

　一方、村松岐夫はこの考え方を**垂直的行政統制モデル**と名づけ、実態に即していないと批判します。村松が提示した**水平的政治競争モデル**では、地方住民の要望を地方が自主的に、（または行政ルートや政治ルートを通じて）中央に伝達して中央の政策として実施させるなど、地方が中央にとって無視できない影響力を行使している点に注目し、**実態として中央と地方の相互依存関係が確認される**ことを示しました。

過去問にチャレンジ

問題1
★

次のA～Dのうち、中央地方関係をアングロ・サクソン系とヨーロッパ大陸系とに分類した場合のアングロ・サクソン系に関する記述として、妥当なものを選んだ組合せはどれか。

区Ⅰ2013

A 地方政府の事務権限を定めるに際して、制限列挙方式が採られ、その範囲を逸脱した行為は越権行為となる。

B 中央省庁の事務権限の執行を、地方政府又はその長に委任して執行させる方式が多用され、地方政府は、自治事務を執行すると同時に、中央政府の地方行政機関として委任事務も執行するという二重の役割を担わされる。

C 中央政府には、内政の総括官庁としての内務省が設置され、そこから官吏として派遣された地方総合出先機関の地方長官が、各省庁の事務を一元的に調整して執行する。

D 中央政府の地方行政機構が簡素で、早くから広域的な地方政府に転化したことや、警察が基礎的な地方政府の所管とされたことなどから、分権型とされる。

① A B
② A C
③ A D
④ B C
⑤ B D

【解答・解説】

> アングロ・サクソン系は分権かつ分離型、ヨーロッパ大陸系は集権かつ融合型ということから、特徴を推測しましょう。

A ○ 制限列挙方式を採るアングロ・サクソン系の国家では、授権された事務以外のものは越権行為として訴訟の対象になります。それに対して、概括例示（包括授権）方式を採るヨーロッパ大陸系の国家では、授権された事務の範囲が曖昧になっています。

B ✕ 委任の多用、国の機関かつ地方自治体という二重の役割を担うのはヨーロッパ大陸系の国家の特徴です。アングロ・サクソン系の国家では、国と地方の事務がそれぞれ独立しています。

C ✕ 内政総括官庁による一元的な管理が行われるのは、ヨーロッパ大陸系の国家の特徴です。アングロ・サクソン系の国家では、中央省庁がそれぞれ個別に分立して行政サービスを提供します。

D ○ 広域的な地方政府が早くから成立し、警察が基礎的な地方政府の所管となるのはアングロ・サクソン系の国家の特徴です。それに対してヨーロッパ大陸系の国家では、警察は国家の所管です。

問題2 ★　アングロ・サクソン系の国家又は大陸系の国家における中央政府と地方政府に関する記述として、妥当なのはどれか。

区Ⅰ 2009

❶　大陸系の国家では、中央政府に内政の総括官庁が存在しないため、中央政府の地方政府に対する行政統制は、各省庁の個別地方出先機関を通じて行われる。

❷　大陸系の国家では、中央政府の地方行政機構が簡素で、早くから広域的な地方政府に転化したこと、警察が基礎的な地方政府の所管とされたことなどから、分権・分離型の特徴を有している。

❸　アングロ・サクソン系の国家では、地方政府の事務権限は、概括例示方式を採用しているのに対して、大陸系の国家では、制限列挙方式が採用されている。

❹　アングロ・サクソン系の国家では、地方政府を中央政府の下部機関として活用しているので、中央政府の事務権限は、地方政府やその首長を通じて執行される。

❺　アングロ・サクソン系の国家では、中央政府と地方政府の事務権限の範囲をめぐる訴訟が多く、その法解釈は判例を通じて形成され、中央政府の地方政府に対する統制は、事前の立法統制と事後の司法統制が中心となっている。

【解答・解説】

中央地方関係に関する基本的な論点の理解を問う問題です。

❶ ✕ これは、アングロ・サクソン系の国家に関する記述です。中央政府に内務省などの内政の総括官庁が置かれるのは、大陸系の特徴です。また、中央集権的な大陸系の国家では、地方における仕事について、各省庁の個別地方出先機関を設ける代わりに、中央政府が地方政府に指示を出して、地方政府を中央政府の出先機関として扱うことで実施させることが多いです。

❷ ✕ これは、アングロ・サクソン系の国家に関する記述です。集権的な大陸系国家は、地方政府が中央政府から委任された仕事も実施し、両者の事務が「融合」するため、「集権・融合」の特徴を有します。

❸ ✕ 概括例示方式は大陸系の国家、制限列挙方式はアングロ・サクソン系の国家で見られる方式です。概括例示方式では地方政府の事務権限を定めた授権法の規定は曖昧で、中央政府が地方政府に指導や要綱などによる統制を行います。一方、制限列挙方式では、地方政府の事務権限の規定が法律上明確なので、地方政府は中央政府の細かい指示を必要としません。

❹ ✕ これは、大陸系の国家に関する記述です。アングロ・サクソン系国家では地方政府の自律性が高く、中央政府が地方政府や首長を統制するのが困難なため、各省が自らの出先機関を地方に設置することが多くなります。

❺ ○ 制限列挙方式が採られているアングロ・サクソン系国家では、中央政府と地方政府の事務権限は授権法で厳格に定められています。特にアメリカでは、両者が授権法の解釈などで対立すると、中央政府と地方政府との間で訴訟となることが多いです。

問題3
★

アングロ・サクソン系諸国又はヨーロッパ大陸系諸国における中央地方関係に関する記述として、妥当なのはどれか。

区Ⅰ 2018

❶ アングロ・サクソン系諸国では、国の地方下部機構が簡素で早くから広域的な自治体に転化したこと、警察が自治体である市町村の所管事項とされたことなどから、この地方自治は分権型の地方自治と呼ばれている。

❷ アングロ・サクソン系諸国では、中央政府には内政の総括官庁というべき内務省が設置され、府県レベルでは、中央政府の各省所管の事務権限の執行を内務官僚の官選知事が一元的に調整している。

❸ ヨーロッパ大陸系諸国では、自治体の事務権限を法律で定めるに際して、制限列挙方式を採用しており、自治体が実施しうる事務、自治体が行使しうる権限を個別に明確に列挙している。

❹ ヨーロッパ大陸系諸国では、自治体の権限の範囲をめぐって訴訟が提起されることが多く、地方自治法の解釈は判例によって形成されており、自治体に対する統制は立法的統制と司法的統制が中心である。

❺ ヨーロッパ大陸系諸国では、同一地域内に市町村、府県の地方事務所、国の地方出先機関が並存しており、各政府の行政サービスは相互に分離された形で市民に提供される。

【解答・解説】

正解 ❶

> これも、中央地方関係に関する基本的な論点の理解を問う問題です。

❶ ○　アングロ・サクソン系諸国は分権型とされます。それに対してヨーロッパ大陸諸国では、広域自治体が国の地方下部組織にすぎず、警察権も国家が掌握するという点などから集権型とされます。

❷ ✕　これは、アングロ・サクソン系諸国ではなくヨーロッパ大陸系諸国に関する記述です。ヨーロッパ大陸系諸国では、府県レベルは国の出先機関的な位置づけとなっています。また、市町村レベルは自治体ではありますが、概括例示方式によって国の細かい統制を受けることになります。

❸ ✕　これは、ヨーロッパ大陸系諸国ではなくアングロ・サクソン系諸国に関する記述です。

❹ ✕　これは、ヨーロッパ大陸系諸国ではなくアングロ・サクソン系諸国に関する記述です。アングロ・サクソン系諸国では、法律に自治体の事務権限を明記しており（立法的統制）、国と地方で解釈が分かれた場合は裁判で判断できます（司法的統制）。それに対して、ヨーロッパ大陸系諸国では、自治体の事務権限の範囲が曖昧なため（概括例示方式）、中央諸官庁が地方に細かく指示を出して統制することになります（行政的統制）。

❺ ✕　これは、ヨーロッパ大陸系諸国ではなくアングロ・サクソン系諸国に関する記述です。アングロ・サクソン系諸国では基礎自治体、広域自治体、国の事務が明確に分離しているため、同一地域のサービスでも相互に分離された形で市民に提供されます。日本にたとえてみると、同一地域なのに国道事務所と県道事務所と市道事務所が別々に設置されていて、お互いに連携せずに国道・県道・市道の管理をしているという状況です。

中央政府と地方政府の相互依存関係に関するA～Dの記述のうち、妥当なものを選んだ組合せはどれか。

区Ⅰ 2010

A R.A.W.ロウズは、中央政府と地方政府が保有する資源に着目して、中央政府は法的資源、金銭的資源で優位に立つのに対して、地方政府は情報資源と組織資源の側面で優位に立っているとした。

B 中央政府と地方政府が相互依存関係にあるということは、直ちに地方政府の自立性や自治の強化を意味しておらず、中央政府は、財源配分の権限を利用して地方政府の活動を事実上拘束していることが少なくない。

C アングロ・サクソン型の地方自治は、新しい行政機能を固有事務として地方政府に授権する傾向があるため、福祉国家になる過程で中央政府と地方政府の相互依存関係は次第に弱まっていった。

D 村松岐夫は、我が国の中央政府と地方政府の関係について、中央集権的な仕組みを強調する水平的政治競争モデルではなく、双方の相互依存関係を前提にした自立的な主体間の関係ととらえる垂直的行政統制モデルによって理解すべきであるとした。

❶ A B
❷ A C
❸ A D
❹ B C
❺ B D

【解答・解説】

　特別区としては発展的な内容の問題ですが、Dは明らかに間違いだとわかる文章になっており、解答はできるでしょう。

A ○　　立法権限は中央政府が有しており（法的資源）、また（税制の設計次第ではありますが）中央政府が多くの税金を集めて地方政府に分配するという形式が一般的です（金銭的資源）。それに対して、地方政府は直接住民と接してサービスしていることから現場の情報は豊富に有しており（情報資源）、また職員数は中央政府よりも地方政府のほうが多いことが一般的です（組織資源）。

B ○　　例えば、日本では国と地方自治体は強い相互依存関係にありますが、地方自治体は地方交付税や補助金など財政の多くの部分を国に依存しており、大きな拘束を受けています。

C ✕　　第二次世界大戦後のアングロ・サクソン諸国では、国の事務権限を自治体に「委任」するという方式が広く活用されて融合型に接近しており、相互依存関係が強くなっていきました。福祉国家では、国民の最低限以上の生活水準を国が責任持って保障するナショナル・ミニマムを基本理念としているため、どの自治体に居住していても社会保障のレベルを揃える必要があるからです。

D ✕　　「水平的政治競争モデル」と「垂直的行政統制モデル」が逆になっています。村松岐夫のこの学説は発展的な内容ですが、それを知らなくても「中央集権」と「水平的」、「自立的な主体間の関係」と「垂直的」の組合せが意味としてミスマッチであることから、逆だと推測できます。

問題5 ★★　　各国の地方自治に関する次の記述のうち、妥当なのはどれか。

国般2010

❶　地方自治制度を「大陸型」と「英米型」に分けた場合、大陸型の特色は、国から自治体への授権が概括例示方式ではなく、制限列挙方式をとることである。この方式の下では、自治体は法律で明示的に授権された事務権限しか執行することはできず、自治権は国によって制約されることになるので、大陸型は英米型よりも集権的であるとされている。

❷　地方自治制度を「融合型」と「分離型」に分けた場合、融合型の特色は、国の省庁が全国に事務を展開する際、自治体又はその長に委任して執行させるのではなく、地方出先機関を通じて直接執行するという方式を多用することである。そして、全国の地方出先機関を統括することを主たる任務として、内務省が設置されるのが通例である。

❸　連邦制の国家では、連邦を構成している州等がそれぞれに主権と憲法を持ち、これらの州等が主権の一部を連邦政府に委譲した形になっている。連邦制は、「連合王国」である英国を母国として、オーストラリアなどの英連邦諸国やアメリカ合衆国に広がっていったが、一方で、単一主権制は、フランスやドイツなどヨーロッパ大陸の諸国家で多くみられる。

❹　アメリカ合衆国では州ごとに地方制度が大きく異なっているが、市（city）の統治機構については、「市支配人制」が画一的に採用されているのが特徴的である。この制度は、直接公選の市長が、都市行政の専門家の中から適当な人物を選び、これを市支配人（シティ・マネージャー）に任命して、市の執政権を全面的にこれにゆだねるという仕組みである。

❺　フランスは、かつては各県に官選の知事が派遣されるなど、県は国の下部機構という性格が強かったが、1980年代のミッテラン政権時代の分権改革により、県は完全自治体にあらためられた。一方、英国では、サッチャー、メージャーと続く政権の下で、地方制度は行政効率を優先して一層制への転換が進み、地方政府に対する統制は強化されていった。

【解答・解説】

正解 **⑤**

　かなり細かい内容もありますが、国家一般職ではこのレベルまで覚えておく必要があります。

❶ ✕　大陸型の地方自治制度は、概括例示方式を採ります。また、制限列挙方式のもとでは、自治体に授権された事務権限の範囲内には国の統制が働きにくく自治権は保障されるため、制限列挙方式を採る英米型のほうが分権的とされます。

❷ ✕　第1文は、英米に代表される「分離型」の特色です。また、第2文のように内務省を設置するのは「融合型」の特色ですが、内務省は国の出先機関ではなく自治体を統括する組織です。

❸ ✕　近代国家として、初めて連邦制を導入したのは英国ではなくアメリカです。また、連邦制が「英国を母国」としているといった事実はなく、戦後のドイツは連邦制国家です。

❹ ✕　まず「市支配人」は、直接公選の市長によってではなく、市議会によって任命されます（市長がいるのなら、市支配人は必要なくなります。詳しくは第1章第2節を参照してください）。また、アメリカの基礎自治体では❶公選の市長型、❷市議会が任命する市支配人型、❸立法と行政の機能を併せ持った理事会型の三つのタイプの統治機構が存在しているので、「『市支配人制』が*画一的*に採用されている」という記述も誤りです。これは細かい知識ですが、連邦制国家のアメリカでは行政の仕組みも多様だということから推測しましょう。

❺ ◯　従来は、欧州大陸系国家は集権かつ融合型、アングロ・サクソン系国家は分権かつ分離型の特徴を持っていました。しかし第二次世界大戦後になり、欧州大陸系国家では分権化が進展し、アングロ・サクソン系国家では融合化が進展してきています。したがって、欧州大陸系国家もアングロ・サクソン系国家も、分権かつ融合型に収斂しているというのが近年の評価となります。

2 日本の地方自治

学習のポイント

- 戦後の我が国の地方自治が出題の中心ですが、戦前の制度についてもそれなりに出題されます。地方上級でも基本の流れだけは押さえておきましょう。
- また、近年の制度については、地方分権一括法を中心とした出題ともいえるので、行政法と平行して学習しておきましょう。

1 地方自治の歴史

(1) 明治維新の時代

明治政府は1869（明治2）年に版籍奉還、1871（明治4）年に廃藩置県を実施し、近代国家としての地方制度を初めて確立しました。ただ、廃藩置県で設置された県の区域は旧藩の領域のままだったため、府県数は3府302県にものぼりました。

1873（明治6）年には、**地方行政などの内政事務を取り扱う官庁**である内務省が設立され、初代内務卿は**大久保利通**が務めました。

(2) 三新法の時代

1878（明治11）年、明治政府は大久保利通内務卿の主導のもと、地方の不満を吸収する目的で三新法（郡区町村編制法、府県会規則、地方税規則）を制定します。これにより、**郡区、町村区域の再整備、県レベルの議会の制度化、地方税制の整備**が行われました。

(3) 明治憲法時代

明治憲法制定に先立ち、地方制度の整備を図ることを積極的に推進したのが、新たに内務卿に就任した山県有朋です。山県の主導のもと、**プロイセンから招聘したA.モッセ**（1846〜1925）の草案を基礎として地方自治制度の検討が行われ、1888（明治21）年に**市制・町村制**、1890（明治23）年に**府県制・郡制**が制定されました。

補足

　モッセを招聘していることが象徴的に示すように、明治憲法制定期の日本の地方制度は、プロイセン（ドイツ）をモデルにしたものとなっています。

① 府 県

　府県の自治は市町村の自治に比べると制約されたものでした。独任の執行機関だった知事は官吏（官選知事）であり、**府県は国の地方行政官庁と位置づけられました**。そのため、各府県知事は内務大臣の指揮監督に属し、各省の主務については各省大臣の指揮監督を受けました。

　また、府県には議決機関として府県会が設置されます。当初府県会議員は複選制（間接選挙）でしたが、1899（明治32）年には府県民の直接選挙制に移行しました。

② 市

　当初、市長は、市会が推挙した3名の中から内務大臣が選任するという制度でした。1926（大正15）年になると市長は市会の選出となり、間接選挙ながら公選化が実現しました。ただし、市長は「国の機関」として法律命令で委任された事務を処理するのが仕事で、市の行政は内務省・府県知事による監督を受けて行うこととされました。このように、**地方公共団体の首長が国から委任され、「国の機関」として処理する事務**を機関委任事務といいます。

　なお、1898（明治31）年までの東京・大阪・京都の3市については事情が異なります（後述）。

③ 町 村

　町村は**市と比較して自治が認められており、当初から町村会選出の町村長が置かれました**。ただ、町村長は独任の執行機関として町村の行政を担当しましたが、内務大臣・府県知事・郡長の監督を受けていました。

　また、町村には議決機関として町村会が設置されました。当初議員は2等級選挙制で選出されていましたが、1926（大正15）年には普通選挙制が導入されました。

④ 三大市（東京・大阪・京都）

　市制発足当初は、大都市の急進勢力に対する警戒から東京・京都・大阪の**3大市は他市よりも自治が抑制されており、独自の市長を置くことができず、府の知事が市長を兼担していました**。しかし、1899（明治31）年にはこうした大都市の特例が廃止され、3市にも市長が設置され、一般市と同様の扱いを受けるようになりました。

⑤ 警察制度

　プロイセンの影響を受けていたこともあり、警察組織は、中央では内務省警保局、地方では内務大臣の指揮監督に属する知事によって管理運営されていました（国家

警察）。

◆ 市制・町村制および府県制・郡制制定時の地方制度

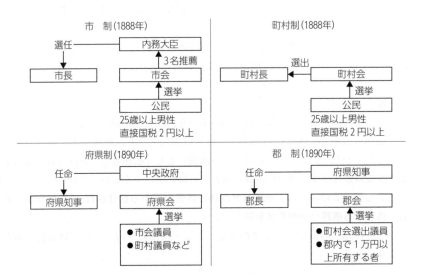

ヒント

　　前節で学習した中央地方関係の類型になぞらえると、戦前日本の中央地方関係は集権型・融合型であるといえます。

　　広域自治体である府県が国の地方行政官庁のような扱いであったこと、町村は府県に比べると自治が与えられているものの制限されていること、内政を総括する内務省が置かれていること、地方を「国の機関」として活用していたこと、などにその特徴が表れており、後述するようにこの傾向は戦後にも残存します。

⑷　新憲法下の地方制度改革

　　第二次世界大戦後の地方制度は、日本国憲法において地方自治に関して独立した章を設けるなど、大きな進展が見られましたが、戦前の集権・融合性については残存していました。

①　憲法の地方自治規定

　　明治憲法には地方自治に関する規定が存在しませんでしたが、日本国憲法には、

住民自治と**団体自治**を規定した「地方自治の本旨」（憲法92条）が記載され、**地方自治の制度保障**が設けられました。

> 補足
>
> 地方自治の本旨における「団体自治」とは、地方自治が国から独立した団体に委ねられて、団体自らの意思と責任のもとでなされるということ（自由主義的要素）、「住民自治」とは、地方自治が地域住民の意思に基づいて行われるということ（民主主義的要素）を指します。

② 都道府県の完全自治体化

戦前は府県知事の選任は内務省による官選でしたが、戦後の日本国憲法では、**首長と議員の直接選出**（憲法93条2項）が定められ、**都道府県知事の直接公選が実現**しました。これにより、**都道府県は完全自治体化**しました。

③ 市町村長の直接公選

戦前は、市町村議会による**間接公選**であった市町村長の選出が、**住民による直接公選**となりました。

④ 地方自治法の制定

戦前の地方自治制度は、市制・町村制のように団体別に規定されていましたが、新たに**地方公共団体と総称される自治体の組織や運営について一括して定めた**地方自治法を制定し、**地方自治が画一化**されました。

⑤ 内務省の解体

戦前に内政総括官庁として**強力な権限を有していた内務省は解体**されます。戦時中すでに分離独立していた厚生省を含め、厚生省、労働省、建設省、自治省、国家公安委員会と警察庁などに分割されました。

⑥ 国家警察から市町村警察へ

警察制度は、戦後初期には、**国家警察制から市町村所管の自治体警察に改編移行**しました。ただし、市町村警察制は長続きせず、**独立講和後には現在の都道府県警察制に移行**しました。

⑦ 直接請求制度の導入

解職請求、条例制定改廃請求、監査請求などの**直接請求制度が導入**されました。

⑸　戦前から戦後に継承された地方制度

　戦後改革により地方分権化が進みましたが、全体として見ると、戦後日本の地方制度は**依然として集権型・融合型の要素が残存**していました。

　また、各地方団体を自治体としてだけでなく国の地方行政機構として活用する**機関委任事務制度は戦後においても活用されました**。むしろ、戦前は市町村レベルに対してのみ適用されていた機関委任事務制度は、戦後、**都道府県レベルにまで拡大適用されています**。

　そして、戦前から引き続き、広域自治体である都道府県と基礎的自治体である市町村の間には**上下の指揮監督関係が存在し続けました**。

◆ 戦後改革

地方分権改革	戦前から引き継がれた点
❶　憲法の地方自治規定 ❷　都道府県の完全自治体化 ❸　市町村長の直接公選 ❹　地方自治法の制定 ❺　内務省の解体 ❻　国家警察から市町村警察へ ❼　直接請求制度	❶　集権・融合型の特徴 ❷　機関委任事務制度 ❸　国・都道府県・市町村間のヒエラルヒー構造
	逆コース期の改革による集権化・融合化
	❶　市町村警察から都道府県警察へ ❷　特別区長、教育委員の任命制 ❸　税源の分離の弱体化

◆戦前・戦後の日本の地方制度の比較

		戦前	戦後	2000年以降
地方自治の憲法規定		規定なし	「地方自治の本旨」(92条)「首長・議員の直接選挙」(93条)	同左
階層制		2層制(郡廃止後)[府県—市町村]	2層制[都道府県—市町村]	
府県	首長	官選知事		
	議会	制限選挙から普通選挙へ		
市	首長	最終的に市会が選出	直接公選(完全な自治体)	
	議会	制限選挙から普通選挙へ		
町村	首長	町村会が選出		
	議会	制限選挙から普通選挙へ		
直接請求		なし	あり	
機関委任事務の適用		市町村	市町村と都道府県	機関委任事務の廃止
類型		集権・融合型	集権・融合型	従来と比すれば、集権・融合型は緩和

(6) 独立講和後の地方制度改革

① 都道府県の復権

(ア)シャウプ勧告における市町村優先

　新憲法制定後に行われた地方制度改革は、その後も継続します。1949(昭和24)年に来日したシャウプ税制調査使節団によるシャウプ勧告は**国税と地方税の分離を主張するとともに市町村優先の原則を提示**し、市町村税に固定資産税や市町村民税を付与し、都道府県税として付加価値税を導入することなどを勧告しました(税源の分離は地方の財政基盤強化につながります)。しかし、これは都道府県の反発を招きました。

（イ）「逆コース」の改革

　その後、日本が独立講和を果たすと、市町村自治の強化などの改革は、大きな揺り戻しに直面することになりました。この流れを「逆コース」の改革といいます。

　具体的には、戦後になって公選化された**東京都特別区長が1952**（昭和27）**年に再び官選化**され、1954（昭和29）年には、**市町村に移譲されていた警察権を都道府県に移管する**都道府県警察制に改められました。1956（昭和31）年には、教育人事権も都道府県に移管され、戦後になって公選化された教育委員も任命制に移行しました。さらに、都道府県―市町村間の上下関係も強化されました。

② 地方交付税制度

　シャウプ勧告は中央地方の財政調整制度として地方平衡交付金制度の創設を提言しました。この結果、1950（昭和25）年に同制度が設けられましたが、自治体に配分する総額の算定で毎年激しい議論を呼び起こしました。そこで、1954（昭和29）年、地方交付税制度が創設されます。地方交付税制度では、**国税３税**（所得税、法人税、酒税）**の一定割合を自治体への配分総額とする定率繰入制が導入**され、現在に至っています。

③ 税源の重複

　地方平衡交付金制度の廃止と並行してシャウプ税制も見直されることになり、国税と地方税、都道府県税と市町村税の分離原則も弱められました。このため、1954（昭和29）年にはいったん廃止された府県民税が復活し、**住民の所得に課税する住民税が都道府県と市町村において重複することとなりました**。

確認してみよう

① 　第二次世界大戦後来日したシャープ使節団は、国税と都道府県税、市町村税の税源を明確化することを求めた。その結果、消費課税と企業への所得課税は国税、個人への所得課税は都道府県税、資産課税は市町村税という明確な区分が定められて今日に至っているが、国は、都道府県や市町村が課す税について標準税率を定めるなど、厳しい統制を続けている。国般2008

1（6）①、③ 参照 ✕

　当初は税源の分離方針が採択されましたが、その後重複するようになりました。例えば、所得課税は都道府県と市町村双方とも行っています。

2 第一次分権改革の成果

(1) 背 景

　1990年代の日本では地方分権の推進が大きな政治課題として認識されるように
なり、機関委任事務に代表される**上下・主従関係を見直し、国と地方の平等・対等
な関係を確立すること**が目指されました。1999（平成11）年に制定された地方分
権一括法（2000年施行）はこの改革の到達点であり、機関委任事務の廃止など事
務権限の見直しを中心とした改革を実現しました。

(2) 地方分権一括法の制定

① 地方分権推進法

　地方分権改革の最初のステップとなったのは、1993（平成5）年に出された衆参
両院の超党派による「地方分権の推進に関する決議」です。これを契機として、同
年誕生した細川護熙連立内閣は、内閣として地方分権推進の大綱を定める公約を行
うなど、地方分権改革が具体的な政治日程として浮上することになりました。

　その後、1995（平成7）年には地方分権推進法が制定され、**今後5年間で地方分
権を総合的に実施する**旨が示されました。

② 地方分権一括法

　地方分権推進法に基づき、地方分権推進委員会（総理府の審議会）も設置されま
す。同委員会は、地方分権改革の具体的なプランを提示する中心的役割を果たし、
計4回にわたる勧告を実施しました。

　政府はこの勧告に基づき、1998（平成10）年に「地方分権推進計画」を閣議決
定し、1999（平成11）年には**地方自治法の改正など総計475本の関係法律の一部
改正を一括処理**した「地方分権の推進を図るための関係法律の整備等に関する法律
（地方分権一括法）」を制定しました。同法は2000（平成12）年より施行され、現
在に至っています。

(3) 今後の地方分権改革

　地方分権一括法による地方分権改革は第一次分権改革と呼ばれるもので、**国の地
方に対する関与の簡素化・透明化など主に団体自治を中心とした改革**が行われまし
た。地方税財政に関する問題、住民自治の拡充などについては、その重要性は認識
されつつも、具体的な見直しについては、今後に委ねられました。

◆第一次分権改革（地方分権一括法の制定）までの道筋

1993年	「地方分権の推進に関する決議」 ・衆議院と参議院で地方分権に関する超党派の合意がなされた
1995年	「地方分権推進法」制定 ・今後5年間の間に地方分権を総合的に実施、地方分権推進委員会を設置
1998年	「地方分権推進計画」閣議決定
1999年	「地方分権一括法」（地方分権の推進を図るための関係法律の整備等に関する法律）制定 ・地方自治法を含む475の法改正を一括法として成立させ、2000年より施行した

⑷　国と地方の事務区分
①　機関委任事務制度の廃止

　地方分権一括法の最大の成果といわれるのが、機関委任事務の廃止です。機関委任事務は、自治体の長を国の下部機関とみなして事務を執行させる制度であり、これにより国と地方が上下・主従の関係に置かれてきました。この機関委任事務の廃止により、**自治体の長に対する国の包括的な指揮監督権が廃止**されることになりました。

②　新しい事務区分

　地方公共団体が行う事務の類型が再編され、地方公共団体の事務は、自治事務と法定受託事務に分類されることになりました。従前の機関委任事務も、例外的に事務そのものを廃止したものや国の直接執行事務となったものを除いて、新たな事務区分である法定受託事務と自治事務のどちらかに振り分けられました。

　この**自治事務と法定受託事務はともに「自治体の事務」**であり、地方公共団体が「国の機関」として国の事務を実施することはありません。また、機関委任事務の廃止に伴い、**法令に反しない限り、自治事務・法定受託事務のいずれについてもすべての事務について条例を制定することができる**こととなりました。

◆新しい事務区分

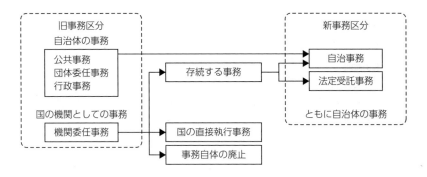

◆自治事務と法定受託事務

	自治事務	法定受託事務
定義	・地方公共団体の処理する事務のうち、**法定受託事務以外のもの**	・法令により自治体が処理することとされている事務のうち、国が本来果たすべき役割に係るものであって、国においてその適正な処理を特に確保する必要のあるもの ・国から都道府県・市町村・特別区に処理を委任した事務 (第1号) と、都道府県から市町村・特別区に委任した事務 (第2号) の2種類がある
事例	・**都市計画、建築確認、飲食店営業の許可**など	・**国政選挙、旅券の交付、国道や一級河川の管理、国勢調査**などの指定統計事務
条例制定	**法令に反しない限り可能**	
国の関与	**ともに国の関与はあるが、指揮監督はできない**	

③ 関与のルール化

　地方公共団体の事務である自治事務も法定受託事務もともに国の関与を受けます。ただし、国の関与については、関与の標準類型や手続ルールなど関与の基本原則が定められており、その適正化が図られています。

　地方公共団体に対する国の関与、市町村に対する都道府県の関与については、次のように基本原則が設定されています。

◆ 関与のルール化

一般主義の原則	・地方公共団体の自主性や自立性に配慮するため、国の関与を必要最小限なものにとどめ、関与の仕方については、地方自治法に一般的ルールを定める
法定主義の原則	・地方公共団体に対する国の関与は、法律またはこれに基づく政令の根拠を要する
公正・透明性の原則	・国の関与に関する手続について、書面の交付、許可・認可等の審査基準や標準処理手続期間を設定し、公表する ・また、いわゆる地方六団体の申し出に対し内閣の応答努力義務が規定されており、地方公共団体の国政参加システムが導入されている（後述）

◆ 国の関与の見直し

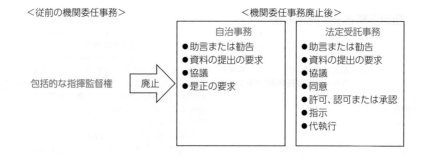

(5) 必置規制の廃止・緩和

　国は地方公共団体に対し、行政機関や施設、特別の資格や職名を有する職員の設置を全国一律に義務づけてきました。これを**必置規制**といいます。しかし必置規制は、自治体の人事権や組織編成権を制約するものであるという批判が起こり、地方分権推進委員会の勧告に沿った見直しが行われました。

　この結果、公立博物館の学芸員の定数規制、図書館司書の配置基準、児童相談所の施設や職員に関する名称規制が廃止されました。これにより、住民の日常生活に密接に関わる行政サービス分野において、**地方自治体の自主組織権が拡充されました**。

(6) 国と地方の係争処理制度

　地方分権一括法によって、国地方係争処理委員会（総務省の審議会）が新たに設

置され、**地方公共団体に対する国の関与について、関与ルールの遵守を地方公共団体側から要求する場**が明確化されました。また、都道府県と市町村の関係においては、**都道府県の関与による係争を処理するため**、自治紛争処理委員が設置されています。

　国地方係争処理委員会は、地方自治体から国の関与について審査の申し出があった場合、審査を行い、国の関与が違法であると認めたときは、**国の行政庁に対して必要な措置を講ずべき旨の勧告を行います**。ただし、この**勧告には法的拘束力がなく**、地方公共団体の長等は、委員会の勧告に不服がある場合や、国の行政庁が従わない場合には、国の行政庁を被告として高等裁判所に提訴することができます。

⑺　第一次分権改革に対する評価
①　評　価
　1990年代の地方分権改革は、機関委任事務の廃止など大きな成果を挙げ、集権性・融合性はある程度緩和されましたが、依然として、日本の地方自治には集権・融合型の要素が残存しているといわれています。

②　第一次分権改革以降
　先述のように、第一次分権改革は、国の地方に対する関与の見直しが中心でしたが、第一次分権改革を進めた地方分権改革推進委員会は、その後に続く第二次、第三次の改革を展望していました。これまでに、税財政の自主性の拡大など地方財政を中心とした改革がすでに行われています。

（ア）三位一体の改革（2004 ～ 2006）
　小泉内閣のもとで、約4.7兆円の補助金削減、約3兆円の税源移譲、約5.1兆円の地方交付税削減が実現しました。

（イ）地方分権改革推進法（2006）
　地方分権改革推進委員会を設置しました。同委員会の勧告に基づいて、新たな地方分権一括法を制定する予定となっています。

（ウ）道州制の構想
　小泉内閣のもとで2003年より地方制度調査会が議論を本格的に開始し、2006年には道州制特区推進法が成立しました。

（エ）地方財政健全化法（2007）

　地方の財政指標を整備し公開しました。また、破綻した自治体に対する再生の新たな仕組みなども導入されました。

⑻　地方六団体

　全国の自治体は、都道府県、市町村の各レベルに応じて、首長、議会議長の連合組織を構成しており、全国知事会、全国都道府県議会議長会、全国市長会、全国市議会議長会、全国町村長会、全国町村議会議長会の六つが存在しています。これを総称して地方六団体といいます。

　地方六団体は、その代表者を国の各種審議会等に送り込むことを通じて、自治体の意思を国政の場で主張する機能を担ってきました。

　1993年の地方自治法改正では、地方六団体のような全国連合組織が、地方自治に影響を及ぼす法律または政令その他の事項に関し、内閣に対して意見を申し出、または国会に意見書を提出することができる旨の規定が設けられます（地方自治法263条の３第２項）。内閣にはこれに回答する義務があります（同条３項）。また2011年には、地方六団体などの地方自治体の代表者と国が正式に協議する場（「国と地方の協議の場」）が法制化されました。

確認してみよう

-----

① 　いわゆる地方分権一括法によって導入された制度や措置のうち、機関委任事務制度の廃止や国の地方自治体に対する関与の制限が団体自治拡充の側面であり、市町村への大幅な事務権限の移譲や公共事業の決定に限定した住民投票制度などが住民自治拡充の側面である。国般2003

2 (2) ②、(3) 参照　✕

　地方分権一括法では、住民投票制度など住民自治拡充の改革はほとんど行われませんでした。また、「市町村への大幅な事務権限の移譲」は、団体自治拡充の側面です。

-----

② 　平成５（1993）年、国会の衆参両院は非自民の野党だけで地方分権推進の決議を行った。この後誕生した細川連立内閣は、地方分権を積極的に推進する旨公約した。しかし、その後自民党を中心とする連立内閣が成立し、更なる地方分権の推進は行われなくなった。国般2002

2 (2) ① 、② 参照 ✕

地方分権推進決議は超党派の合意です。したがって、地方分権はその後も推進されました。

③ 　いわゆる地方分権一括法により、介護保険事務を始めとする多数の国の事務事業が地方自治体へ移譲された。これによって、多くの地方自治体では事務量と歳出額が急増したが、同時に国から地方への税源の移譲が行われたため、ほとんどの地方自治体では地方税収が大幅に増え、歳入額も拡大した。国般2005

2 (3) 参照 ✕

介護保険は当初から自治体の事務です。また、地方分権一括法では税源移譲は行われていません。

④ 　平成7（1995）年に成立した地方分権推進法に基づき、地方分権推進委員会が設置された。同委員会は、団体自治よりも住民自治の拡充方策を優先するとの方針の下、各都道府県に対して、自治基本条例の制定や住民投票制度の導入などを勧告した。国般2010

2 (3) 参照 ✕

地方分権一括法では、団体自治が優先されました。このため、住民投票などについて言及されていません。

⑤ 　いわゆる地方分権一括法により、機関委任事務制度が廃止され、地方自治体の処理する事務は自治事務と法定受託事務の2種類に限られた。主務大臣の地方自治体に対する包括的指揮監督権が廃止され、国の地方自治体に対する関与は、自治事務については撤廃され、法定受託事務についても限定的に整理された。国般2003

2 (4) ③ 参照 ✕

自治事務についても国の関与は完全になくなったわけではありません。

⑥ 　いわゆる地方分権一括法により、地方自治体に対する国の関与について、その標準類型や手続ルールが定められた。また、新たに設けられた国地方係

争処理委員会は、地方自治体からの国の関与に関する審査の申出があった場合、審査を行い、国の関与が違法等であると認めたときは、国の行政庁に対して必要な措置を講ずべき旨の勧告等を行うこととなっている。国般2005

2 (4) ③、(6) 参照 ○

例えば、2019年には大阪府の泉佐野市が国地方係争処理委員会に審査を請求し、同委員会は総務省に再検討を勧告しています。

....

⑦ 地方分権推進委員会は、地方公共団体の自主組織権の尊重などの観点から、必置規制の見直しについて勧告を行った。政府はこの勧告に沿って、国から補助金を受ける公立図書館では館長が司書資格を持たなければならないとする規制を廃止するなどの見直しを行った。国般2010

2 (5) 参照 ○

このように、必置規制が廃止されることによって地方公共団体の裁量は増しますが、その分、居住地によって住民サービスの質のバラツキは拡大することにもなります。

....

⑧ 平成13（2001）年に成立した地方分権改革推進法に基づき、地方分権改革推進会議が設置された。同会議は、平成15（2003）年に「三位一体の改革についての意見」を取りまとめ、その後の「三位一体の改革」において、約3兆円の国庫補助負担金の見直し、約4.7兆円の税源移譲、約5.1兆円の地方交付税の増額が行われた。国般2010

2 (7) ② 参照 ✕

地方交付税は減額されています。すなわち、交付税と負担金を減額する代わりに税源が移譲されています。

....

⑨ 地方六団体は、地方自治法に基づき、地方自治に影響を及ぼす法律又は政令その他の事項に関し、内閣に意見を申し出ることができるが、この意見申出に対して内閣にはいかなる場合にも回答義務が課されていないことから、実際にこの制度を利用して意見申出が行われた例は一度もない。国般2012

2 (8) 参照 ✕

内閣には回答義務があります。また、意見の申し出も行われています。

3 地方自治の現状

(1) 地方公共団体の種類
① 普通地方公共団体と特別地方公共団体

　地方自治法では、地方公共団体を普通地方公共団体と特別地方公共団体の２種類に分類しています。ただし、判例では、**都道府県と市町村の普通地方公共団体のみを憲法上の地方公共団体と解しています**。

◆**地方公共団体の種類**

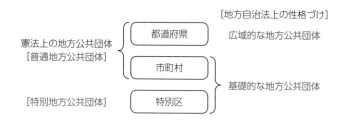

② 特別地方公共団体の種類
（ア）特別区

　特別区とは東京23区を指します。原則的に市の規定が適応され、**区長および区議会の議員は選挙により選出**されます。

（イ）一部事務組合

　一部事務組合とは、**普通地方公共団体および特別区が、その事務の一部を共同処理するために設ける組織**です。都道府県が加入するものは総務大臣、その他については都道府県知事の許可を得て設けます。

（ウ）広域連合

　広域連合とは、**普通地方公共団体および特別区が、その事務で広域にわたり処理するのが適当なものを処理するために設ける組織**です。
　対象の事務についての総合的な計画（広域計画）を作成し、都道府県が加入するものは総務大臣、その他については都道府県知事の許可を得て設けます。

（エ）その他

　その他、財産区、合併特例区といった特別地方公共団体があります。

◆特別地方公共団体の種類

特別区		・首都の「行政の一体性」を確保する目的で、東京都が一部事務を処理している ・原則的に市の規定が適応される
地方公共団体の組合	一部事務組合	・都道府県・市町村・特別区がその事務の一部を共同処理するための組織 ・ごみ処理・上下水道などの環境衛生分野で導入されている事例が多い ・戦前から存在
	広域連合	・都道府県・市町村・特別区が広域的な処理をすることが適当な事務について共同処理する組織 ・**1994年に新設** ・広域連合についてはさまざまな分野に設立することができるが、全国的に、介護保険、後期高齢者医療の運営に導入されている例が多い
財産区		・市町村や特別区が公の施設や財産を管理するために設ける組織 ・山林、温泉、用水路、公会堂など ・山林、用水路など伝統的にその地域住民の共有財産とされてきたものに特別の「保護」を与える目的で使われてきた
合併特例区		・市町村合併時に、一定期間、旧市町村を単位として設置することができるもの ・**法人格を有する組織** ・2004年に新設

補足

　かつては、全部事務組合（町村の全部の事務を共同処理）、役場事務組合（町村の役場の事務を共同処理）、地方開発事業団（一定の地域の総合開発）という区分も存在しましたが、長らく活用事例がほぼ皆無だったため2011年の地方自治法改正で廃止されました。

(2)　地方公共団体の組織
①　概　要

　都道府県と市町村には**議決機関としての議会**と、**執行機関としての長**が設置されており、いずれも**住民の直接選挙で選出**されます。したがって、地方公共団体の場合には国と異なり、首長という**独任の長**が行政活動を統轄しています。

② 特　徴

（ア）二元代表制

　例えば市長と市議会議員はともに住民による直接選挙によって選ばれますが、この二つの選挙は別々に行われます。このように**首長と議会がそれぞれ別の選挙によって公選される**ものとなっており、これを**二元代表制**といいます。二元代表制は、ともに住民を代表している長と議会が互いに権力の抑制・均衡を図る仕組みとなっています。

　なお、中央政府での二元代表制は大統領制を指す概念です。ただし、一定の条件下で、**首長による議会の解散や、議会による首長の不信任議決が認められています**。また、**首長が条例案や予算案を議会に提出する権限も認められている**点で、大統領制とは特徴が異なります。

（イ）執行機関の多元主義と一体性の確保

　地方公共団体には執行機関として、首長とその下に**行政委員会および委員**が置かれていますが、行政委員会には職権行使の独立性が認められています（多元主義）。ただし、執行機関は一体として行政機能を発揮する必要があることから、**首長には委員の任免権と総合調整権があります**（一体性の確保）。

◆地方公共団体の組織（市町村の場合）

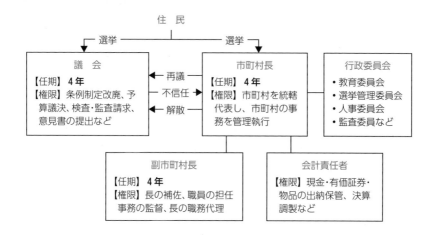

（ウ）首相と議会の力関係

　首長と議会が別々に選出されているにもかかわらず、議会は首長を不信任することができます（議員の3分の2以上が出席し、そのうちの4分の3以上の賛成で成立）。不信任決議が可決された際、**首長には辞職を受け入れるか議会を解散するかの選択肢があり**、もし**10日以内にどちらの選択肢も選ばなければ自動失職**となります。

　また、**首長が解散した後に召集された議会で再び不信任決議が可決**（出席議員の過半数の賛成で成立）した場合は、首長は解散することはできず、**自動失職**となります。

（エ）国の行政機構と地方の行政機構の違い

　衆議院は自律解散（議会自身の判断による解散）**が認められていませんが、地方議会にはこれが認められています**。また、**衆議院は首相の一存で解散できますが**、日本の地方政府において**首長が議会を解散できるのは不信任決議に対抗する場合のみ**（不信任決議なしに、首長の一存だけで解散することは不可）となっています。

③　地方公共団体の行政委員会

　地方公共団体の首長は地方公共団体を統轄し対外的に代表しますが、同時に首長から独立してそれぞれの判断と責任で特定の事務を管理・執行する行政委員会・委員が置かれています。行政委員会および委員は、**職務権限の行使について独立性を持っており、首長の指揮監督に服さない合議制機関として設置されています**。下に挙げた行政委員会はそれぞれ必置とされています。

◆地方公共団体の行政委員会

都道府県	都道府県および市町村	市町村
・公安委員会 ・地方労働委員会 ・収用委員会 ・海区漁業調整委員会 ・内水面漁業調整委員会	・教育委員会 ・選挙管理委員会 ・人事委員会（公平委員会） ・監査委員	・農業委員会 ・固定資産評価審査委員会

補足

　後述しますが、表に挙げたうち、都道府県および市町村の監査委員は独任制となっています。

④ 都道府県と市町村の事務区分

都道府県と市町村の管掌する行政事務は、その地方公共団体としての性質の違いから、次のように区分されています。

	都道府県	市町村
性格	・市町村を包括する広域的な地方公共団体 （市町村を補完する役割）	・基礎的な地方公共団体 （市町村優先の原則を明示）
事務	・広域事務（総合開発計画、防災・警察など） ・連絡調整事務（市町村相互の連絡調整等） ・補完事務（規模が大きいもの、高い専門性等） ※かつては４番目の事務として統一事務が存在したが地方分権一括法で廃止	・都道府県が処理する事務以外のもの
変化	・かつて、都道府県と市町村には明確な上下関係が存在したが、地方分権一括法により対等な関係へと変化した。	

⑤ 監査制度
（ア）監査委員

監査委員はすべての都道府県、市町村に置かれている、**独任制の委員**です。その主な職務は、都道府県や市町村の財務に関する事務の執行、経営事業の管理を監査するなど**財務監査が中心ですが、広く行政事務を対象とした監査も実施しています**（一般行政監査）。

（イ）外部監査

1990年代、地方公共団体において官官接待の不正経理など内部監査の形骸化の問題点が指摘されるようになったため、監査委員制度と並んで外部監査制度が1997（平成9）年より導入されました。外部監査とは、**地方自治体が外部監査人と契約して実施されるもの**で、具体的には「**専門的知識を有する者**」（弁護士・公認会計士・税理士、公務に精通している者など）**によって行われます**。

外部監査は、**委員による自発的な監査も認める**包括外部監査と、**特定問題について監査委員の監査に代えて行われる**個別外部監査とがあります。このうち、包括外部監査については、地方自治法上、**都道府県、政令指定都市、中核市にのみ実施義務**があります。個別外部監査や地方自治法上外部監査を実施する必要のない自治体については、条例によって導入しているところも多いです。

	監査委員による監査	外部監査
任命	・長が議会の同意を得て、識見を有する者および議員のうちから選任する	・外部監査人と契約して実施（弁護士、公認会計士、税理士など）
設置	・すべての都道府県・市町村に実施義務	・すべての都道府県、政令指定都市、中核市に実施義務
職務	❶ 財務監査 財務事務や経営事業の管理等を監査 ❷ 行政監査 広く一般事務を対象とした監査	❶ 包括外部監査（地方自治法上の義務） 財務事務や経営事業の管理等を監査 ❷ 個別外部監査（条例で任意） 住民、議会、知事の請求または要求によって、監査委員の監査に代えて行われる監査

(3) 大都市特例制度

① 歴史的背景

第二次世界大戦前、東京・京都・大阪・名古屋・神戸・横浜の6大市は一般市以上の地位を求める特別市運動を展開しました。しかし、これらの運動は実を結ぶことなく、**戦前には大都市の特例制度は創設されませんでした。**

戦後になり地方自治法が制定されると、法律によって指定する**特別市制度**が設けられましたが、府県の反対が根強く**実施には至りませんでした。**この結果、1956（昭和31）年に地方自治法が改正されると**特別市の条項は削除**され、代わりに**政令指定都市制度が創設**されました。

② 政令指定都市

政令指定都市（政令市、指定都市）は、昭和31（1956）年より新たに設けられた大都市特例制度で、**政令で指定する人口50万人以上**（運用上は100万人以上が目安とされた）**の市**に特例が認められます。組織上の特例として**行政区**を設け、行政事務を分掌することができます。ただし、**行政区の区長は公選職ではなく、行政区は自治体ではありません。**

③ 中核市

中核市は、1994（平成6）年より新たに設けられた大都市特例制度です。一定の事務の特例が認められますが、その範囲は政令指定都市に比べると狭いです。

④ 特例市

　特例市は、1999（平成11）年より新たに設けられた大都市特例制度です。行政事務の範囲は中核市よりも狭くなっています。ただし、2015（平成27）年より中核市の人口要件が20万人以上に引き下げられたことに伴い、特例市制度は廃止されました。従来の特例市は中核市に移行することが可能ですが、この移行を果たしていないものについて、**施行時特例市**として存続しています（2020年末現在）。

◆ 政令指定都市・中核市・施行時特例市の比較

		政令指定都市	中核市	施行時特例市
沿革		1956（昭和31）年創設	1994（平成6）年創設	1999（平成11）年創設
要件		人口50万人以上	人口20万人以上	人口20万人以上
特例措置	事務配分	あり	あり	あり
	関与	・知事の承認、許可、認可等の関与を要している事務について、その関与をなくし、または知事の関与に代えて直接各大臣の関与を要することとする	・福祉に関する事務に限って政令指定都市と同様に関与の特例が設けられている	なし
	組織	・行政区の設置 ・区選挙管理委員会の設置	なし	
決定の手続		・政令で指定	・市からの申し出に基づき、政令で指定 ・市は申し出に当たっては市議会の議決および都道府県の同意が必要	
指定数（2020年12月）		20	60	25

> **補足**
>
> 　一般市が政令指定都市・中核市に移行することによって、本来であれば都道府県が担当している事務権限が市に移譲されることになります。これは市自身の決定権が拡大するという点でメリットがありますが、事務が増加することによって財政負担が増すというデメリットもあります。そのため、大都市圏には中核市の人口要件を満たしているにもかかわらず一般市にとどまる自治体がありますし（町田市、藤沢市、松戸市、市川市など）、要件は満たしているにもかかわらず特例市から中核市に移行しない自治体（施行時特例市）があります。

◆ 都道府県・市町村の役割分担

都道府県	特別区	町村	一般市	特例市	中核市	政令指定都市
警察・病院の開設許可など						
【教育】小中学校教員の任免						
【土木】国道・県道の管理						
【福祉】養護老人ホームの設置許可						
身体障害者手帳の交付、保健所の設置						
【都市計画】市街化区域内の開発行為の許可						
市街地開発事業地区内の建築許可						
【環境保全】騒音・振動を規制する地域の指定						
生活保護						
消防・上下水道						
戸籍、住民基本台帳、老人福祉、児童福祉、小中学校、清掃						

　　　　　　　　　　　　　　　　　：都道府県の役割　／　　：市町村の役割

⑷　市町村合併（市町村の廃置分合）

①　明治の大合併

　江戸時代以来の自然集落としての村（自然村）は、教育、徴税、土木、救済、戸籍といった事務処理を行うには規模が小さかったため、1888（明治21）年の市制・町村制に合わせて町村合併が行われました。具体的には、約300〜500戸を標準規模として自然村を合併し、町村としました。この結果、同年に約7万あった自然村が1889（明治22）年には約16,000の市町村へと整理（**約5分の1に減少**）されました。

②　昭和の大合併

　戦後の地方制度改革で、**新制中学校の設置管理、消防や自治体警察の創設の事務**、社会福祉、保健衛生関係の新しい事務が市町村の事務とされたため、市町村の財政力強化が大きな課題となりました。そこで、政府は、1953（昭和28）年に町村合併促進法を制定し、町村の規模を「概ね8,000人以上」とする規準で町村合併を推進します。この結果、終戦直後約10,000であった市町村数は1961（昭和36）年に約3,500弱となり、**約3分の1に減少**しました。

　その後も市町村合併は推進され、1965（昭和40）年には「市町村の合併の特例に関する法律」（10年の時限立法）が制定され、期限が到来するごとに延長、改正することが続けられました。ただし、1960年代以降、市町村数は約3,300でほとんど変化しない状態が続きました。

③ 平成の大合併

　平成に入り、1999（平成11）年に地方分権一括法が制定されるなど地方分権が進展すると、市町村の財政基盤強化などを目的として、市町村合併の動きが再び活発化します。

　政府は旧合併特例法に基づいて、同特例法が期限を迎える2005（平成17）年3月までに市町村合併を実施または合併の申請を行った場合、合併特例債の発行を認めるなど、手厚い財政支援措置を呼び水として市町村合併を大規模に推進しました。この結果、1999（平成11）年に3,229あった市町村数は、2010（平成22）年には1,727へと減少し、2020年12月現在、市町村数は1,718となっています。

◆市町村合併

明治の大合併	・市制・町村制の施行（1888）による ・行政上の目的（教育、徴税、土木、戸籍の事務処理）に合った規模の確保のため ・**市町村数は約5分の1に減少**：71,314（1888）⇒15,859（1889）
昭和の大合併	・町村合併促進法の制定（1953）による ・新制中学校、消防や警察、社会福祉、保健衛生などの新しい事務を処理するため ・**市町村数は約3分の1に減少**：9,868（1953）⇒3,472（1961）
平成の大合併	・市町村合併特例法の制定による ・地方分権改革の進展や広域的な行政需要の増加に対応するため ・**市町村数は約2分の1強に減少**：3,229（1999）⇒1,727（2010）

(5) 道州制

　道州制とは、**現在の47都道府県をおおよそ10程度の道や州に再編し、国の予算や権限を大幅に移譲しようとする構想**です。大都市特例制度により都道府県の権限が政令市・中核市に移譲されると、その分、都道府県の権限が縮小することから、都道府県も合併しようという構想といえます。

　例えば、地方制度調査会の答申では、❶道州の首長と議員は直接選挙で選び、首長の多選については禁止すること、❷国の仕事は外交や安全保障などに限定し、内政の多くは道州に移譲すること、❸現在の都道府県の仕事は大幅に市町村に移譲すること、などが提案されています。

　公的部門での道州制に関する議論は1950年代に取り上げられた後、長い間中断されていましたが、2003年から再開され、2006年には、道州制を導入して地方自治体を都道府県の代わりに道州と市町村の二層制とすることを目指しつつ、当面は**北海道を先行モデルとして権限移譲や財源確保策**などを行う「道州制特別区域にお

ける広域行政の推進に関する法律（**道州制特区推進法**）」が制定されました。

しかし、2007年以降は再び議論が中断されています（2020年末現在）。

⑹　住民参加の制度

政策の決定過程において、住民運動や住民団体の役割を一定程度認めようとするのが住民参加です。

①　直接請求制度

戦後、地方自治拡充のため直接請求制度が導入されます。具体的には、条例の制定改廃（イニシアチブ）、事務監査、議会の解散および議員・長・主要公務員の解職（リコール）に関する請求権が認められるようになりました。

◆ **直接請求制度**

	署名の要件	請求先	執るべき措置	効果
条例の制定改廃	50分の1以上	首長	議会に付議	議会の議決に委ねる
事務監査	50分の1以上	監査委員	請求の公表、監査実施	結果の通知公表と議会・長への報告
議会の解散	3分の1以上	選挙管理委員会	選挙人の投票	過半数の同意で解散
議員の解職	3分の1以上	選挙管理委員会	所属選挙区の選挙人の投票	過半数の同意で解職
長の解職	3分の1以上	選挙管理委員会	選挙人の投票	過半数の同意で失職
主要公務員の解職	3分の1以上	首長	議会に付議	3分の2以上出席し、4分の3以上の同意で失職

補足

　解散・解職の請求に関する必要署名数について、有権者が40万人を超えるときは、40万を超える数の6分の1と40万の3分の1を合計した数、有権者が80万人を超えるときは、80万を超える数の8分の1と40万の6分の1と40万の3分の1を合計した数以上という形に、一部要件が緩和されています。

　また、主要公務員の解職における「主要公務員」には、副知事・副市町村長、政令指定都市の総合区長、選挙管理委員、監査委員、公安委員会の委員が該当します（地方自治法86条1項）。

② 住民投票

（ア）憲法に基づく住民投票

憲法95条には「一の地方公共団体のみに適用される特別法」に関する住民投票を実施する規定が存在しています。ただし、終戦直後の都市復興関連で適用されたのみで、この憲法上の住民投票は、1952（昭和27）年を最後に、現在まで実施されていません。

（イ）条例に基づく住民投票

憲法規定の住民投票とは別に、**各自治体が条例に基づいて行う住民投票**があります。これは、例えばダムの建設など個別政策の是非を問うため、各自治体が独自に条例を制定して実施するもので、**地方自治法に根拠を持つものではありません。**

このような住民投票（諮問的住民投票）は、自治体が住民の意向を直接確認するために近年しばしば用いられていますが、**投票結果に法的拘束力があるわけではなく、尊重義務があるのみ**となっています。

確認してみよう

① 広域連合は、都道府県、市町村及び特別区が設置することができる組合の一種で、広域計画を作成して総合的かつ計画的に広域行政を行うものである。その設置の際には、都道府県の加入するもの及び数都道府県にわたるものにあっては総務大臣に、その他のものにあっては都道府県知事に許可を申請することとされている。国般2007

3 (1) ② 参照 ○

都道府県が加入する広域連合の例としては関西広域連合、その他のものとしては後期高齢者医療広域連合などがあります。

② 市町村の行政能力を向上させるために、町村合併の必要性が戦前から提唱されていた。特に、総力戦遂行のために強力な合併が昭和10年代に進められ、終戦時には市町村数は3500程度にまで減少していた。これを、「昭和の大合併」と呼ぶこともある。国般1999

3 (4) ② 参照 ✕

昭和の大合併は第二次世界大戦後のことです。

③ 　　住民投票は、住民が投票により直接に意思を示す制度であり、住民投票はすべて条例に根拠を要し、住民投票を行った地方公共団体は、当該住民投票の結果に拘束される。都Ⅰ2007

3 (5) ② 参照 ✕

　憲法に基づく住民投票も存在します。また、条例に基づき地方公共団体の行う住民投票には法的拘束力がありません。

4 地方財政

(1)　国と地方の財源配分

　日本の財政は、国民が負担する租税収入の配分における国と地方の比率と最終歳出ベースにおける国と地方の比率が逆転しており、両者の間に大きな乖離があります。実際に日本の内政を担っているのは地方公共団体であり、国民生活に密接に関連する行政は、そのほとんどが地方公共団体の手で実施されています。

◆国・地方の財源配分（2018年度）

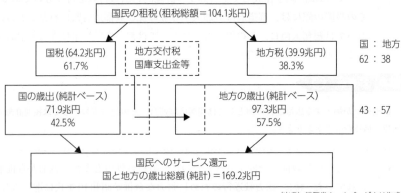

（出典）総務省ホームページより作成

(2)　地方の歳入

①　地方税

　地方税とは**地域住民が地方公共団体に納める税金であり、地方公共団体の収入の**

約3分の1を占める最大の収入源となっています。税目と比率は地方税法で定められています。ただし、地方公共団体が一定の範囲内において、法定の標準税率以外の税率で課税をすることが認められている場合もあります。

なお、地方税には、都道府県による都道府県民税や市町村による市町村民税のように**使途の特定されない**普通税と、都道府県による自動車取得税や市町村による入湯税、都市計画税のように**使途の特定された**目的税とがあります。

② 国庫支出金

国庫支出金とは、**国が使途を特定し地方公共団体に交付する資金の総称**で、補助金とも呼ばれます。国庫支出金には国庫負担金、国庫補助金、国庫委託金などがあり、地方収入の15%程度を占めています。

国庫支出金は中央政府の政策意図を実現し、国政と統一する重要な手段ですが、主務官庁ごとに交付されるため、縦割り行政による弊害や非効率の原因になるとの批判もあります。

◆地方歳入決算の内訳（2018年度）

地方税 40兆7,514億円 （40.2%）	地方交付税 地方特例交付金 地方譲与税 19兆3,535億円 （19.1%）	国庫支出金 14兆8,852億円 （14.7%）	地方債 10兆5,084億円 （10.4%）	その他 15兆8,467億円 （15.6%）
一般財源59.3%		特定財源40.7%		
地方歳入101兆3,453億円				

◆目的別歳出決算額の構成比（2018年度）

総務費 9.5%	民生費 26.2%	衛生費 6.4	農林水産費 3.3%	土木費 12.1%	教育費 17.2%	公債費 12.6%	その他 12.7%

◆性質別歳出決算額の構成比（2018年度）

人件費 22.9%	扶助費 14.6%	公債費 12.6%	普通建設事業費 15.1%	災害復旧 失業対策 1.0%	その他 33.8%
義務的経費50.1%			投資的経費16.1%		その他

（出典）総務省令和2年版地方財政白書

⑶ 地方交付税

① 地方交付税

　地方交付税は、**地方公共団体どうしの財源の偏りを調整するために設けられた制度**です。

　本来地方の税収入とすべきところですが、団体間の財源の不均衡を調整し、すべての地方団体が一定の水準を維持できるよう財源を保障する見地から、**国税として国が代わって徴収し、一定の合理的な基準によって再配分する**という、いわば「国が地方に代わって徴収する地方税である」という性格を有しています。**その使途に制限はありません。**

② 地方交付税の機能

（ア）財源保障機能

　地方交付税の総額は、国税五税（所得税、法人税、酒税、消費税、地方法人税）のなかで一定割合として法定されており、地方財源は総額として保障されています。

（イ）財源均衡化機能

　地方団体間の財政力の格差を解消するため、地方交付税の適正な配分により地方団体相互間の過不足を調整します。

（ウ）地方交付税額

　地方交付税は定率繰入れであり、**国税五税の一定割合**（所得税・法人税の33.1％、酒税の50％、消費税の22.3％、地方法人税の100％）**が地方交付税の総額**となります。

③ 種　類

　普通交付税は**財源不足団体に交付されるもので、交付税総額の94％**を占めています。普通交付税では捕捉されない特別の財政需要に対しては**特別交付税**が交付されます。**特別交付税は交付税総額の6％**を占めています。

④ 財源不足額の算定

　普通交付税は、毎年度、地方公共団体ごとに必要とする一般財源額（基準財政需要額）と各団体が確保する地方税等の一般財源見込額（基準財政収入額）を計算し、基準財政需要額が基準財政収入額を超える額（**財源不足額**）に応じて交付されます。

⑤　基準財政需要額の算定

　基準財政需要額は、各行政項目別にそれぞれ設けられた測定単位の数値に必要な補正を加え、これに測定単位ごとに定められた単位費用を乗じた額を合算して計上されます。これは各地方団体の支出の実績（決算額）や、実際に支出しようとする額（予算額）ではありません。

$$基準財政需要額＝\boxed{単位費用}×\boxed{測定単位}×\boxed{補正係数}$$

　　　　　　　　　　（全国一律の単価）（人口や面積など）（自然的・社会的条件）

（例）警察費＝（警察官1人当たり約880万円）×（警察職員数）×寒冷補正

(4)　地方債

　地方債とは、**次年度以降の収入で償還する条件で債務を負担することによって調達される財源**です。地方債の起債については、起債の乱発を防ぎ個々の地方公共団体の財政の健全性を確保する見地から、都道府県と政令指定都市は国の許可、市区町村は都道府県知事の許可が必要でした。つまり、上の階層の行政組織がすぐ下の階層の行政組織に許可を出すという形です。

　ただし、地方分権一括法によって許可制は原則廃止することが決定し、2006（平成18）年より**協議制**（同意制）**に移行**しました。協議制の導入によって、財政状況が健全な地方公共団体は、総務大臣または都道府県知事に協議を行えば、仮にその同意がなくとも、あらかじめ議会に報告して地方債を発行することができるようになりました。

(5)　法定外税
①　法定外税

　地方税法で定められている税とは別に、地方公共団体は、独自に条例を定めて地方税を徴収することができます。これを法定外税といいます。

②　法定外税の種類

　法定外税には、**使途を特定しない法定外普通税**と、**使途を限定した法定外目的税**があります。法定外普通税は従来から存在していましたが、法定外目的税は、地方分権一括法による地方税法の改正によって認められるようになりました。また、法定外税は従来から許可制となっていましたが、地方分権一括法による地方税法の改正により、総務大臣の同意を要する**協議制**（同意制）**に移行**しました。

③ 現　状

2018（平成30）年度決算では、法定外税の総額は約650億円、地方税収に占める割合は0.16％となっており、地方の歳入に占める割合は小さいです。このうち、大半は法定外普通税が占めています。法定外税は、地方公共団体が地域の実情に合わせた財源確保をするのに役立つもので、多くの自治体で法定外税の創設に向けた取組みが進展しています。

ただし、法定外税を導入している自治体はまだ少ないのが現状です（2018年度現在、普通税が20団体、目的税が40団体）。また、新たに創設された法定外税には特定企業を狙い撃ちにしたものも見られ、税の公平性の面から問題視されることも少なくありません。

> **補足**
>
> 　法定外普通税の例としては、原子力事業者に対する核燃料税（核燃料等取扱税）などが挙げられます。法定外目的税の例としては、産業廃棄物税をはじめとする環境税の導入例などがあります。

確認してみよう

①　地方債の発行について、従来は、大きな赤字を抱える地方公共団体を除いて原則自由であったが、平成18年度以降、都道府県及び政令指定都市においては総務大臣の、市町村においては都道府県知事の許可を得ることが必要になった。国般2006

4 (4) 参照 ✗

従来は許可制という強い関与でしたが、現在は協議制となりました。

②　従来、地方自治体の課税自主権は著しく制約されており、地方自治体は地方税法が定める税目以外の税を独自に課すことが一切認められていなかったが、いわゆる地方分権一括法により、独自に法定外の普通税及び目的税を創設することが可能になった。これにより、現在ではすべての都道府県及びほとんどの市町村が法定外の税を設けている。国般2005

4 (5) ②、③ 参照 ✗

法定外普通税は地方分権一括法の前から存在しており、地方分権一括法で創設されたのは法

290

定外目的税です。ただし、導入しているところはわずかです。

・・

③　　　我が国の地方制度は画一的であり、地方税法によって税率が統一的に定められているため、自治体間で異なる税率を設定することはできない。しかし、税目については地方分権一括法による地方税法の改正によって、法定外普通税については許可制が導入され、一定の条件を満たせば自治体独自の税を課すことも可能となった。国般2007

4 (5) ② 参照 ✕

従来は許可制という強い関与でしたが、現在は協議制になりました。

第3章 地方自治

過去問にチャレンジ

問題1 ★ 　我が国の中央地方関係に関するA〜Dの記述のうち、妥当なものを選んだ組合せはどれか。

区 I 2017

A 　2000年に施行された地方分権の推進を図るための関係法律の整備等に関する法律（地方分権一括法）では、国と地方の関係を上下・主従の関係から対等・協力の関係に転換させる観点から、機関委任事務は廃止され、地方自治体の事務として存続する事務としては自治事務と法定受託事務に再構成された。

B 　国と地方自治体の関係を公正で透明なものにするため、地方分権一括法による地方自治法の改正により、国の関与の標準類型及び関与の手続ルールが定められたが、地方自治体に対する国の関与に関する係争処理の制度は設けられなかった。

C 　第一号法定受託事務とは、法律又はこれに基づく政令により都道府県、市町村又は特別区が処理することとされる事務のうち、国が本来果たすべき役割に係るものであり、国においてその適正な処理を特に確保する必要があるものとして法律又はこれに基づく政令に特に定めるものをいう。

D 　国から地方自治体への財政移転には地方交付税があり、国は地方交付税の交付に当たっては、地方自治の本旨を尊重しなければならないが、地方交付税は特定財源であるため、その使途について、条件をつけ又は制限をすることができる。

❶　A　B
❷　A　C
❸　A　D
❹　B　C
❺　B　D

【解答・解説】

> Cはやや細かい内容ですが、BとDが明らかな誤りなので解答できるでしょう。

A ○ 　地方分権一括法により機関委任事務は廃止され、事務自体を廃止するもの、国の直接執行事務とするもの、従来どおり自治体が執行する事務とに分けられました。そのうえで、自治体の事務は、従来どおり自治体が執行する法定受託事務とそれ以外の自治事務とに分けられました。

B ✕ 　「係争処理の制度は設けられなかった」という記述が誤りです。地方分権一括法により、国からの関与に自治体が不服がある場合に、中立的な第三者機関の判断により国と自治体間との係争を処理する目的で、総務省に「国地方係争処理委員会」が設けられています。

C ○ 　法定受託事務のうち、第1号は国と都道府県市町村に関する事務を規定したもの、第2号は本来都道府県が果たすべき役割に係るものではあるものの市町村や特別区が処理するものをいいます。

D ✕ 　地方交付税は自治体間の財源の不均衡を調整する制度であり、使途が特定されている特定財源ではなく特定されない一般財源として交付され、使途は自治体独自の判断で決められるものとなっています。

問題2
★★
　　我が国の第一次地方分権改革に関する記述として、妥当なのはどれか。

区Ⅰ 2020

❶　地方分権推進委員会は、地方分権推進法により設置され、1996年の中間報告において地方分権改革の方向性を示し、国と地方の関係を対等・協力の関係から上下・主従の関係に改めることを提言した。

❷　地方分権一括法による地方自治法の改正により、機関委任事務が廃止され、地方自治体の事務は、国が地方自治体の長に国の事務を処理させてその執行を監督する法定受託事務と、法定受託事務以外のものである自治事務に再編された。

❸　地方自治体は、地方分権一括法による地方自治法の改正により、法令に反しない限りにおいて、自治事務であると法定受託事務であるとを問わず、全ての地方自治体の事務について条例が制定できることとなった。

❹　国の関与の基本類型及び関与の手続ルールが、国と地方自治体の関係を公正で透明なものにするために定められ、法定受託事務における国の関与は、助言勧告、資料提出要求、是正要求、同意、許認可、協議に限定され、指示、代執行は廃止された。

❺　国と地方自治体の紛争を処理するために設置された国地方係争処理委員会は、審査の結果、国の関与が違法又は不当であると認められるときは、国に対して必要な措置を講ずべきことを勧告しなければならず、当該勧告には法的な拘束力が生じる。

【解答・解説】

正解 ❸

❹と❺がかなり細かい内容ですが、正解肢は明確なので解答できるでしょう。

❶ ✕　1996年に発表された「地方分権推進委員会 中間報告」では、国と地方の関係を上下・主従の関係から対等・協力の関係に改めることを提言しています。地方分権の方向性から、逆だと推測しましょう。

❷ ✕　「国が地方自治体の長に国の事務を処理させてその執行を**監督**する」のは、法定受託事務ではなく機関委任事務です。法定受託事務（第1号）とは、都道府県・市町村・特別区が処理することとされる事務のうち、国が本来果たすべき役割に係る事務であって、国においてその適正な処理を特に確保する必要があるものを指します。

❸ 〇　1999年に成立した地方分権一括法による地方自治法の改正により、機関委任事務の廃止に伴い、法令に反しない限りすべての事務について条例を制定することができることとなりました。

❹ ✕　法定受託事務における国の関与について、（是正の）指示・代行は廃止されていません。

❺ ✕　「当該勧告には法的な拘束力が生じる」という記述が誤りです。国地方係争処理委員会による勧告があったとき、国は勧告に即して必要な措置を講ずる義務がありますが、勧告の内容そのものに従うとは限りません。例えば、2019年に大阪府泉佐野市はふるさと納税制度に関する国の決定を不服として国地方係争処理委員会に審査を申し立て、国地方係争処理委員会は泉佐野市の主張を一部認めて総務省に再検討を勧告したものの、総務省は再検討したうえで決定を変更しませんでした。

次の文は、我が国の大都市制度の変遷に関する記述であるが、文中の空所A～Dに該当する語又は語句の組合せとして、妥当なのはどれか。

区Ⅰ 2015

　昭和31年に創設された　　A　　制度は、大阪市や名古屋市等の大都市は府県から独立して、特別市として府県の権限と市の権限を併せ持つことをめざしていたが、府県は特別市構想に強く反対したため、その妥協の産物として創設された制度である。

　また、都区制度に関しては、昭和49年の地方自治法改正により、特別区において　　B　　が復活し、平成10年の地方自治法の改正により、都が一体的に処理するものを除き、一般的に　　C　　が処理するものとされている事務を特別区が処理することとされ、特別区は、　　D　　地方公共団体とされた。

	A	B	C	D
❶	政令指定都市	区長の公選制	市町村	基礎的な
❷	中核市	区長の公選制	都道府県	広域的な
❸	政令指定都市	都職員配属制度	市町村	基礎的な
❹	特例市	都職員配属制度	都道府県	広域的な
❺	中核市	都職員配属制度	市町村	普通

【解答・解説】

正解 **1**

> **B**の「都職員配属制度」はかなり細かい内容ですが、「区長の公選制」は重要な論点で、特に特別区の受験者は把握しておきましょう。

A 　　「政令指定都市」が該当します。「大阪市」、「名古屋市」という記述で判別できます。当初の議論では、国会で**法律により指定すべき**とされていましたが、1956（昭和31）年の地方自治法改正の際**政令によって指定する**という内容になりました。なお、中核市制度は1994（平成6）年に、特例市制度は1999（平成11）年に創設されています。

B 　　「区長の公選制」が該当します。1952（昭和27）年の地方自治法改正により、特別区が東京都の内部的な団体とされたことから区長の公選制が廃止されましたが、東京の巨大都市化に伴う行政の行き詰まり等を理由に、順次都から区への権限移譲が行われ、1974（昭和49）年の地方自治法改正により区長公選制が復活しています。

　　なお、都職員配属制度とは、東京都の職員が、都の職員の身分を保持したまま特別区に出向して働くという制度です。しかし、これは特別区を東京都の内部団体として扱っているという批判もあり、逆に1974（昭和49）年の地方自治法改正により廃止されています。

C 　　「市町村」が該当します。特別区は基礎自治体であり、概ね市町村と同等の事務を担当していることから推測しましょう。

D 　　「基礎的な」が該当します。特別区は、地方自治法281条の2の2において「基礎的な地方公共団体」として認められています。ただし、今日においても、法的には「特別」地方公共団体とされます。

地方公共団体の種類に関する記述として、妥当なのはどれか。

★★

都Ⅰ2007

❶ 地方公共団体は、普通地方公共団体と特別地方公共団体とに分けられ、都道府県は普通地方公共団体であり、市町村及び特別区は特別地方公共団体である。

❷ 都道府県は、地方自治制度上、市町村の上位に位置づけられる団体であるため、市町村を監督する役割を担い、規模又は性質において市町村が処理することが適当でないと認められる事務を処理する。

❸ 特別区は、基礎的な地方公共団体に位置づけられ、原則として市町村が処理するものとされる事務を処理するが、他の県と市との関係と異なり、都と特別区との関係においては、特別区財政調整交付金や都区協議会などの制度がある。

❹ 指定都市は、条例により、区域を分けて区を設けそれぞれの区に区役所を設置し区長をおくことが義務づけられているが、選挙管理委員会の設置義務はない。

❺ 広域連合は、市町村及び特別区が広域にわたり事務を処理するために設置するものであり、都道府県は広域連合に加入することはできない。

【解答・解説】

　全体的にやや細かい内容が出題されていますが、正解肢の内容は特に特別区の受験者は覚えておきましょう。

❶ ✕　　都道府県と市町村は「普通地方公共団体」です。特別地方公共団体には、特別区や財産区、地方公共団体の組合（一部事務組合や広域連合）などがあります。

❷ ✕　　都道府県は、普通地方公共団体として市町村と**対等**に位置づけられていて、法制度上、市町村を監督する機関とはされません。

❸ 〇　　特別区（都区）財政調整制度は、特別区間の財源の均衡化を図るための制度です。また、都区協議会は地方自治法に基づいて設置されており、都と特別区および特別区相互の間の連絡調整を図るための機関です。

❹ ✕　　選挙管理委員会は、総務省に設置される中央選挙管理委員会のほか、行政委員会として各都道府県・市町村にも設置され、東京特別区および政令指定都市における各区にも選挙管理委員会の設置義務があります。

❺ ✕　　都道府県・市町村・特別区は広域連合の構成団体になることが可能であり、都道府県が加入する場合もあります。例えば、関西広域連合は、滋賀県、京都府、大阪府、兵庫県、奈良県、和歌山県、鳥取県、徳島県、京都市、大阪市、堺市、神戸市によって構成されています（2020年末現在）。

第3章 地方自治

問題5 　　我が国の地方自治に関する記述として、妥当なのはどれか。

★

区Ⅰ 2016

❶　中核市とは、政令で指定する人口、面積及び昼夜人口比率の要件を満たす市をいい、指定されると都道府県から一定の事務権限が移譲されるが、廃棄物処理施設の許可や児童相談所の設置の権限は移譲されない。

❷　広域連合とは、普通地方公共団体及び特別区の事務で広域にわたり処理することが適当と認めるものに関し、広域計画を作成し、広域計画の実施のために必要な連絡調整を図り、その事務の一部を広域にわたり総合的に処理するための組合である。

❸　直接請求制度とは、間接民主制を採用する地方政治を補完するため、直接民主制の一つの方式として定められたものであり、議会の解散及び首長と議員の解職に対する請求制度はあるが、副知事及び副市町村長の解職に対する請求制度はない。

❹　住民投票制度とは、住民の投票により意思決定を行う制度であり、普通地方公共団体において条例を制定して住民投票を実施するため、憲法や法律に根拠を有する住民投票制度はない。

❺　自治事務とは、地方公共団体の処理する事務のうち、法定受託事務を除いたもので、主なものに戸籍に関する事務や旅券の交付があり、地方公共団体は法令に反しないかぎり、自治事務のすべてについて条例を制定することができる。

【解答・解説】

❶はやや細かい内容ですが、それ以外は基本的な内容であり判別できるようにしたいです。

❶ ✕　　かつては中核市の指定には面積要件および昼夜人口比率の要件がありましたが、現在は人口要件（20万人以上）のみです。また、廃棄物処理施設の許可や児童相談所の設置の権限も、中核市に移譲されます。

❷ ◯　　地方公共団体の組合には、一部事務組合と広域連合があります。このうち、一部事務組合はゴミ処理などに活用される例が多く、広域連合は後期高齢者医療制度などの広域的な行政のニーズに活用される例が多く見られます。

❸ ✕　　副知事および副市町村長の解職に対する請求制度もあります。なお、解職請求の署名の要件を満たした後の手続は、議会の解散および首長と議員の解職と、副知事および副市町村長の解職で異なり、前者は住民投票で賛否を問うのに対して、後者は議会の議決に委ねます。

❹ ✕　　憲法や法律を根拠とする住民投票制度もあります。例えば、憲法95条の規定に基づく地方自治特別法の制定に関する住民投票や、地方自治法に基づく議会の解散および首長と議員の解職の賛否を問う住民投票などがあります。

❺ ✕　　戸籍は法務省の管轄、旅券（パスポート）は外務省の管轄ですので、戸籍に関する事務や旅券の交付は、自治事務ではなく法定受託事務です。

★★ 地方自治に関するア〜エの記述のうち、妥当なもののみを全て挙げ
ているのはどれか。

国般 2018

ア 大陸系諸国では、市町村の事務権限を法律で定める際、概括授権（概括列挙）
方式と呼ばれる方法で定められており、これは、自治体が実施できる事務や行使
できる権限を網羅的に一つ一つ列挙し、国と自治体の役割を分離することが特徴
である。

イ スイスでは、地方自治における直接民主制として住民総会が実施されており、
人口の増加等に伴って、都市部では次第に議会制に切り替えられているものの、
イニシアティブやレファレンダムが活用されていることが自治の特徴となってい
る。

ウ 第二次世界大戦後の我が国の地方制度改革では、日本国憲法の第8章に「地方
自治」の章が創設された。その後、「地方自治の本旨」が初めて規定されたのが地
方自治法であり、これにより都道府県が完全自治体となり、首長が公選から官選
に改められるなど、地方分権が進んだ。

エ 我が国で昭和24（1949）年に提出されたシャウプ勧告は、国と地方の事務の再
配分において、都道府県を第一優先とし、そのためには都道府県の財政基盤を強
化する必要があることを主張し、国の負担する補助金の整理、国税と地方税の融
合、地方財政平衡交付金制度の創設から成る三位一体の改革を提言した。

❶ イ
❷ ウ
❸ エ
❹ ア、イ
❺ ウ、エ

【解答・解説】

　妥当な記述を積極的に選ぶのは難しいので、消去法で解く問題です。エはやや細かいですが、シャウプ勧告が地方自治の強化を主張していたということから、少なくとも「国税と地方税の融合」は間違いだろうと推測できるようにしたいです。

ア ✕　まず、概括授権方式の説明が誤りで、「権限を網羅的に一つ一つ列挙」するのは制限列挙方式です。概括授権方式は包括授権方式とも呼ばれるように、権限を個別に明示せず、権限を概括（包括）的に示したもので、欧州大陸系諸国の**融合型**の特徴とされます。したがって、「国と自治体の役割を**分離**」という記述も誤りです。

イ ◯　スイスは直接民主制の伝統が強く、市町村では住民総会が広く見られるほか、規模の小さい州では現在でも州民総会が存続しています。

ウ ✕　まず、「『地方自治の本旨』が初めて規定されたのが地方自治法」という記述が誤りです。「地方自治の本旨」が初めて規定されたのは憲法92条で、これを根拠として地方自治法1条で地方自治の本旨について言及がなされています。また、「公選から官選」は逆です。明治憲法下では首長（知事）は官選でしたが、戦後に公選となったことで都道府県は完全自治体となりました。

エ ✕　まず、シャウプ勧告では都道府県ではなく市町村を第一優先としています。また、市町村を優先するためには財政基盤の強化が不可欠であるため、国税と地方税の融合ではなく分離を提言しています。また、地方財政における三位一体の改革とは、通常は小泉内閣（2001～2006）の構造改革の一環として行われたものを指しますので、「三位一体の改革を提言」も妥当ではありません。

問題7 我が国の地方自治に関する次の記述のうち、妥当なのはどれか。

★★

国般 2014 改

❶ 中核市は、平成7年に導入された制度であり、制度創設時には人口30万
人以上という要件に加え、面積が100平方キロメートル以上であること及び
人口が30万人以上50万人未満の場合は昼間人口が夜間人口より多いことも
要件とされていたが、平成26年1月現在は人口20万人以上であることのみ
が要件とされている。中核市には、政令指定都市に移譲されている事務に準
じて一定の事務が移譲されており、主な事務には、身体障害者手帳の交付や
飲食店営業等の許可などがある。

❷ 特例市は、平成12年に導入された制度であり、特例市に指定される要件
は人口20万人以上であることのみであった。しかし、平成26年の地方自治
法改正により、中核市に指定される要件が人口20万人以上に引き下げられ
たことに伴って特例市制度は廃止され、従前の特例市はすべて中核市に移行
した。

❸ 広域連合は、平成7年に導入された制度であり、都道府県、市町村及び特
別区は複数の事務を共同処理するために広域連合を設立することができ、全
ての広域連合は国から事務・権限の移譲を受けることができる。広域連合が
処理する主な事務には、後期高齢者医療や介護認定審査などがあり、多角的
な事務処理を通じて広域的な行政目的を達成することが可能な仕組みとなっ
ている。

❹ 我が国における市町村合併の歴史をみると、「明治の大合併」で7万以上
あった市町村が約1万5千まで減少し、「昭和の大合併」で約1万あった市町
村が約2千弱まで減少している。両者とも政府主導の市町村合併であること
は共通しているが、「明治の大合併」は富国強兵を目的とした小規模町村の新
設合併であったのに対し、「昭和の大合併」は民主化を目的とした大規模都市
による近隣町村の編入合併であった点が相違している。

❺ 地方債について、平成17年度以前は都道府県、政令指定都市及び市町村
が地方債を発行する場合には全て国の許可が必要であったが、平成18年度
からは許可制が同意制になった。これによって、地方債の発行は、全て国と
地方の間での協議の下で国が同意を与えるという仕組みに改められたが、国
が同意を与えない場合でも、地方公共団体は地方議会の承認を得た場合には
地方債を発行することができることとなっている。

【解答・解説】

> かなり細かい内容もありますが、国家一般職ではこのレベルまで覚えておく必要があります。

❶ ○　中核市に移譲されている主な事務としては、❶民生行政に関する事務、❷保健衛生行政に関する事務、❸環境保全行政に関する事務、❹都市計画等に関する事務）、❺文教行政に関する事務が挙げられます。

❷ ×　制度廃止時点の特例市40市のうち、中核市に移行したのは15市にとどまっており、残りの25市は施行時特例市として存続しています（2020年末現在）。特例市から中核市に移行することによって事務権限は拡大しますが、その分、組織の新設や職員増が必要となり財政への影響も大きいため、移行に慎重な自治体も多くなっています。

❸ ×　「全ての広域連合は国から事務・権限の移譲を受けることができる」という記述が誤りです。広域連合は、複数の自治体が連合することによって、通常であればその階層の自治体が担うことができないような広域の業務を担えるようにするための枠組みです。したがって、都道府県（広域自治体）が加入している場合には国から事務・権限の移譲を受けることができますが、市町村や特別区（基礎自治体）のみで構成される広域連合は、国からではなく都道府県から事務・権限の移譲を受けることになります。

❹ ×　まず「約2千弱」が誤りです（「平成の大合併」を経た現在でも、市町村数は約1,700です）。1953（昭和28）年から1961（昭和36）年の間の「昭和の大合併」では、市町村数は9,868から3,472に減少しました。また、「明治の大合併」と「昭和の大合併」はいずれも、小規模町村の新設合併を中心としていました。

❺ ×　「全て国」という記述が誤りです。地方債について、2005（平成17）年度以前は、都道府県と政令指定都市は国の許可、市区町村は都道府県知事の許可が必要でした。それが2006（平成18）年度からは許可制から同意制に改められ、都道府県と政令指定都市は国と協議、市区町村は都道府県知事と協議したうえで同意を得るという形式になりました。

平成12（2000）年施行の地方分権一括法による分権改革に関する
次の記述のうち、妥当なのはどれか。

国般 2011

❶ 機関委任事務制度は、戦後、知事公選制が導入されたのを受け、国の事務
を円滑に実施する目的で創設された制度であるが、平成12年の分権改革に
よって廃止され、かつての機関委任事務の大半は国の事務ではなく自治体の
事務となっている。ただし、そのうちの法定受託事務については、現在も事
務の内容や基準、手続が国の法令によって規定されているため、地方議会の
条例制定権は及ばないものとされている。

❷ 政令指定都市制度は、大都市が府県からの独立を目指した特別市制運動が
戦後になって実現した制度であり、政令市には事務配分上の特例として道府
県から多数の事務が移譲される。しかし、財源については道府県からの移譲
はなく、政令市と一般の市は基本的に同じ税制であったため、平成12年の
分権改革を通じて、道府県の基幹税といえる固定資産税が政令市に移譲され、
政令市の財政基盤は拡充された。

❸ 戦前、都道府県の幹部は知事も含め、内務省等の中央省庁の職員によって
占められていたが、戦後も、中央省庁の職員が都道府県の幹部職に出向する
という慣行は続けられていった。しかし、こうした人事慣行は、地方分権の
観点から望ましくないという認識が強まっていったことから、平成12年の
分権改革にあわせて、中央省庁から都道府県への出向を自粛する旨の関係大
臣申合せが行われ、以来、こうした出向は行われていない。

❹ 地方自治体が課すべき税金は国が地方税法によって定めているが、このほ
か自治体が徴収できる法定外税もある。かつては法定外の目的税は存在せず、
また、法定外の普通税を設けるには、国の許可が必要であったが、平成12
年の分権改革を通じて、地方自治体が法定外目的税を設けることが可能にな
り、また、法定外普通税は国の許可制から同意制へと改められた。現在、法
定外目的税には、産業廃棄物にかかる税をはじめ、複数の導入事例がある。

❺ 地方債の発行は、都道府県の場合は国の許可が、一般の市町村の場合は都
道府県知事の許可が必要とされる「許可制」であったが、平成12年の分権改
革を通じて、いったん「同意制」へと改められた。しかし、夕張市が財政再
建団体の指定を受けたことなどをきっかけに、地方自治体の財政運営には国

も責任を負うべきであるとの認識が強まったため、平成19年に「自治体財政健全化法」が制定され、地方債の発行は再び許可制に改められた。

【解答・解説】

正解 ❹

　かなり細かい内容もありますが、国家一般職ではこのレベルまで覚えておく必要があります。

❶ ✕　「法定受託事務」には「地方議会の条例制定権は及ばない」という記述が誤りです。機関委任事務制度が廃止された後は、法定受託事務における国の包括的指揮監督権は否定されて、地方公共団体は法令に抵触しない限りで条例を定めることができるようになりました。

❷ ✕　固定資産税は、道府県ではなく市町村の基幹税です。したがって、「政令市に移譲され」という記述も誤りです。なお、固定資産税は、土地・家屋などの固定資産の所有者に対して、その固定資産の所在する市町村が課税する税金ですが、東京都23区内では特例で都が課税しています。

❸ ✕　「こうした出向は行われていない」という記述が誤りです。2000（平成12）年以降も中央省庁から都道府県への出向者はほとんど変化しておらず、概ね1,000人強で横ばいとなっています。また、国から地方公共団体への出向者について、幹部職に出向することは原則ではありません。例えば、2019（令和元）年10月現在の国から地方公共団体への出向者のうち、部長級以上の役職に就いた者は約25%にとどまります。

❹ 〇　法定外税の導入については、国の許可制は廃止されましたが、総務大臣との協議のうえで同意を得る必要があります。

❺ ✕　「地方債の発行は再び許可制に改められた」という記述が誤りです。自治体財政健全化法では、地方債の発行は協議制（同意制）としており、地方議会への報告のうえ、その発行を可能としています。ただし、財政再生計画を定めていない地方公共団体であり、再生判断比率のいずれかが財政再生基準以上である地方公共団体は、起債・償還の方法、利率を変更しようとする場合は、例外的に総務大臣の許可が必要です。

問題9 ★★★ 　　我が国の地方自治に関する次の記述のうち、妥当なのはどれか。

国般2009

❶ 我が国の地方自治体は、首長と議会という二つの代表機関の抑制均衡を重視する機関対立主義を採用している。そのため、首長は議会を解散することはできず、一方、議会も首長の不信任を議決することはできない。また、首長は条例案や予算案を議会に提出する権限を持たないため、形式的には条例や予算はすべて議員提案となっている。

❷ 我が国の地方自治体は執行機関多元主義をとっており、首長とは別に、教育委員会や労働委員会などの執行機関が設置されている。これらの委員会は独自の規則制定権を持つなど、首長を牽制する役割が期待されているといえるが、各委員会の委員は特別職であり、その任免権は首長にあるなど、首長の優位性が確保されている。

❸ かつての機関委任事務のほとんどは、現在、自治事務と法定受託事務に区分されている。このうち法定受託事務は、依然として国の事務という位置付けに変わりはないが、国による包括的な指揮監督権が認められなくなり、また、議会による条例制定の対象となったため、地方自治体が自己決定される領域は大きく広がったとされている。

❹ 政令指定都市の制度は戦前の特別市の制度が基となっており、政令指定都市には、特別市と同じく市内に複数の行政区を置くことが義務付けられている。なお、現在の行政区は特別地方公共団体であるが、東京都の特別区とは異なり、区長は公選制ではなく市長の任命制であり、議会も置かれないなど、自治体としての性格は有していない。

❺ 地方交付税制度は自治体間の財政格差を是正し、地方自治体に一定水準の財源を保障する制度であるが、その配分基準が複雑で透明性が低いという指摘もあったため、いわゆる三位一体の改革を通じ、現在は、所得税や法人税など国税の一定割合を各地方自治体の人口のみに応じて機械的に配分するという仕組みに改められている。

308

【解答・解説】

これもかなり細かい内容が並んでおり、消去法で選ぶのは困難です。ただ、❷は間違いらしい記述が見当たらないことから、そのまま選べるようにしたいです。

❶ ✕　　首長が議会を解散することや、議会が首長の不信任を議決することは、一定の条件のもとで認められています（地方自治法178条）。また、首長が条例案や予算案を議会に提出する権限も認められています（同法149条）。その点で、同じ二元代表制でも大統領制とは大きく異なることに注意しておきましょう。

❷ ○　　地方自治体の執行機関である委員会（行政委員会）の委員選出の方法は委員会によって異なりますが、任免権は首長に属しています。したがって、首長が行政委員会に対して優位にあるという記述は妥当となります。

❸ ✕　　「法定受託事務は、依然として国の事務という位置付けには変わりはない」という記述が誤りです。法定受託事務は、自治体の事務と位置づけられています。

❹ ✕　　特別市制度は戦前にはなく、1947年制定の地方自治法によって導入されました。ただし、都道府県などがこれに反発したために特別市に指定された都市はないまま1956年に同制度は廃止され、代わりに「政令指定都市」制度が導入されています。また、政令指定都市の行政区は**特別地方公共団体ではありません**。

❺ ✕　　現在でも、各地方自治体への普通地方交付税の配分額は、人口ではなく財源不足額に応じて決定されます。財政格差の是正の観点からすれば、黒字／赤字と無関係に人口だけで配分するのは筋が通りません。

我が国の地方自治制度に関する次の記述のうち、妥当なのはどれか。

★ ★ ★   国般 2017

❶   地方公共団体の長とその議会は、共に住民の代表機関として位置付けられる。このような代表機関同士における権力の抑制・均衡を図るため、議会による長の不信任の議決に対し、長は30日以内に議会を解散することができ、解散後初めて招集された議会において再び不信任の議決があったときは、長は直ちに議会を解散しなければ失職することとされている。

❷   地方公共団体には、執行機関として長のほかに審議会を置くことができる。長と並ぶ執行機関として審議会を設置することによって、長の権力を牽制し、政治的中立性の確保が求められる領域への長による過度な介入や干渉を防ぐことを目的としており、各審議会には、規則制定権に加えて、条例案や予算を議会に直接提出する権限が認められている。

❸   地方公共団体の長とその議会の議員は、それぞれ住民の選挙によって選ばれるため、長と議会の多数派の立場や主張が常に一致するとは限らない。しかし、長がリーダーシップを発揮するためには議会の多数派の支持が不可欠であり、住民の投票傾向が一致しやすくなるよう、都道府県知事の選挙は全て、統一地方選挙として議会の議員の選挙と同じ4月に実施されている。

❹   地方公共団体の議会は、地方自治法第100条の規定に基づき、当該地方公共団体の事務に関する調査を行うことができる。調査を行うため特に必要があると認めるときは、選挙人等の関係人の出頭・証言や記録の提出を請求することができ、請求を受けた関係人が正当の理由がないのに議会に出頭しなかったり、証言を拒んだりしたときなどは、罰則の対象とされている。

❺   地方公共団体における特定の機関等の設置の義務付けは、第一次地方分権改革によって緩和・廃止され、教育委員会等の委員会の設置も義務ではなくなった。一方、都道府県の知事部局については、行政サービスの多様化に伴い増加傾向にある部局数を抑制するため、行政改革の観点から、具体的な部局名と数を法定する仕組みが第一次地方分権改革後も一貫して維持されている。

【解答・解説】

正解 ❹

　全体的に細かい内容の出題が並んでいます。特に❹は細かいですが、他の選択肢の誤りは見つけられるようにしたいところです。

❶ ✕　　まず、議会による長の不信任の議決に対し、長は10日以内に議会を解散することができ、解散しなければ10日が過ぎた時点で失職します。また、解散後に招集された議会で再び不信任の議決があった場合には、その通知を受けた時点で長は失職するため、長は議会を解散できません。

❷ ✕　　これは、審議会ではなく行政委員会に関する記述です。審議会は原則として諮問機関ですが、行政委員会は行政庁の一つとして各種権限を行使できるというのが基本的な違いです。ただし、**条例案や予算案を議会に直接提出する権限は行政委員会には認められておらず**、これらはすべて首長を通じて提出することになっています。

❸ ✕　　都道府県知事選挙と都道府県議会選挙の実施時期は、ずれることが一般的です。まず、首長と地方議会議員の任期は皆4年で統一されています。このうち、都道府県議会の解散は稀ですので（東京都と茨城県で一度ずつだけ）、本土復帰が遅れた沖縄県と東日本大震災の影響を受けた岩手県・宮城県・福島県を除いた41道府県の議会では、1947年の地方自治法施行から任期が始まり、その後、任期が満了した4年ごとに同じタイミングで選挙が実施されています（そのため、「統一地方選挙」と呼びます）。

　それに対して、都道府県知事は任期途中の辞職が珍しくないため、選挙の実施時期は都道府県議会選挙とずれることが一般的です。

❹ ◯　　これは国会の国政調査権に該当するものです。

❺ ✕　　まず、教育委員会等の行政委員会の設置は、現在でも地方自治法で義務づけられています。また、1956年の同法改正で都道府県の部局を制限する制度が導入されましたが、2003年の同法改正で廃止されています。

地方自治に関する次の記述のうち、妥当なのはどれか。

★ ★ ★

国般 2019

❶　平成の大合併では、「民主化」政策において、地方分権を進めるためには、おおむね中学校一つの運営規模に当たる8,000人を人口の基準として、市町村を構成する必要があるとされ、その結果として、市町村の数は約3,200から約1,800に減少した。

❷　道州制とは、北海道に現在と同じ「道」、日本国内の一定規模以上の地域に「州」を設置し、都道府県よりも広域的な行政を行おうとする仕組みであり、第三次安倍晋三内閣の重要政策として、平成29（2017）年に一億総活躍国民会議が、現在の都道府県を統廃合した道州制案を提案した。

❸　大阪市は東京市、京都市、千葉市とともに府県からの独立を求めて、特別市制運動を展開していた。しかし、第二次世界大戦中に都市の防衛が課題になるにつれ、大阪府と大阪市の二重行政の解消が課題となったことから、大阪市を廃止し、これを大阪府に吸収合併して、新たな大阪府を創設した。

❹　日本国憲法に定められた地方自治の本旨とは、住民自治と団体自治の原理であり、前者は地域住民の自律的な意思に基づいて地域の統治が行われること、後者は国内の一定地域の公共団体が中央政府から組織的に独立し、その地域を自主的に運営することと一般的に理解されている。

❺　米国の地方自治における市会・市支配人制は、議会の議員と市支配人（シティーマネージャー）がそれぞれ住民の選挙で選出され、議会が政策の立案、市支配人が政策の執行に当たる仕組みであり、市支配人は、議会ではなく住民に対して行政の運営の責任を負っている。

【解答・解説】

> かなり細かい内容もありますが、国家一般職ではこのレベルまで覚えておく必要があります。

1 ✕ 　「民主化」、「中学校一つの運営規模に当たる8,000人を人口の基準」は昭和の大合併の特徴です。昭和の大合併は、戦後GHQの民主化政策に基づき、地方自治強化のために行われた市町村合併でした。また、小学校までだった義務教育が戦後には中学校までとなったため、新制中学校を運営できるだけの人口規模が基準となりました。

2 ✕ 　「第三次安倍晋三内閣の重要政策」という記述が誤りです。道州制は、小泉純一郎内閣（2001～2006）で選挙公約としても掲げられて推進されました。その後の第一次安倍内閣（2006～2007）でも導入に意欲的に取り組むとしていましたが、2007年以降、道州制の議論は停滞しています。

3 ✕ 　戦前に特別市制運動を展開していたのは、東京市・横浜市・名古屋市・京都市・大阪市・神戸市の六大都市で、千葉市は含まれていません。また第2文は、大阪府ではなく東京都の成立の経緯であれば妥当となります。大阪府と大阪市の統合は、2020年末現在まで実現していません。

4 〇 　日本国憲法92条で地方自治の本旨が規定されています。

5 ✕ 　「市支配人……選挙で選出」という記述が誤りです。市支配人は、公選ではなく議会によって選任されます。したがって、市支配人は住民ではなく議会に対して責任を負っており、議会の支持を失えば解任される地位です。

問題12
★★★
我が国の地方自治制度の変遷に関する次の記述のうち、妥当なのはどれか。

国般 2002

❶ 明治維新直後の新政府は、全国土と全国民をその支配下に置き、全国各地に新政府の代官というべき府知事・県令を配置するために、版籍奉還と廃藩置県を断行した。この結果、現在の都道府県体制の前身である47の区割りが実現し、府知事・県令のすべてが中央から派遣されるようになった。

❷ 明治11 (1878) 年に郡区町村編制法・府県会規則・地方税規則から成るいわゆる三新法が制定された。これは、明治新政府発足直後の過剰な中央集権体制を緩和し、地方の不平・騒乱を収めようとして、山縣有朋内務卿の主導の下で制定された。

❸ 明治憲法制定期の地方制度は、いずれもイギリス型の地方制度をモデルとしていた。明治19 (1886) 年に勅令で制定された地方官官制が地方行政制度を定め、明治21 (1888) 年に制定された市制町村制と明治23 (1890) 年に制定された府県制及び郡制が地方自治制度を定めていた。

❹ 第二次世界大戦後、地方官官制は廃止され、都道府県知事は国の地方行政官庁ではなくなった。しかし、戦前は市町村レベルに対してのみ適用されていた機関委任事務制度が、戦後は都道府県レベルにまで拡大適用されることとなった。

❺ 昭和28 (1953) 年以来、町村の財政力を強化することを主たる目的にして始められた町村合併は、町村を人口8000人以上の規模にすることを目途に進められた。これ以後今日に至るまで、各地で町村合併が頻繁に行われるようになり、町村の数は約1000まで減少した。

【解答・解説】

正解 ❹

> 国家一般職としては標準的なレベルの問題です。

❶ ✕　　廃藩置県で設置された府県の区域は、戊辰戦争で明治新政権と対立した藩を除けばほとんど旧藩の領域そのままだったので、当初の府県数は**3府302県**となりました。その後、統合が進んでいき、現在の47の区割となっていきます。

❷ ✕　　「三新法」の制定は、山県有朋（山縣有朋）内務卿ではなく大久保利通内務卿の主導のもとで制定されました。

❸ ✕　　明治憲法制定時の地方制度は、**ドイツ**を参考にしていました。伊藤博文はL.v.シュタインのもとで学んでおり、憲法そのものがドイツの憲法を参考にしていますので、地方制度も同様になっています。

❹ ◯　　機関委任事務は、地方の自主性・自律性を阻害し地方自治の趣旨に反するとされており、2000年に施行された地方分権一括法によって廃止され、法定受託事務と自治事務に分けられました。

❺ ✕　　まず、町村の数は約1,000まで減少していません。また、町村合併は頻繁に行われるものではなく、1953～1961年の「昭和の大合併」（市町村数は9,868から3,472へ減少）や1999～2010年の「平成の大合併」（同3,229から1,727へ減少）など、いくつかの波があります。その後も若干の合併がありましたが、2014（平成26）年時点で1,718市町村となってからは減っていません（2020年末現在）。

我が国の地方自治の歴史に関する次の記述のうち、妥当なのはどれ
か。

国般2004

❶ 明治21年（1888年）の市制町村制では、市のうち東京市、大阪市、京都市
には特別市制度が適用され、一般の市よりも多くの自治権が認められた。第
二次世界大戦時に東京は都制に改められ、戦後に大阪市と京都市は地方自治
法制定により政令指定都市制度が適用され、一層自治権が拡充された。

❷ 都道府県は、明治23年（1890年）の府県制で現行制度の骨格が形成されて
以降、官選知事を長とする国の総合出先機関であって、市町村とは異なり議
事機関を持たず自治体としての性格を持たなかったが、第二次世界大戦後、
日本国憲法で都道府県の設置とその知事の直接公選が規定され、議会が設置
された。

❸ 機関委任事務制度は、明治21年（1888年）の市制町村制で導入され、第二
次世界大戦後、都道府県レベルにも適用が拡大されたが、1960年代から各
省庁は出先機関や特殊法人を新設して直接執行したため、機関委任事務の件
数は激減し、制度自体の必要性が低下したことから平成12年（2000年）に廃
止された。

❹ 国・地方間の財政調整の仕組みとして、昭和15年（1940年）に戦時体制下
で創設された地方分与税や戦後の地方配付税を経て、シャウプ勧告に基づく
地方平衡交付金制度が創設されたが、毎年予算編成時に配分総額算定をめぐ
り紛糾し、地方交付税制度に改められ、現在に至っている。

❺ 戦前期に内政を総括した内務省が戦後改革によって解体された。様々な内
務省復活構想が挫折した後、地方行財政制度は昭和35年（1960年）に自治省
の所管となり、平成13年（2001年）、中央省庁再編によって内閣府の専管と
なった。

【解答・解説】

正解 ❹

　全体的に細かい内容の出題が並んでいます。特に❹は細かいですが、他の選択肢の誤りは見つけられるようにしたいところです。

❶ ✕ 　1888（明治21）年の市制・町村制では、東京・大阪・京都の三市のみ市会の設置や条例の制定権が認められないなど、むしろ一般の市よりも自治権が制約されており、市長の職務も官選の府知事が兼任するなどの特例制度下にありました。また、戦前には特別市制度はありませんでした。

❷ ✕ 　戦前の都道府県にも議事機関はありました。1878（明治11）年の府県会規則の制定により公選議員からなる府県会（府県議会）が設けられ、1890（明治23）年の府県制でも府県会は存続しています。

❸ ✕ 　戦後、日本の機関委任事務の件数は増加基調にありました。「機関委任事務の件数は激減し、制度自体の必要性が低下した」ためではなく、分権化・地方自治の推進という目的に基づき、地方分権一括法により2000年に機関委任事務は廃止されました。

❹ ◯ 　シャウプ勧告は、独立税の創設により国税と地方税を分離すること、および地方平衡交付金制度により財政調整を行うことを提言するものでしたが、地方財政計画上の困難から現在の地方交付税制度が用いられるようになりました。

❺ ✕ 　2001年の中央省庁再編により、自治省は、内閣府の専管にではなく、旧郵政省などとともに**総務省**に再編されました。

第4章

行政責任と行政統制

行政責任と行政統制
政策過程の理論
行政改革

1 行政責任と行政統制

1 行政責任の理論

行政責任とは、行政機関や行政を執行する公務員が、その行為に関して負うべき責任をいいます。

(1) 責任の類型

責任は、本人と代理人の関係（本人－代理人モデル）から説明できます。日本の行政学者足立忠夫（1917 ～ 2003）は、責任関係を❶任務的責任、❷応答的責任、❸弁明的責任、❹制裁的責任の四つの局面に分類し、それらが循環構造にあることを指摘しました。

◆足立による責任の循環

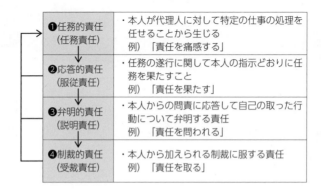

❶任務的責任 （任務責任）	・本人が代理人に対して特定の仕事の処理を任せることから生じる 例）「責任を痛感する」
❷応答的責任 （服従責任）	・任務の遂行に関して本人の指示どおりに任務を果たすこと 例）「責任を果たす」
❸弁明的責任 （説明責任）	・本人からの問責に応答して自己の取った行動について弁明する責任 例）「責任を問われる」
❹制裁的責任 （受裁責任）	・本人から加えられる制裁に服する責任 例）「責任を取る」

(2) 受動的責任と能動的責任

　古典的な責任の理論では、**本人の統制に忠実に応答することが責任の本質である**と考えられています。しかし、現代の多様な行政需要に対応するには、この種の受動的責任だけでは不十分であり、**行政官の自発的、積極的な裁量行動も行政責任の一種として必要なもの**と考えられています。また、この種の責任を能動的責任と呼びます。能動的責任には補助責任と補佐責任があります。

補助責任	補佐責任
・法令や上司・上級機関の命令に違反しない範囲内において、自発的積極的に裁量し、最も賢明な行動を選択すること	・新しい社会問題が発生したときには、これをいち早く察知し、対策を立案して、上司や政治機関に助言・忠告すること

2 行政責任論争

　アメリカでは、ニューディール政策に見られるような行政機能の拡大によって、行政国家化の傾向が表面化していきました。こうした状況を受けて、第二次世界大戦後のアメリカ行政学では、行政機構や行政官が担うべき責任について論じられるようになりましたが、こうした議論の口火を切ったのが、1940年前後にアメリカの政治学者C.J.フリードリッヒ（1901～1984）とイギリスの行政学者H.ファイナー（1898～1969）との間で展開された行政責任概念に関する論争です。

(1) フリードリッヒの行政責任
① 応答的責任

　フリードリッヒは、議会によって強制される責任は有効性に欠き現実性を持たないとしたうえで、専門的知識と民衆感情という二つの有力な要素に**応答的な（responsible）行政官**であることが「責任ある行政官」だと主張しました。この応答的責任は次のように2種類に分かれます。

◆応答的責任

	専門的知識への応答性	民衆感情への応答性
概要	・特定分野の技術的・科学的知識に精通していることを意味する ・技術的・科学的知識に基づく政策の適否は「科学の仲間」である同僚仲間や外部の専門家集団によりチェックされる	・議会や政治家を迂回することなく、行政が民衆の要求の変化や社会的ニーズに直接対応することを意味する
責任	**機能的責任**(客観的責任)	新しいタイプの**政治的責任**(道徳的責任)

② 不作為に対する責任

　以上のように、フリードリッヒにとっては、単に過ちを犯さないようにするだけでは、行政責任を確保したことにはなりません。**転変する社会の新しい問題に的確に対応するために、国民や議会に先んじて変化を予知し、政策をより有効なものに高めようとすることも行政責任である**としました。

③ 予測的対応

　フリードリッヒは、議会による行政統制の機能不全を認識していたものの、議会の権威自体を否定したわけではありませんでした。フリードリッヒによれば、「代理人」である行政官は「本人」である議会に政策の提案を行う際に、**議会からの命令がなくとも議会が何を望んでいるかを予測して行動しなければならない**と主張しました。これを予測的対応(anticipated reaction)と呼びます。そして行政官は、議会と行政の間には本人－代理人関係を見ることが可能であり、ここに行政による議会権威の承認が見られるとしました。

(2) ファイナーの行政責任
① 外在的責任

　一方、ファイナーによれば、責任の本質は、説明がなされるべき機関ないしは個人が外部に存在するというところにあり、**民主制における行政責任は議会に対する外在的な政治責任である**としました。したがってファイナーは、議会という外部に対する**説明責任**(答責性・アカウンタビリティ)重視の責任概念を主張しました。これを外在的責任といいます。

　外在的責任とは「**XはYの事項に関してZに対して説明・弁明し得る**」(X is accountable for Y to Z)という公式が成り立つ関係であり、Xを「代理人」たる行政、Yを事項、Zを「本人」たる議会としました。このように、ファイナーは古

典的な議会制民主主義のもとにおける行政責任の確保を改めて提起しました。

> ファイナーのいう説明責任において、**責任を果たすべき相手が議会であり、一般国民ではない点に注意しましょう。**

◆ファイナーの責任概念

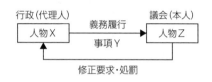

② 内在的責任

　これに対し、内在的責任は、「**道徳的義務への内在的・個人的感覚**」であり、**フリードリッヒのいう「新しいタイプの政治的責任」**に対応します。内在的責任についてファイナーは、外在的責任を補完するものとしては重要だが、行政官がこの責任のみを重視すると行政官の独断を招き、「新しい専制主義」に帰結する可能性があるとしました。

◆外在的責任と内在的責任

	外在的責任	内在的責任
概要	・説明や弁明がなされるべき機関ないしは個人が**外部に存在**すること	・道徳的義務への**内在的・個人的**感覚
責任の類型	**政治的責任**	**道徳的責任** （新しいタイプの政治的責任）
ファイナーの評価	・民主制における行政責任の本質であるとした	・行政による「新しい専制主義」に帰結する可能性があると批判した

③ 議会統制の改善

ファイナーは現状の議会による行政統制が不十分であることを認識しており、議会統制を改善するために、行政官はあくまで選挙された国民の代表者たちに責任を負うべきであり、代表者たちが、**行政官の行動方針を技術的に可能な限り精細に決定すべき**であるとしました。

④ アカウンタビリティの概念

ファイナーの説明に見られるように、行政の説明責任（アカウンタビリティ）という概念は、かつては、議会や制度上の統制機関からの問責に対して弁明する責任という意味で用いられることが多くありました。

今日では、**広く国民一般に対して行政活動の背景や意図、方法、その成果などを明らかにし、理解を求める責任**という意味で用いられています。

◆行政責任論争

	C.J. フリードリッヒ	H. ファイナー
共通点	行政国家化が進展し、議会による行政の統制が機能不全の状態にある	
概要	・responsibility（応答性）重視 ・専門知識への応答性 ・民衆感情への応答性	・accountability（説明責任）重視 ・「XはYの事項に関してZに対して説明し得る」という外在責任を重視
改善策その他	・本人（素人）と代理人（専門家）の架橋 ・公務員研修、広報広聴、市民参加の必要性を主張した	・議会統制の改善をしなければならない ・行政官の行動方針を可能な限り精細に決定しなければならない
現代的意義	・行政の拡大した権力をいかに適切に行使するか	・行政機能の拡大をいかに抑制し、適切な範囲にとどめるか

ヒント

> フリードリッヒが応答性という行政官に内在する責任を重視していたのに対し、ファイナーはそれが新しい専制をもたらす可能性を危惧し、説明責任という外在する他者に対する責任を重視していた点に対照性が見られます。
>
> また、行政官が専門知識や技術を高め、民衆感情に応えていくことでフリードリッヒのいう応答的責任を果たしていくためには、自由裁量の拡大が必要になりますが、ファイナーはこれを可能な限り精細に定めて抑制すべきであると考えました。この点にも二者の対照性があります。

確認してみよう

① フリードリッヒは、政治責任は、客観的に確立された技術的・科学的な標準にしたがって判断し行動する責任であり、機能的責任は、市民感情に応答して判断し行動する責任であるとした。区Ⅰ2012

2 (1) ① 参照 ✕

政治責任と機能的責任の説明が逆です。

② ファイナーは、行政責任とは、転変する社会の新しい問題に的確に対応するために、国民や議会に先んじて変化を予知し、政策をより有効なものに高めようとする公務員の責務であるとした。区Ⅰ2002

2 (1) ② 参照 ✕

ファイナーではなく、フリードリッヒについての説明です。

③ C.フリードリッヒは、現代における行政の責任とは、議会による行政府に対する統制に適切かつ迅速に応答することであり、コミュニティに対して直接対応する責任や、科学的な知識に基づいて対応する責任は、行政官にとって過大な責任であると考えた。国般2020

2 (1) ①、(2) ② 参照 ✕

現代における行政の責任について、議会による行政府に対する統制に適切かつ迅速に応答することと捉えたのは、H.ファイナーです。C.J.フリードリッヒは、現代における行政の責任に

ついて、コミュニティの民衆感情に対して直接対応する責任や、科学的な知識に基づいて対応する責任と捉えました。

....

④ 　　ファイナーは、内在責任論の立場に立って、行政決定の複雑化や専門化それ自体に内在する行政責任のジレンマを指摘し、このジレンマと公的協議への要求をどう折り合わせるかという問題を提起した。区Ⅰ2002

2 (2) ② 参照 ✕

　ファイナーは、責任を外在的責任と内在的責任に分けたうえで、外在的責任を重視する立場です。

3 統制手段の類型

(1) ギルバートのマトリックス

　行政活動に対する統制は、法令上確立された統制手段以外に、事実上行政活動に統制効果がある手段も存在します。それらの多様な行政統制手段を類型化・分類したのがアメリカの行政学者C.E.ギルバートであり、この分類を一般に**ギルバートのマトリックス**と呼びます。

① 外在的／内在的統制（external/internal）

　行政機関の外部にあるものによる統制を外在的統制といい、**行政機関の内部にあるものによる統制を内在的統制**といいます。

② 制度的（公式的）／非制度的（非公式的）統制（formal/informal）

　憲法や法令など**法的な根拠に基づく統制**を制度的（公式的）統制といい、法的な根拠がないものの**事実上の効力に基づく統制**を非制度的（非公式的）統制といいます。

補足

　ギルバートのマトリックスの対象は、他者による統制、または他者の期待に応答するという意味での**他律的責任**であり、行政官個人の内面的な自己規律に関わる自律的責任は含まれません。

◆ギルバートのマトリックス

	制度的 (formal) [法制度上の統制権限があるもの]	非制度的 (informal) [事実上の統制力があるもの]
外在的 (external)	・議会による統制 ・内閣・大統領による統制 ・裁判所による統制 ・オンブズマン	・利益集団による圧力 ・マス・メディアによる報道 ・専門家集団の評価・批判 ・審議会の要望・批判
内在的 (internal)	・各省大臣による執行管理 ・上司による職務命令 ・会計検査院・人事院その他の官房系統 　組織による管理統制 ・政策評価	・職員組合の要求・期待・批判 ・同僚職員の評価・批判

> **ヒント**
>
> 　この表をそのまま覚える必要はありません。実際の問題では具体例が挙げられ、どの類型に当たるかが問われます。各統制の性質について、それが行政権力の外側からのものか内側からのものか、制度的裏づけを持つか持たないか、を順当に考えてどの類型に当てはまるか判断できるようにしておきましょう。

(2)　行政責任のジレンマ

　行政責任を確保する統制手段にはさまざまなものがありますが、その多様性ゆえに現実の行政官・行政機関は相互に矛盾・競合する責任を負う可能性があります。このように、**行政官がいずれに応えるべきか迷う状況**を行政責任のジレンマといいます。

　しかし、行政官がこうしたジレンマ状況に直面した際に、どれを優先すべきかを事前に決定しておくことはできません。したがって、**行政官が自己の良心に従って行動する自律的責任が、行政責任のジレンマを克服する鍵になる**とされています。

確認してみよう

① 　行政責任のジレンマとは、制度的責任と非制度的責任とのどちらを優先すべきか迷う行政担当官の状況を指している。しかし、官僚制の民主的統制は、非制度的責任では統制の効果が期待し得ないため、行政担当官は、制度的責任を常に優先するよう義務付けられている。国般2001

3 (2) 参照 ✕

　ジレンマは制度的責任どうしでも生じ得ます。また、制度的責任も常には優先できず、どれを優先すべきかは状況によって異なります。

4 主な行政統制の手段

(1) オンブズマン

① オンブズマンとは

　オンブズマン（ombudsman）とは、**市民の権利を守る苦情調査官**で、「**護民官**」とも呼ばれます。広義では、市民からの苦情の申し出に対応して行政活動の合法性や妥当性に関する調査を行い、行政活動や行政制度について改善・是正を勧告する第三者性を備えた制度を意味します。狭義では議会任命でないものは含みません。

　オンブズマンは、1809年に**スウェーデン**で初めて導入されました。第二次世界大戦後には世界各国に普及し、デンマークなどの北欧諸国、イギリスなど英連邦諸国、フランス、アメリカの諸州などで導入されています。また、EU議会にもオンブズマンが設置されています。

② オンブズマンの類型

(ア) 公共オンブズマンと市民オンブズマン

　議会や行政などの**公共主体が設置したオンブズマンを公共オンブズマン**、**行政活動の監視を行う民間組織を市民オンブズマン**と分類することがあります。行政学が主に対象とするのは公共オンブズマンです。

(イ) 議会オンブズマンと行政オンブズマン

　オンブズマン制度は原則、発祥国のスウェーデンにも見られる**議会によって任命され議会に責任を負う議会オンブズマン**ですが、フランスのように**行政の長によって任命される行政オンブズマン**もあります。このように公共主体が設置するオンブズマン（公共オンブズマン）は、議会によって設置されるか行政によって設置されるかにより、議会オンブズマン（議会設置型）と行政オンブズマン（行政設置型）に分類されます。

(ウ) 総合オンブズマンと部門オンブズマン

　行政一般に関する苦情を幅広く取り扱うものを総合オンブズマン（一般オンブズ

マン）、**特定部門についての苦情だけを取り扱うもの**を**部門オンブズマン**（特殊オンブズマン）と分類することがあります。

③ 日本の現状

　行政苦情救済制度として、総務省の行政相談制度が存在しており、オンブズマン的役割を果たしています。ただ、独立性が低いという問題点があり、行政学上は、**国レベルでのオンブズマン制度は実現していません。**自治体レベルでは導入事例も見られ、市町村レベルでは、1990年に**神奈川県川崎市**（総合オンブズマン）、**東京都中野区**（部門オンブズマン）**で初めて導入されました。**都道府県レベルでは1995年に沖縄県（総合オンブズマン）が初めて導入しています（現在、全国で約70団体程度存在します）。

④ 各国のオンブズマン

	スウェーデン	イギリス	フランス
名称	議会オンブズマン	議会コミッショナー	メディアトゥール（調停官）
創設	1809年	1967年	1973年
任命	議会が任命	内閣総理大臣の推薦に基づき国王が任命	閣議決定に基づき大統領が任命
申立て	直接アクセス	間接アクセス（下院議員経由）	間接アクセス（上院・下院議員経由）
対象	国の行政機関地方公共団体、裁判所	国の行政機関	国の行政機関地方公共団体

(2)　情報公開制度

① 歴史

　世界で最初に情報公開を制度化したのは、オンブズマン制度と同様**スウェーデン**（1766）で、第二次世界大戦後、北欧諸国やアメリカ、カナダなどの各国に普及しました。

　日本では地方自治体が先行して導入し、1982年に山形県金山町、都道府県レベルでは神奈川県が制度化し、その後全国に波及しました。2020年現在、**都道府県・市町村のほとんどが導入しています。**このような地方自治体の取組みを背景に、**国レベルでは、「行政機関の保有する情報の公開に関する法律」**（以下、**行政機関情報公開法**）が1999年に制定され、2001年より施行されました。

② 国の情報公開法

（ア）目　的

　行政機関情報公開法は、国民主権の実現を究極の目的として、行政運営の公開性を高め、政府の「諸活動を国民に説明する責務」（説明責任：アカウンタビリティ）を確保するために設けられた制度です。

> **補足**
> 憲法21条に規定されている表現の自由からは、表現を受け取る側の権利である「知る権利」が導かれます。ただ、行政機関情報公開法が国民の「知る権利」の要請に応えたものであるとの明記はされていません。

（イ）開示請求の対象

　開示請求の対象となるのは「国の行政機関」（会計検査院、人事院を含む）であり、**国会と裁判所は対象外**です。また、**行政機関でも地方公共団体は対象になりません。**先述のように各地方公共団体は同法制定以前から条例等により情報公開制度を整備しているからです。

　また、行政機関情報公開法の対象となる行政文書は「行政機関の職員が職務上作成し、又は取得した文書、図画及び電磁的記録」です。したがって、**職員が作成したメモでも組織で用いるという目的**（組織共有文書の実質性）**が確認できた場合、決裁や供覧などの事務処理を**終了していない文書でも開示請求の対象文書に含まれます。

> **補足**
> このほか、独立行政法人および一部の特殊法人・認可法人の情報公開については、独立行政法人等情報公開法に基づいた整備がされています。

（ウ）請求権者

　開示請求の資格については要件がなく**誰でも請求者になることができます**。そのため**法人、外国人も請求者になることができます**。また、請求権者は、**開示請求の目的は問われません**。

（エ）不開示情報

　個人情報、法人情報、国の安全に関わる情報、公共の安全に関わる情報、審議検

討に関する情報（率直な意見交換を損なわないため）、検査等の事務・事業の情報（公にすると当該事務事業に支障を及ぼすもの）は、不開示情報とされます。

（オ）不服申立制度

請求のあった文書は、不開示情報が記録されている場合を除いて**原則開示すること**とされています。不開示決定が下された場合、開示請求権者は、直接裁判所に訴えることができます。また、行政機関に不服申立てを行うこともできます。

不服審査を行う行政機関の長は、内閣府に設置されている情報公開・個人情報保護審査会に諮問するよう義務づけられています。ただし、この審査会は諮問機関という位置づけのため、裁決は行政機関の長が行います。この裁決に不満がある場合には、開示請求者は裁判所に提訴することができます。

確認してみよう

---

① オンブズマンとは、19世紀初めにスウェーデンで創設された市民の権利を守る苦情調査官で、「護民官」ともいわれる。この制度は、第二次世界大戦後に、北欧諸国から英連邦諸国へ、そしてアメリカ合衆国の諸州に急速に普及した。我が国では、地方公共団体レベルでは様々な形のオンブズマン制度が実現している。国般2002

4 (1) ① 参照 ○

アメリカ合衆国では連邦レベルのオンブズマンが設置されていないこと、日本では国レベルのオンブズマンが設置されていないことを確認しておきましょう。

---

② わが国では、国の制度としてのオンブズマンは現在まで実現に至っていないが、地方公共団体へのオンブズマン制度の導入は、川崎市と東京都中野区が端緒となった。都 I 2003

4 (1) ③ 参照 ○

川崎市は総合オンブズマン設置の初例、東京都中野区は部門オンブズマン設置の初例となります。

---

③ 行政機関情報公開法に基づく開示請求をするためには、日本国籍を有していることが必要である。また、開示請求の対象となる行政文書には、業務上

使用している行政文書であれば、民間企業から取得したものも含まれる。国
般2004

4 (2) ② 参照 ✕

情報公開法には国籍要件はありません。法人や外国人でも可能です。また、民間企業から取得したものは含まれません。

5 行政過程への市民参加制度

(1) パブリック・コメント

① パブリック・コメントとは

パブリック・コメント（意見提出・意見公募手続）とは、**政令・省令等の策定過程において、国民等の多様な意見・情報・専門的知識を反映させる制度**です。

日本では、1999（平成11）年に閣議決定によって導入され、行政運営上の措置として実施されてきましたが、**2005（平成17）年の行政手続法改正で「意見公募手続」として法制化されました。**ホームページに設けられた意見フォームやFAX、郵送など、複数の方法でパブリック・コメントを提出することができます。

② 概　要

行政手続法に基づく「意見公募手続」の対象となるのは「命令等」であり、これには**政令、府省令、審査基準、処分基準、行政指導指針の案が含まれます。**命令等を定める機関は、緊急に命令等を定める場合や軽微な変更を行う場合を除き、意見公募手続の義務が課せられており、国民から寄せられた意見を十分に考慮する義務を負っています（提出意見の内容を命令等に必ず反映する義務が課されているわけではありません）。ただし、例外規定も設けられており、**対象外となる「命令等」もあります。**

📝補足

なお、以上の説明からわかるように、法律案や政策案は同手続の対象とはなっていません。しかし、行政機関が法律案や政策案について意見公募手続の実施を否定しているわけではなく、過去に実施した実例も見られます。

332

③　地方公共団体のパブリック・コメント

　行政手続法に基づく「意見公募手続」では、地方公共団体が命令等を定める行為については、地方自治尊重の観点から適用除外となっています。ただし、地方公共団体には、行政手続法の規定に則り、必要な措置を講ずるよう努力義務が課されています。そのため、大半の都道府県は条例等に基づきパブリック・コメント制度を導入しています。

(2)　パブリック・インボルブメント

　パブリック・インボルブメントを直訳すれば、「地域住民や利害関係者などを仲間に入れる、巻き込むこと」となります。具体的には、**施策の立案や事業の計画を策定する際に、関係者に情報を提供したうえで、意見を聴き、反映しながら事業を進めていくための制度**です。「住民参画」とも訳されます。

　従来の「住民参加」は、事業の実施や運用段階において住民などに対する説明会を開くというものでしたが、パブリック・インボルブメントは、それより前段階である事業の構想段階や計画段階において意見を反映させようとする狙いがあります。

　1990年代後半から道路建設や河川改修に際してパブリック・インボルブメント方式が活用される事例が増えてきました。国政では道路や河川の整備計画の策定において地域住民等の意見を聴取する制度を設けています。地方では、例えば「まちづくり基本条例」などにおいて都市計画の策定について住民参画を制度化している事例が多いです。

(3)　環境影響評価（アセスメント）制度

　環境影響評価（アセスメント）制度とは、**環境に影響を及ぼすおそれのある事業について、その影響を事前に調査・予測・評価してその結果を縦覧に供し、住民に意見書提出の機会を与えて環境保全に役立てる制度**です。自治体レベルでは、1976（昭和51）年に川崎市が環境影響評価条例を制定し、その後、制定の動きが全国に広がっていきました。国レベルでも、1999（平成11）年に環境影響評価法が制定されています。

確認してみよう

① 　我が国の行政手続法には、規制制定に当たっての事前手続は定められていないが、平成11（1999）年３月に閣議決定された「規制の設定又は改廃に

係る意見提出手続」に基づき、各省庁が規制を伴う政令、省令等を制定する際には意見の募集が行われている。この制度は、「パブリック・コメント手続」と呼ばれている。国般2008

5 (1) ① 参照 ✕

パブリック・コメント（意見公募手続）は現在行政手続法に規定されています。

・・・

② 　パブリック・インボルブメントとは、行政計画の策定等に際して、住民に情報を公開して、広く意見・意思を調査する時間を確保し、かつ策定の過程を知る機会を設ける住民参加の手法である。我が国では、1990年代後半以降、都市計画や河川整備計画などで採用されている。国般2005

5 (2) 参照 ◯

パブリック・インボルブメントは、事業の計画段階から行政過程に住民を巻き込むことにより、合意形成を円滑に進めることを目指した手法です。

過去問にチャレンジ

問題1 ★

ファイナーの行政責任論に関する記述として、妥当なのはどれか。

区Ⅰ 2015

❶ ファイナーは、機能的責任とは、特定分野の技術的・科学的知識に関し、政策の適否を判断しうるような専門家仲間ないし科学的集団によるチェックを指すとした。

❷ ファイナーは、政治的責任とは、転変する社会の新しい問題に的確に対応するために、民衆や議会に先んじて変化を予知し、政策をより有効なものに高めようとする公務員の責務であるとした。

❸ ファイナーは、民主的政府における行政責任は、XはYの事項に関してZに対して説明・弁明しうるという公式が成り立ち、説明・弁明の相手方の内在性が不可欠の要件であるとした。

❹ ファイナーは、民主的政府における行政責任は、議会に対する外在的な政治的責任でなければならず、道徳的義務への内在的・個人的感覚だけでは民主政は成り立たないとした。

❺ ファイナーは、行政責任を確保する手段として、行政官の専門家としての責任感や職業倫理を信頼すべきか、一般国民や議員の良識を信頼すべきかというジレンマが存在するとする、フリードリッヒの理論に賛同した。

【解答・解説】

> C.J.フリードリッヒとH.ファイナーの基本的な主張や対立点の理解を試す易問です。

❶ ✕ 　これは、フリードリッヒの行政責任論に関する記述です。フリードリッヒは、機能的責任、つまり「専門的知識への応答性」を重視しました。

❷ ✕ 　これも、フリードリッヒの行政責任論に関する記述です。フリードリッヒは、専門的知識を有する行政官は、国民や議会に先んじて変化を予知し対応する責任があるとして、不作為に対しても責任を有すると論じています。

❸ ✕ 　「内在性が不可欠の要件」という記述が誤りです。ファイナーは、説明・弁明の相手方の外在性を主張しています。つまり、外部の第三者に対する答責性（説明責任）を重視しているということです。

❹ ◯ 　「道徳的義務への内在的・個人的感覚だけでは民主政は成り立たない」という記述は、フリードリッヒに対する批判になっています。

❺ ✕ 　ファイナーは、フリードリッヒの理論に賛同していません。ファイナーによれば、フリードリッヒの理論における「行政官の専門家としての責任感や職業倫理」というのは道徳的義務への個人的感覚にすぎず、行政責任について論じたものではないとしています。

　　フリードリッヒの行政責任論に関する記述として、妥当なのはどれか。

区Ⅰ 2018

❶　フリードリッヒは、行政責任を確保する統制の仕組みを、外在的か内在的かという軸と、制度的か非制度的かという軸との組合せに従って、4つに類型化した。

❷　フリードリッヒは、外在的制度的責任を重視し、責任ある行政官とは、技術的知識と民衆感情という2つの有力な要素に応答的な行政官であるとして、ファイナーの行政責任論に反論した。

❸　フリードリッヒは、「民主的政府における行政責任」という論文で、民主的政府における行政責任は、議会に対する外在的な政治的責任でなければならないとした。

❹　フリードリッヒは、機能的責任とは、客観的に確立された技術的・科学的な標準に従って判断し行動する責任であり、政治的責任とは、市民感情に応答して判断し行動する責任であるとした。

❺　フリードリッヒは、行政責任を2種類に分け、一方は「XはYの事項に関してZに対して説明・弁明しうる」という公式が成り立つ責任であり、もう一方は「道徳的義務への内在的・個人的感覚」であるとした。

　これも、C.J.フリードリッヒとH.ファイナーの基本的な主張や対立点の理解を試す易問です。

❶ ✗　　これは、フリードリッヒではなくC.E.ギルバートに関する記述です。「外在的か内在的かという軸と、制度的か非制度的かという軸との組合せに従って、4つに類型化」という記述で判別できます。

❷ ✗　　「外在的制度的責任を重視し」という記述が誤りです。フリードリッヒの責任論は、外在的制度的統制が機能していないという問題意識に基づいて展開されており、内在的責任を重視しています。

❸ ✗　　これは、フリードリッヒではなくファイナーに関する記述です。「議会に対する外在的な政治的責任」という記述で判別できます。

❹ ◯　　フリードリッヒは、行政官の責任を機能的責任と政治的責任に分けて、内在的な責任を重視しています。

❺ ✗　　「XはYの事項に関してZに対して説明・弁明しうる」という公式が成り立つ責任を主張したのは、フリードリッヒではなくファイナーです。

問題3 　　**行政学上の行政責任論に関する記述として、妥当なのはどれか。**

★
都Ⅰ 2005

❶ 　行政官の行政責任には、任務責任、服従責任及び説明責任があり、任命権者から課される制裁に服する責任は含まれない。

❷ 　行政官は法令・予算による規律、上司の指示・命令に忠実に応答すればよく、自発的、積極的な裁量行動までは行政責任に含まれない。

❸ 　行政職員が組織する労働組合や職員団体は、行政活動に対して法制度上の統制権限を有していないため、これらの団体の要望や期待に応答することは行政責任に含まれない。

❹ 　行政官の説明責任としては、国民の代表機関である議会に対して自己のとった行動について説明すれば足りるため、広く国民一般に理解を求めることまでは含まれない。

❺ 　行政官が自己の良心に従って行動する責任を自律的責任といい、この責任は、私的利害と公共的責任とのジレンマ状況を克服する鍵となる。

❶から❹までの語尾がすべて「含まれない」になっているのであまりにも不自然なのですが、特に引っ掛けでもなく❺が正解です。

❶ ✕　　行政官の行政責任には、任命権者から課される制裁に服する責任が含まれます。例えば、足立忠夫の「本人―代理人モデル」でも、行政責任の一つとして任命権者からの「制裁的責任」が認められています。

❷ ✕　　C.J.フリードリッヒの見解によれば、行政官の行政責任には、自発的、積極的な裁量行動も含まれます。特にフリードリッヒは行政官の内在的な責任を重視しており、「裁量行動は含まれない」とはいえません。

❸ ✕　　確かに労働組合や職員団体は行政活動に対して法制度上の権限を有していませんが、C.E.ギルバートによれば、このような内在的・非制度的な活動も行政統制の1類型に含まれますので、これらの団体の要望や期待への応答は行政責任となります。

❹ ✕　　行政官の説明責任として、広く国民一般に理解を求めることまで含まれます。行政PRや情報公開制度が整備されてきているのは、そのためです。

❺ ◯　　法律上の義務と上司からの命令が異なる場合など、複数の他律的責任の間で矛盾が発生した場合、このジレンマを克服する鍵となるのが自律的責任であるとされます。

★　　　次のA～Eの我が国の行政統制を、ギルバートの行政統制の類型に当てはめた場合、外在的・非制度的統制に該当するものを選んだ組合せとして、妥当なのはどれか。

区I 2019

A　同僚職員の評価
B　マスメディアによる報道
C　裁判所による統制
D　官僚制指揮命令系統による統制
E　住民運動

❶　A　　C
❷　A　　D
❸　B　　D
❹　B　　E
❺　C　　E

C.E. ギルバートの行政統制の類型に関する基本的な理解を問う易問です。

A ✕　　「同僚職員の評価」は、内在的・非制度的統制です。同僚職員は同じ行政機関に属するので内在的であり、その評価には制度的な裏づけはありませんので非制度的な統制といえます。

B ◯　　「マスメディアによる報道」は、外在的・非制度的統制です。マス・メディアは行政機関にとって外部の存在ですので外在的であり、その報道は制度に基づくものではないので非制度的な統制といえます。

C ✕　　「裁判所による統制」は、外在的・制度的統制です。裁判所は司法機関であり、行政機関にとって外部の存在ですので外在的であり、司法統制は憲法で保障されているので制度的な統制といえます。

D ✕　　「官僚制指揮命令系統による統制」は、内在的・制度的統制です。上司は同じ行政機関に属するので内在的であり、かつその職務命令は規則によって定められた上下関係をもってなされるので制度的な統制といえます。

E ◯　　「住民運動」は、外在的・非制度的統制です。住民は行政機関にとって外部の存在ですので外在的であり、その抗議活動は制度に基づくものではないので非制度的な統制といえます。

第4章　行政責任と行政統制

ギルバートの行政統制論に関する記述として、妥当なのはどれか。

★   区Ⅰ 2006

❶ ギルバートは、議会による行政統制が有効に機能しなくなったとし、それを補完するものとして、行政官の機能的責任と政治的責任という二つの概念を新たに提示した。

❷ ギルバートは、行政責任は、外在的な問責者による制度的な統制によってのみ確保されるとし、議会に対する行政機関の制度上の答責性を確保することが重要であるとした。

❸ ギルバートは、行政統制の手段が法制度化されているか否かによる制度的統制・非制度的統制の軸と、統制主体が行政機関の外部か内部かによる外在的統制・内在的統制の軸との組合せにより、行政統制の方法を四つに類型化した。

❹ ギルバートは、責任一般を義務、自由裁量、合理的説明の可能性の三つの要素に分類し、行政責任は、これらを課せられた代理人としての行政の本人たる国民と議会への責任であるとした。

❺ ギルバートは、行政責任の主体である行政官を、行政には政治的要素が入ってはならないとする合理主義者、行政官の裁量を積極的に肯定する理想主義者、多元主義的な政治的見解を持つ現実主義者の三つの立場に分類した。

【解答・解説】

❹と❺が細かい内容ですが、正解肢が明確なので解答できるでしょう。

❶ ✕ 　これは、アメリカの政治学者C.J.フリードリッヒによる行政責任論に関する記述です。「行政官の機能的責任と政治的責任」という記述で判別できます。

❷ ✕ 　これは、イギリスの行政学者H.ファイナーによる行政責任論に関する記述です。外在的な問責者による制度的な統制を重視しているところから判別できます。

❸ ○ 　C.E.ギルバートの4類型それぞれの具体例として、「外在的・制度的統制」は議会統制や裁判所による統制、「内在的・制度的統制」は総務省の行政監察・上司による職務命令、「外在的・非制度的統制」は世論・メディアによる報道、「内在的・非制度的統制」は行政官のプロ意識・同僚職員による評価が挙げられます。

❹ ✕ 　これは、H.サマーズによる責任の類型論に関する記述です。彼は、行政官の責任を契約に基づく奉仕者の責任であると考えました。ここで「合理的説明」とは、結果責任を意味するaccountabilityを指します。ただし、サマーズが出題されることは少ないので、ここでは「ギルバートの行政統制論ではない」ということさえ判別できれば十分です。

❺ ✕ 　これは、G.シューバートの類型に関する記述です。シューバートによるこうした分類は、「公益観」についての多様な理解に基づくものであり、行政活動が円滑に運営されている限り、それぞれの立場の間で優劣は存在しないとされます。ただし、シューバートが出題されることも少ないので、ここでは「ギルバートの行政統制論ではない」ということさえ判別できれば十分です。

行政統制に関する記述として、妥当なのはどれか。

★

都Ⅰ 2003

❶ ファイナーとフリードリッヒの論争は、行政統制と行政責任の関係をめぐって行われたもので、フリードリッヒは、公務員の行政責任よりも議会による行政統制の重要性を主張した。

❷ わが国において、人事院の人事官や行政委員会委員については、国会が任命権をもつことで、行政に対する統制機能を果たしている。

❸ ギルバートの行政統制の類型において、内在的かつ非制度的統制は理論上のものであり、現実には存在しない。

❹ ギルバートの行政統制の類型において、政党の公約と街頭活動、マスメディアによる報道や住民運動は、外在的かつ非制度的統制に位置づけられる。

❺ ギルバートの行政統制の類型における、内在的かつ制度的統制の一つとして、わが国の地方公共団体の監査委員制度があるが、身内の統制という限界もあり、現在、外部監査制度の導入のため、地方自治法の改正が検討されている。

【解答・解説】

> やや細かい内容もありますが、正解肢が明確なので解答できるでしょう。

❶ ✕ 後半の記述は、C.J.フリードリッヒではなくH.ファイナーの主張内容です。「議会による行政統制の重要性を主張」という記述で判別できます。

❷ ✕ 日本の人事院の人事官や行政委員会の委員は、国会が任命するのではなく、国会の同意を得て**内閣または首相、大臣が任命**します。

❸ ✕ 「内在的かつ非制度的統制」は、現実にも「職員組合の要望・期待・批判」や「同僚職員の評価・批判」などとして存在します。

❹ ◯ 政党とマス・メディアは、いずれも行政官僚・機構の外部の団体であり、かつ公式の制度によるものではありません（政党自体は法律によって設立された団体ではなく、非公式的な組織です）。そのため、これらの統制に従わなくても明確な罰則はありませんが、無視し続けるとその後の行政運営に支障を来す場合もあることから、行政運営をスムーズに進めるため統制として機能しているといえます。

❺ ✕ 1997年の地方自治法改正により、「外在的かつ制度的統制」に該当する外部監査制度の導入が、都道府県、政令指定都市、中核市に義務づけられています（詳しくは第3章第2節で学習しました）。これは議会の議決を経て、弁護士、公認会計士、税理士および監査経験がある国・地方自治体職員OBなどと外部監査契約を締結して、「みなし公務員」たる彼らによる監査を当該地方自治体が受けるというものです。

第4章

行政責任と行政統制

問題7 我が国の行政統制に関する記述として、妥当なのはどれか。

区Ⅰ 2013

❶ スウェーデンで始まったオンブズマン制度は、我が国では、国において制度が導入された後に地方自治体に広まったものであり、地方自治体では神奈川県川崎市が初めて導入した。

❷ 国の行政機関における政策評価は、「行政機関が行う政策の評価に関する法律」に基づいて、政策評価の客観性を担保するために総務省行政評価局により全省庁を対象に行われ、各省庁で個別には行われていない。

❸ 諮問型の住民投票は、全ての自治体を対象として定められた法律がないため、地方自治法の定めに基づいて、個別案件ごとに住民投票条列を制定した上で実施されており、この住民投票の結果には法的拘束力が認められている。

❹ 情報公開制度は、「行政機関の保有する情報の公開に関する法律」に規定されており、情報公開の対象となる機関に会計検査院は含まれるが、国会と裁判所は含まれない。

❺ パブリックコメントとは、行政機関が広く公に意見や改善案等を求める意見公募手続のことをいい、我が国では、各省庁が任意で行っているものに限られ、意見公募手続の法制化には至っていない。

【解答・解説】

❷は次節で扱う内容ですが、正解肢が明確なので解答できるでしょう。

❶ ✕　　オンブズマン制度は、日本では、神奈川県川崎市をはじめ若干の自治体で導入されていますが、国レベルではまだ採用されていません。

❷ ✕　　我が国の政策評価は、**各府省が自ら**その政策の効果を測定し、その後に総務省行政評価局により評価の方法や内容をチェックする仕組みになっています。詳しくは本章の第2節で扱います。

❸ ✕　　諮問型の住民投票の結果には、法的拘束力が認められていません。諮問型住民投票は国レベルでは整備されていないため、条例により一般的な制度を整備する地方自治体もあります。

❹ ◯　　「行政機関の保有する情報の公開に関する法律」は、法律名にあるとおり、行政機関に関する情報公開を規定する法律なので、国会（立法）や裁判所（司法）は対象とされていません。ただし、衆議院・参議院・裁判所は、同法の趣旨を踏まえて、独自の規定を定めて、情報公開制度を運用しています。

❺ ✕　　パブリック・コメント（意見公募手続）制度は、2005年の行政手続法の改正により法制化されています。

行政参加に関する記述として、妥当なのはどれか。

都Ⅰ2007

❶ 住民投票は、住民が投票により直接に意思を示す制度であり、住民投票はすべて条例に根拠を要し、住民投票を行った地方公共団体は、当該住民投票の結果に拘束される。

❷ 行政委嘱員は、国又は地方公共団体の委嘱を受けて行政活動に参加する者であり、地方公共団体が委嘱する行政委嘱員は、国が委嘱する行政委嘱員と比較して種類が少ない。

❸ 環境影響評価制度は、民間事業者による建設事業が環境に与える影響について、行政機関が調査及び評価し当該建設事業の着工の可否を決定するものであり、利害関係者の意見を聴取する機会を与えるものではない。

❹ オンブズマンは、住民の権利を守ることを目的として行政への苦情の処理及び監視等を行う者であり、オンブズマン制度は、国の制度として発足したものであり、地方公共団体における導入実績はない。

❺ 情報公開制度は、行政機関等が保有する情報について、住民が開示を求める請求を行った場合、行政機関等は、原則として、当該情報を開示する義務を負うこととする制度である。

【解答・解説】 正解 ❺

❷がかなり細かい内容ですが、正解肢が明確なので解答できるでしょう。

❶ ✕　　住民投票には、住民投票条例で定められた住民投票だけでなく、法律で定められた住民投票があります（憲法95条で定められた住民投票や地方自治法で定められたリコールのための住民投票など）。また、法律で定められた住民投票は結果に拘束力がありますが、住民投票条例で定められた住民投票には拘束力はなく「諮問的住民投票」（参考意見を聴くための住民投票）と呼ばれます。

❷ ✕　　国よりも地方公共団体が委嘱する行政委嘱員のほうが、種類は多いです。国が委嘱する行政委嘱員には民生委員・児童委員・国勢調査員などがありますが、地方公共団体は自治会への委嘱などさまざまな形で地域住民に行政事務の執行を委ねています。

❸ ✕　　環境影響評価制度は、開発事業が環境に与える影響について行政機関が調査および評価した後、利害関係者を含む市民から意見を聴取し、これらを踏まえて当該事業の着工の可否を決定するものです。

❹ ✕　　オンブズマン制度は、川崎市など地方公共団体における導入実績はありますが、国の制度としては実現していません。

❺ ◯　　情報公開制度は、国レベルでも「行政機関の保有する情報の公開に関する法律」として実現しています。

情報公開制度に関する記述として、妥当なのはどれか。

★ ★

❶ 情報公開制度は、アメリカが世界で最初に導入したことに始まり、わが国においては、東京都が全国で最初に情報公開条例を制定して導入した。

❷ 国の情報公開制度は、政府の諸活動を国民に説明する責務を全うするとともに、国民の的確な理解と批判の下に公正で民主的な行政の推進に資することを目的とし、行政文書の開示請求は、外国人や法人も含め、誰でも行うことができる。

❸ 国の情報公開制度では、原則としてすべての国の行政機関が開示請求の対象となるが、国会、裁判所及び会計検査院は除かれる。

❹ 国の情報公開制度では、開示請求の対象となる行政文書の範囲を職員が職務上作成し又は取得した文書、図画及び電磁的記録としているが、このうち決裁や供覧等の事務処理を終了していない行政文書は、開示請求の対象とならない。

❺ 国の情報公開制度では、開示請求に関する決定に不服のある場合、決定の取消しを求める訴訟を提起することができるが、提訴先は東京地方裁判所に限られる。

【解答・解説】

> 細かい内容もありますが、正解肢が明確なので解答できるでしょう。

❶ ✕ 　世界で最初に情報公開制度を導入したのは、アメリカではなくスウェーデンです。また日本では、山形県金山町が1982年に制定した公文書公開条例が端緒とされ、都道府県レベルでは同年の神奈川県の制定が初となります。

❷ ◯ 　日本では、2001年に施行された情報公開法によって、国レベルでの情報公開制度が整備されました。

❸ ✕ 　国会と裁判所は三権分立の観点から同法の対象外になっていますが、会計検査院は対象機関とされています。

❹ ✕ 　決裁や供覧等の事務処理を終了していない行政文書も、開示請求の対象となります。これを対象外としてしまうと、開示したくない文書は最終決裁しないという方法を採られる可能性があるからです。

❺ ✕ 　提訴先は東京地方裁判所に限られず、決定取消訴訟原告の所在地を管轄する高等裁判所の所在地を管轄する地方裁判所でも訴訟提起が可能です。

行政機関の保有する情報の公開に関する法律（行政機関情報公開法）に関する記述として、妥当なのはどれか。

区Ⅰ2011

❶　行政機関情報公開法が定める行政機関に対する行政文書の開示請求は、国籍にかかわらず誰でもでき、国会は開示請求の対象となるが、最高裁判所は開示請求の対象に含まれない。

❷　世界で最初に情報公開を制度化した国はスウェーデンであり、日本では自治体レベルが先行し、1982年に山形県金山町の情報公開条例から始まり、国レベルでは行政機関情報公開法が1999年に制定された。

❸　行政機関情報公開法の対象となる行政文書は、決裁の事案処理の手続を経たものに限られ、決裁前の作成中の文書、図画及び記録媒体は対象とされていない。

❹　行政機関情報公開法の定める開示決定等について、請求者が公開を拒否された場合に行政不服審査法に基づく不服申立てはできるが、当該不服申立てに対する裁決に不服がある場合に訴訟を提起することはできない。

❺　行政機関情報公開法が定める不開示情報は、個人に関する情報、法人等に関する情報、国の安全等に関する情報、公共の安全等に関する情報に限られており、その他すべての情報の公開が行政機関に義務付けられている。

【解答・解説】

細かい内容もありますが、正解肢が明確なので解答できるでしょう。

❶ ✕　　行政機関情報公開法の適用対象は行政機関に限定されるため、司法機関である最高裁判所と同じく、立法機関である**国会も開示請求の対象にはなりません。**

❷ ◯　　オンブズマン制度と同様に、情報公開制度もスウェーデンから始まっています。

❸ ✕　　この法律の対象になる行政文書とは「当該行政機関の職員が組織的に用いるものとして、当該行政機関が保有しているもの」と規定されており、**決裁前の文書、図画および記録媒体も対象となります。**

❹ ✕　　請求者が行政不服審査法に基づく不服申立てを行い、当該不服申立てに対する裁決に不服がある場合には、**訴訟を提起することができます。**

❺ ✕　　行政機関情報公開法が定める不開示情報は、問題文で挙げられているもの以外にも、「国の機関、独立行政法人等、地方公共団体及び地方独立行政法人の内部又は相互間における審議,検討又は協議に関する情報」であって開示すると不都合が生じるものなど、さまざまな類型があります。

問題11

★★

我が国の情報公開制度に関する記述として、妥当なのはどれか。

区Ⅰ 2020

❶ 情報公開制度は、山形県金山町や神奈川県等、地方自治体の条例制定が国による法制化に先行していたが、国においても「行政機関の保有する情報の公開に関する法律（行政機関情報公開法）」が1999年に制定された。

❷ 行政機関情報公開法では、日本国民だけでなく外国人を含む何人も行政文書の開示請求をすることができると定められ、「知る権利」の文言が明記された。

❸ 行政機関情報公開法の対象となる行政文書とは、行政機関の職員が職務上作成し、又は取得した文書であって、職員が組織的に用いるものとして当該行政機関が保有しているものをいい、官報や白書もこれに含まれる。

❹ 行政機関の長は、行政機関情報公開法に基づく開示請求があったときは、原則として請求のあった行政文書を開示する義務を負うが、個人に関する情報が記録されている場合に限り、当該行政文書を不開示にすることができる。

❺ 行政機関情報公開法は、審査請求前置主義を採用しており、不開示決定を受けた開示請求者は、審査請求を経なければ訴訟を提起することができない。

【解答・解説】

> かなり細かい内容もありますが、正解肢が明確なので解答できるでしょう。

❶ ○ 2001年には「独立行政法人等の保有する情報の公開に関する法律」も制定され、「行政機関の保有する情報の公開に関する法律」と合わせて、国民に対し政府の説明責任を全うする観点から、行政機関および独立行政法人等（すべての独立行政法人および政府の一部を構成すると見られる特殊法人・認可法人等）が保有する文書についての開示請求権等が定められています。

❷ ✕ 行政機関情報公開法の条文には、「知る権利」の文言はありません。

❸ ✕ 行政機関情報公開法では、「官報、白書、新聞、雑誌、書籍その他不特定多数の者に販売することを目的として発行されるもの」は、情報公開の対象外となっています（行政機関情報公開法2条2項）。そもそも、これらの刊行物はすでに不特定多数の者に公開されているのですから、同法の公開対象に含める必要はありません。

❹ ✕ 個人に関する情報が記録されている場合に限らず、公にすることにより、国の安全が害されるおそれ、他国や国際機関との信頼関係が損なわれるおそれがある情報など、行政機関情報公開法ではさまざまな不開示情報が規定されています。

❺ ✕ 行政機関情報公開法は、審査請求前置主義を採用していません（自由選択主義を採用）。そのため、審査請求を経なくても訴訟を提起することができます。ただし、審査請求前置主義と自由選択主義の違いは、通常は行政法で扱う内容です。

行政責任、統制に関する次の記述のうち、妥当なのはどれか。

❶ 議員内閣制での執政機関は、内閣、内閣総理大臣、各省大臣であり、内閣は法案提出権等、内閣総理大臣は国務大臣等の任免権等、各省大臣は主任の大臣としての人事権及び指揮監督権等により、統制を行う。

❷ パブリックコメント（意見公募手続）制度は、平成17（2005）年の行政手続法改正によって法定され、府省は適用除外に該当しない限り、政令、府省令等を制定、改正する場合には、政令、府省令等の最終決定後ただちにホームページ上で意見を募集しなければならない。

❸ C.バーナードは、制度的（formal）、非制度的（informal）統制の軸と、問責の主体が行政機関の外部に位置する外在的（external）、行政機関の内部に位置する内在的（internal）統制の軸という2つの軸の交差から生じる4分類によって行政統制の性質を示した。

❹ C.フリードリッヒは、「XはYの事項に関してZに対して説明・弁明しうる（X is accountable for Y to Z）」ことを行政責任としてとらえ、説明する相手方の外在性を重視したため、議会による統制を民主制における行政責任と考えた。

❺ H.ファイナーは、行政官の責任として技術的知識と民衆感情への応答性を重視し、前者は、内外の政策専門家によって責任が問われ、後者は、民衆のニーズや要求を把握するよう努力し、それに政策的に対応するよう、民衆に対して直接責任を有するとした。

【解答・解説】

正解 ❶

❷はやや細かいですが、常識的に考えれば間違いに気づけるでしょう。

❶ ○　C.E.ギルバートの行政統制のマトリックスでは、原則として執政機関による統制は外在的・制度的統制に該当しますが、各省大臣による統制は内在的・制度的統制に該当します（ただし、両者の境界線は論者によって解釈が分かれます）。

❷ ✕　「最終決定後ただちに」という記述が誤りです。最終決定しているのであれば、もう変更される可能性はないわけですから、意見を寄せる意味がありません。パブリック・コメント制度では、政令・府省令等を制定・改正する場合に、政令・府省令等の案を最終決定前（事前）に公表すること、30日以上の意見提出期限を定めて意見や情報等の公募を行うこと、意見や情報などを考慮してそれらの内容や検討結果を公表することを義務づけています。

❸ ✕　これは、C.I.バーナードではなくギルバートの行政統制のマトリックスに関する記述です。

❹ ✕　これは、C.J.フリードリッヒではなくH.ファイナーの行政責任論に関する記述です。ファイナーは、「XがYについてZに対して説明できる」ことを行政責任として捉え、新しい責任論を展開したフリードリッヒを批判しました。

❺ ✕　これは、ファイナーではなくフリードリッヒの責任論に関する記述です。フリードリッヒは、行政責任として、客観的に確立された科学的な規準に対応する責任（機能的責任）とコミュニティの民衆感情に直接に対応する責任（政治的責任）を説きました。

第4章　行政責任と行政統制

行政統制と行政責任に関する次の記述のうち、妥当なのはどれか。

★★

国般2009

❶ C.E.ギルバートの制度的統制と非制度的統制の区分によると、裁判所や会計検査院による統制や職員組合との交渉は制度的統制に分類され、上司による職務命令やマス・メディアによる報道は非制度的統制に分類される。

❷ C.フリードリッヒは、行政官の自由裁量の拡大がその専門知識や技術を引き出すためには必要であり、同時に、その裁量権行使に伴う価値選択が民衆の感情を十分に反映したものでなければならないと主張した。

❸ 行政責任のディレンマ状況とは、行政官に対して相互に矛盾し、対立する統制や期待が寄せられたときに、行政官がいずれにこたえるべきかを迷うような状況をいう。このようなディレンマ状況は、内在的統制と外在的統制の間でのみ生じるものであり、同一価値観の下に職務を遂行するライン系統組織や官房系統組織の内部では生じない。

❹ 行政機関情報公開法は、開示請求の対象を、行政機関の職員が職務上作成し、又は取得した文書、図画及び電磁的記録としており、また、開示方法としては、文書等の閲覧のみを認め、写しの交付を認めていない。

❺ 我が国におけるオンブズマン制度は、平成2年に川崎市が導入して以来、地方公共団体が率先して進めた。その結果、平成18年に改正された行政機関情報公開法においても、国民の行政機関に対する苦情処理や行政活動の監視などを行う権利を擁護するために、オンブズマンを設置することが規定された。

【解答・解説】

正解 ❷

> 国家一般職としては標準的なレベルの問題です。正解肢も明確なので解答できるでしょう。

❶ ✕　C.E.ギルバートの区分によると、裁判所や会計検査院による統制や**上司による職務命令**は制度的統制に分類され、**職員組合との交渉**やマス・メディアによる報道は非制度的統制に分類されます。

❷ ○　C.J.フリードリッヒは、行政官の内在的な責任感と応答性（responsibility）を重視した行政責任論を展開しました。

❸ ✕　行政責任のジレンマ状況は、ライン系統組織や官房系統組織の内部でも生じることがあります。行政組織トップの政治家が、専門的な見地からすると明らかに誤った判断を下した場合（感染症が蔓延する中、人の移動を促進するような政策を打ち出すなど）、応答的責任の観点からするとそれでも命令に従うべきですが、機能的責任の観点からすると命令に従うべきではないということになります。

❹ ✕　行政機関情報公開法では、開示方法として、文書等の閲覧だけでなく、その写しの交付も認めています。

❺ ✕　日本では、国レベルではオンブズマン制度は採用されておらず、行政機関情報公開法でもオンブズマンを設置することは規定されていません。

第4章 行政責任と行政統制

問題14 行政責任に関する次の記述のうち、妥当なのはどれか。

★★★

国般 2003

❶ 行政国家化が進展した中で、議会が有効に行政を統制し得なくなった事態を観察したH.ファイナーは、政策知識を十分に持ち合わせない一般民衆に対する行政の直接的なアカウンタビリティを確保することが重要であると主張し、情報公開制度の導入を提唱した。

❷ C.フリードリッヒは、行政責任をアカウンタビリティに限定するだけでは不十分と考え、客観的に確立された科学的な規律に対応する機能的責任の必要性を主張した。機能的責任を確保するためには、専門家集団として行政が自己規律を確立することが前提となることから、彼は科学的管理法を開発し、その導入を提唱した。

❸ 行政責任を制度的責任と非制度的責任とに区別した上で、後者に着目するようになった背景としては、行政国家化に伴って行政活動の領域が拡大し、行政活動の対象集団や利害関係者からの多様な要望や期待に行政が的確に応答することを求められるようになったことが指摘されている。

❹ いわゆる行政責任のディレンマ状況は、行政に対する統制や期待が相互に矛盾し対立しがちであることから生じる。近年のインターネットなどによる情報のはん濫は、こうしたディレンマ状況を深刻化させてきたという反省から、行政責任の範囲を伝統的な上級機関に対する制度的責任に限定する考えが現在では主流となっている。

❺ 我が国の国家公務員については、上級機関の指令や上司の指示・命令に忠実に応答する受動的責任に基づく行為は必要とされるが、一方、自発的積極的に裁量するという能動的責任に基づく行為は、政治的判断を伴うため、国家公務員法で信用失墜行為として禁止されている。

【解答・解説】

正解 ❸

> わかりにくい選択肢もありますが、常識を働かせれば消去法で正解肢を選べるはずです。

❶ ✕　　H.ファイナーが主張したのは、一般民衆ではなく議会に対するアカウ
ンタビリティ（説明責任）です。したがって、一般民衆に対する情報公開
制度の導入を提唱したという記述も誤りです。

❷ ✕　　科学的管理法を提唱したのは、C.J.フリードリッヒではなくF.テイラー
です。

❸ ◯　　そもそも行政責任論争の発端は、行政国家化が進行する反面で議会によ
る行政統制が機能不全に陥った現実をいかに理解するか、という点にあり
ました。そのことからすれば、フリードリッヒの指摘もファイナーの指摘
も行政統制を論じるうえで必要な視座だといえます。

❹ ✕　　そのような考えは主流になっていません。行政官の最終的な判断は、自
己の内面的な良心に従って行動する責任（自律的責任）によるしかありま
せん。その意味では、行政官は日常的な行為の中で洞察力や責任感を涵養
する必要があり、またそれによってのみ、拡大しつつある行政需要に柔軟
かつ的確な責任を果たすことが可能になるといえます。

❺ ✕　　国家公務員法99条で定める信用失墜行為の禁止とは、「職員は、その官
職の信用を傷つけ、又は官職全体の不名誉となるような行為をしてはなら
ない」という規定で、能動的責任に基づく行為は禁止されていません。国
家公務員法96条1項では、「すべて職員は、国民全体の奉仕者として、公
共の利益のために勤務し、且つ、職務の遂行に当っては、全力を挙げてこ
れに専念しなければならない」とされています。職務遂行の場では、国家
公務員法、国家公務員倫理法、人事院規則の根本基準に則る必要がありま
すが、いずれも能動的責任を否定するものではありません。常識的に考え
ても、「自分の頭で考えるな、上司に言われたとおりに動くだけにしろ」
などという組織では、複雑な状況に対応できないことは想像できるでしょ
う。

第4章　行政責任と行政統制

363

行政責任に関する次の記述のうち、妥当なのはどれか。

　　　　　　　　　　　　　　　　　　　　　　　　　　　　国般2005

❶　アメリカ行政学において行政責任論が論じられるようになったのは、W.ウィルソンが「行政の研究」を著し、政治・行政の分離論が唱えられていたのとほぼ同時期の19世紀初頭である。当時の行政責任論は、行政固有の活動領域においては、政党政治の介入を排除することで、有能にして効率的な政府を建設すべきであるという主張であった。

❷　H.ファイナーによれば、行政責任とは市民に対する責任であり、行政は制度上の責任を負う議会よりも、市民の期待や要望に直接対応すべきであるという。これを本人・代理人(プリンシパル・エージェント)モデルに当てはめると、「代理人」たる行政にとっての「本人」は個々の市民であり、そこでは市民による行政のモニタリングが強調されることになる。

❸　行政の自由裁量について、C.フリードリッヒは、技術的に可能である限り詳細な点まで法律で規定することで行政の自由裁量を極小化すべきであると主張したのに対して、H.ファイナーは、専門家たる行政官の知識や技術を引き出すためには、むしろ自由裁量の拡大が必要であると主張した。

❹　行政の説明責任(accountability)という概念は、かつては、議会や制度上の統制機関からの問責に対して弁明する責任という意味で用いられることが多かったが、今日では、広く国民一般に対して行政活動の背景や意図、方法、その成果などを明らかにし、理解を求める責任を意味するものとしても用いられるようになった。

❺　行政責任のジレンマとは、行政官に対して複数の相互に矛盾し対立する統制や期待が寄せられた時に、行政官がいずれにこたえるべきかを迷うような状況をいう。行政官がこうしたジレンマに直面した際の優先順位を定めることを目的として、平成11年(1999年)に国家公務員倫理法が制定された。

これもわかりにくい選択肢もありますが、常識を働かせれば消去法で正解肢を選べるはずです。

❶ ✕　　まず、W.ウィルソンが「行政の研究」を発表したのは19世紀末の1887年です。また、19世紀初頭のアメリカはまだ建国からそれほど時間が経っておらず、行政固有の活動領域は明確になっていませんでした。

❷ ✕　　行政は民衆（市民）の感情に直接対応する責任を有すると考えたのは、C.J.フリードリッヒです。H.ファイナーは外在的責任論に立脚し、行政が説明・弁明を行うべき相手は**議会**である（行政責任とは議会に対する責任である）と考え、「代理人」たる行政にとっての「本人」は議会であり、「議会」による行政のモニタリングを強調しています。

❸ ✕　　フリードリッヒとファイナーの主張が逆になっています。

❹ ◯　　説明責任は、かつてはファイナーのように議会などに対する弁明責任という意味に限定することが一般的でした。しかし、今日は広く国民一般に対するものとして理解されています。例えば、行政機関情報公開法は、国民に対する説明責任を根拠としています。

❺ ✕　　国家公務員倫理法は、国家公務員に対する贈与や接待を規制する法律であり、行政責任のジレンマに対応することを目的としていません。そもそも優先順位を決めるのが難しいからジレンマ状況になるわけで、法律で一律に定められるのであれば問題になりません。

問題16 行政統制・行政責任に関する次の記述のうち、妥当なのはどれか。

★★★

国般2018

❶ 我が国の会計検査院は、行政機関の金銭的な出納が適切かという点から、常時会計検査を行うとともに、国の収入と支出の決算の検査を行い、その結果を内閣総理大臣に提出する。法令違反や不当な会計処理が行われている場合は、直ちに内閣総理大臣に是正を求めなければならない。

❷ M.ディモックは、組織の職員の勤労意欲や組織に所属していることに関する満足感等の社会的能率を、機械的な能率観であると批判し、経費の投入と作業量、効果等の産出の比率で判断する能率が真の能率であると主張した。

❸ 我が国では平成11（1999）年に、「行政機関の保有する情報の公開に関する法律」が制定され、同法では、国の行政機関が保有する情報の公開によって、政府が行っている諸活動を国民に説明する責務とともに、国民の知る権利の保障が規定された。政府が国民に説明するこのような責務のことを、一般にナショナル・ミニマムと呼ぶ。

❹ C.E.ギルバートは、行政統制について、行政官それぞれが自らの内部に有する自律的責任の有無と、統制主体が外在的か内在的かという二つの軸によって、自律的外在的統制、自律的内在的統制、応答的外在的統制、応答的内在的統制という4類型による整理を行った。

❺ 我が国の地方公共団体の財務に関する事務の執行等の監査は、公認会計士や弁護士、行政職員経験者など識見を有する者及び職員のうちから、首長が議会の同意を得て選任する監査委員が担っている。また、住民が監査委員に監査を請求することも認められている。

【解答・解説】

> ❶の内容が細かいですが、正解肢に特に誤りが見当たらないことから解答できるでしょう。

❶ ✕　「内閣総理大臣に是正を求めなければならない」という記述が誤りです。会計検査院は、検査において法令違反や不当な会計処理を発見した場合には、所轄の長や関係者（つまり、法令違反や不当な会計処理をした省庁の大臣や長官など）に対して直接に是正改善の処置を要求できます。そして、これらの是正改善した事項が国会および内閣に報告されます。

❷ ✕　M.ディモックは、「経費の投入と作業量、効果等の産出の比率で判断する能率が真の能率である」という見方を機械的能率観と批判して、それと対比される社会的能率を重視した人物です。

❸ ✕　まず、情報公開法では、**国民の知る権利の保障は規定されていません**。また、政府が行っている諸活動を国民に説明する責務はナショナル・ミニマムではなくアカウンタビリティと呼ばれます。

❹ ✕　「自律的」、「応答的」という記述が誤りです。C.E.ギルバートは、制度的／非制度的、内在的／外在的という二つの軸によって、内在的・制度的統制、外在的・制度的統制、内在的・非制度的統制、外在的・非制度的統制という4類型に整理しました。ギルバートの行政責任はすべて他律的なもので、行政官個人の自律的責任は含まれていません。

❺ ○　事務の監査請求は、地方自治法上で認められており、監査結果を公表する必要があります。

2 政策過程の理論

1 政策のライフサイクル

(1) 政策の定義

政府の政策とは、「政府が、その環境諸条件または、その対象集団の行動に何らかの変更を加えようとする意図のもと、これに向けて働きかける活動の案」を指します。したがって、政策は、**政府の活動に根拠を与え、どのような活動を政府が行い得るかの案を示したもの**であると考えられ、政府の**法律、条例、規則、計画、構想、方針、予算を構成要素**としています。

(2) 政策のライフサイクル

政策過程は、❶課題設定、❷政策立案、❸政策決定、❹政策実施、❺政策評価という段階を経ていきます。そして最終段階の政策評価では、既存政策の見直しにより、**新しい課題の発見**（課題設定）**へとフィードバック**されます。このように政策過程は、フィードバックを通じて常に循環するため、**政策循環過程**とも呼ばれます。

ここでは❶、❷、❹について説明し、❸政策決定、❺政策評価については項を改めて後述します。

① 課題設定（アジェンダ・セッティング）

社会には多種多様な問題が存在していますが、すべての社会問題が政府の対応すべき政治課題になるわけではありません。したがって政府は問題群の中から対応すべき問題を選び取る必要があります。

ただし、この課題設定の機能は政府のみが担っているわけではありません。**政府が対応すべき問題の選択は、政府はもちろん、政党、利益集団、マス・メディアが行うこともあります。**

② 政策立案

課題設定によって対処すべき問題が定まれば、この問題に対処する方法を立案する段階に移行します。政策を公共政策に限定しているため、政策立案の機能は、日本の場合、政党（特に与党）と行政機関がほぼ独占しています。

③ 政策実施

政策決定が行われれば、通常はその政策は実施に移されます。行政機関の任務が政策の実施であるため、かつては政策実施の機能は行政機関がほぼ独占していました。しかし、**今日では、公共サービスの実施は、民間委託や行政機関のエージェンシー化の進展により、多様な主体が担うようになってきています。**

◆政策のライフサイクル

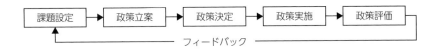

② 政策決定の理論

(1) 政策産出分析

政策産出分析（policy outcome analysis）とは、各国間、各自治体間の比較分析を行うために開発されたもので、**比較対照する各政府の政策産出と社会経済的環境諸条件の相関関係を分析する手法**です。アメリカの政治学者T. ダイ（1935～ ）とI. シャーカンスキー（1938～ ）は、このモデルにより、**政府の政策はその社会の産業化、都市化、所得水準、教育水準などと高い相関関係がある**ことを示しました。

(2) イーストンの政治システム論

アメリカの政治学者D. イーストン（1917～2014）の政治システム論も政策形成の分析手法の一つです。

政治システム論では、有権者は政策要求（**要求**）と政治的支持（**支持**）を政治システムに**入力**し、政治システムがこれを**政策に変換**して**出力**するとされます。

つまりこのモデルでは、有権者は政策の要求と支持を政治家に与え、政治家は有権者の支持を調達するために政策を実現することになり、有権者と政治家の間には

政治的交換が成立しています。したがって、**政策は政策要求と政治的支持が均衡する点まで産出される**とされます。

(3) ダウンズの合理的選択論

A. ダウンズの合理的選択論も政策形成の分析手法の一つです。

合理的選択論では、有権者は合理的な行為者であり、便益とコストを秤にかけ投票するとされています。つまり、このモデルでは、**有権者は政策から受ける便益と課税される費用の利害関係を秤にかけ、その均衡点で産出されるのが政策である**とされています。

しかし有権者にとって、政治メカニズムは超不完全情報状態であるため（政治過程で何が起こっているのかよくわからないため）、有権者は政策の便益の大きさを過小に評価し、費用の軽減を求める傾向にあるとして、完全情報状態と比較すると予算規模は小規模になると結論づけています。

> 🔖 補足
>
> ダウンズの合理的選択論は、有権者の投票行動を説明するモデルとして提示されました。合理的な有権者は、政権担当政党Aと野党Bを比較して、A政党の政策がB政党のそれよりも効用が上（A＞B）であればA政党に投票するし、B政党の政策がA政党のそれよりも上（A＜B）であればB政党に投票する、そしてどちらでも同じと判断すれば棄権するであろうとしました。

(4) インクリメンタリズム

① インクリメンタリズムとは

現実の政策決定は、継続的に少しずつ現状を変えていこうとするもので、従来の政策の増加分として積み上げられていくものです。このように、**現状からの増加分（increments）に注目する理論をインクリメンタリズム**と呼びます。漸増主義、増分主義、漸変主義とも訳されます。

アメリカの政治学者C.E. リンドブロム（1917 〜 2018）は、**実際の予算編成過程では、前年度予算をベースに新規の「増分」についてのみ厳しい査定が行われる**という観察結果から、政策立案において一般的に見られる行動様式をインクリメンタリズムとしてモデル化しました。

リンドブロムは、政策立案者が、考えられるすべての政策案を列挙して、採用した結果の予測・評価をもとに最も目的に適合的な政策案を選択するのは非現実的だと考えました。そして、このような合理的な政策立案者を措定する政策立案モデルを総覧的決定モデルとして批判し、より現実的な政策立案モデルとしてインクリメンタリズムを考案しました。

② **インクリメンタリズムの行動様式**

西尾勝によれば、実際のインクリメンタリズムの行動様式は以下のようにまとめられます。

❶ 政策案の立案を始めるのは、理想の目標に近づくためではなく、現実の差し迫った弊害を除去するためである

❷ 政策案の立案に当たっては、所属機関と対象集団の利益の観点からこれを行い、その他の集団の利益のことまで考慮に入れようとはしない

❸ 目的と手段を峻別せず、はじめから両者をワンセットにした政策案を立案する

❹ 政策案の探求は、現行業務の実施方法にわずかな修正を加えただけの政策案から始める

❺ 政策案の探求は実現可能と思われる2〜3の選択肢を見いだしたところでとどめ、この範囲の中から最善と思われるものを選択することで満足する

❻ 当面の課題を一挙に解決しようとはせず、政策の修正・変更を繰り返しながら漸進的にこれを解決しようとする

③ **多元的相互調節**

上記❷の説明に見られるように、各個人が自分たちだけの利益を考えて行動しても、これが集積されれば**市場の自動調節作用と同様に、公共の利益に合致した合理的な決定がなされる**とし、これを多元的相互調節と呼びました。

④ **インクリメンタリズムへの批判と擁護・評価**

（ア）**批　判**

現実の政治過程では組織化されていない集団利益も実際に存在します。したがって、既存の政治諸集団の相互調節に委ねていたのでは、公共の利益が達成されないという反論があります。

また、インクリメンタリズムは既存の政策や制度を前提とするものであることから、**公共政策が基本的に過去の政策の延長となりがちであることを説明するモデル**として有力ですが、現実の追認にすぎないことから**保守的なモデル**であるとする批判もあります。

（イ）擁護派の意見

アメリカの政治学者A.ウィルダフスキー（1930 〜 1993）は、インクリメンタリズムという行動様式を擁護しながら、**組織化されていない利益を政治過程に反映させるためのカウンターバランスの装置を政治過程に組み込むべきである**としました。

例えば、生産者・業界利益ばかりを過大に反映させるのであれば、消費者利益や環境保全利益についても擁護する制度を創出し、これにより政治過程を多元化させ、多元的相互調節の結果をより合理的なものとすべきだとしました。

⑸　混合走査法

混合走査法（mixed scanning model）とは、**案件によって合理モデルとインクリメンタリズムを使い分けるという政策決定手法**です。基本的な政策の方向を決定することになる重要案件（戦略的選択）に関しては合理モデルを、日常業務的な案件（業務的選択）に関してはインクリメンタリズムを適用します。

アメリカの社会学者A.エツィオーニ（1929 〜 　）は、インクリメンタリズムによってなされた合理モデルへの批判を共有しつつ、インクリメンタリズムの限界も考慮に入れています。つまり、混合走査法とは、**合理モデルとインクリメンタリズムの要素を折衷したモデル**だということができます。

ここにいう「合理モデル」とは、第1章第3節で学習したH.サイモンのモデルを念頭に置くものです。サイモンは合理モデルと対をなすものとして充足モデル（満足モデル）を提示していましたが、充足モデルとインクリメンタリズムは類似した概念と捉えることができます。ただし、充足モデルとインクリメンタリズムの違いが問われる問題もあるので、区別はしておきましょう。

⑹　アリソンのモデル

アメリカの国際政治学者G.アリソン（1940 〜 　）はその著書『決定の本質』(1971)の中で、1962年の**キューバ危機に際して米ソ両国が採った一連の決定行動**を分析の対象として、以下の三つの分析モデルを提示しました。

①　合理的行為者モデル

合理的行為者モデルにおいては、組織（政府）を単一の行為者だとみなします。そして、この組織は完全に合理的な行為者として、課題の設定、選択肢の追求、結

果の予測といった手順を踏むと考えます。つまり、**組織はあたかも1人の人間がさ**
まざまな選択肢を考慮しながら、自らの利益を最大化できる選択を選び取るかのよ
うに決定を行うと想定するものです。

② 組織過程モデル

　組織過程モデルにおいては、組織を複数の下位組織から構成された連合体とみな
します。下位組織はそれぞれに一定の任務を割り当てられており、**各下位組織は他**
の組織にほとんど注意を払わず、各組織内でルーティン化された手順に従って任務
を遂行します。

③ 組織内政治モデル

　組織内政治モデル（官僚政治モデル）においては、組織を役職のある人間の集合
とみなします。役職を持つ人間たちは、自らの持つ政治的リソース（情報、権限な
ど）を使って他の役職者たちに影響を及ぼすことで、それぞれに与えられた任務を
最大限実現しようと試みます。つまり、**これら役職者たちの「駆け引き」の結果と**
して政策が決定されます。

アリソンのモデル

	合理的行為者モデル	組織過程モデル	組織内政治モデル
分析単位	政府全体	政府内の下位組織	政府内の各役職者
決定方式	合理的な意思決定	ルーティン化された手順	他の役職者との交渉・駆け引き
概要	単一の主体である政府が合理的に決定	組織プロセスのアウトプットとしての決定	役職者間の交渉の結果としての決定
特徴	矛盾する政策を説明できない	矛盾する政策を説明できる	曖昧な政策を説明できる

補足

　これら三つのモデルについて、アリソンはどれか一つに優位性を持たせた評価をしておらず、
当てはめようとする状況に適合的なモデルを組み合わせることが有効であるとしています。

⑺ ゴミ缶モデル

① ゴミ缶モデルとは

ゴミ缶モデル（garbage can model）とは、政策決定の場を「ゴミ箱」に見立てて、そこに適当に投げ込まれる課題や政策を「ゴミ」にたとえたものです。J. マーチ（1928 ～ 2018）、J. オルセン（1939 ～ ）、M. コーエン（1945 ～ 2013）らにより提示されたモデルであり、この比喩からもわかるように、ゴミ缶モデルは、政策決定の雑然さや無秩序さを強調しています。

② 組織化された無秩序

ゴミ缶モデルによれば、政策決定の場においては、❶政策決定者の選好の不確かさ（**政策決定者本人が何を望んでいるかは曖昧**）、❷情報の不確かさ（**断片的・一面的な情報に頼らざるを得ない**）、❸政策決定への参加が流動的（**参加者の入れ替わりがあり得る**）であることにより、**問題・解決策・参加者・選択機会**という要素が偶然に結びつく中で意思決定が生じます。

こうした状態を**組織化された無秩序**（organized anarchy）と呼びます。

③ 決定過程

政策決定過程がこの「組織化された無秩序」のもとに置かれているということは、具体的には、どのような問題・解決策が脚光を浴びるかは会議ごとに異なり、どのメンバーが出席するかによってもまた変化するということを意味します。

したがって、ゴミ箱（政策決定の場）の中のゴミ（問題、解決策、参加者など）がどのように結びつくかは偶然に大きく左右されることになります。そのため、**すべての問題が解決されるとは限らず、問題の見逃しや先送りが生じる**ことになります。

◆**ゴミ缶モデル**

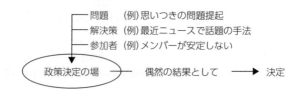

3 政策評価

(1) 政策評価制度の歴史

① 地方自治体の政策評価制度

　我が国の政策評価制度は、**まず都道府県レベルで先行して導入されました。**北海道の「政策評価」、三重県の「事務事業評価」、静岡県の「業務棚卸」などが代表的な事例です。

　2016年10月現在、都道府県の100%、政令指定都市の95%、その他の市区町村の60%が導入しています。

② 国の政策評価制度

　国レベルの政策評価制度は、中央省庁再編に際して2001（平成13）年1月より全政府的に導入されています。2001年6月には同制度の法的な根拠を明確にするために、「行政機関が行う政策の評価に関する法律」（政策評価法）が制定されました。

(2) 国の政策評価制度の概要

① 政策評価の目的

　全政府的に政策評価を行うため、各府省が政策評価に関する実施要領を策定するための標準的な指針を示すものとして、「政策評価の標準的ガイドライン」（2001）が策定されています。

　同ガイドラインでは、政策評価制度を導入する目的として、❶国民に対する**行政の説明責任（アカウンタビリティ）の徹底**、❷国民本位の効率的で質の高い行政を実現すること、❸国民的視点に立った成果重視の行政への転換を図ること、の3点を挙げています。

② 政策評価の対象機関

対象機関	・原則として内閣府および各省 ・このように、政策評価法は、府省を政策評価の基本的単位と位置づけている
対象外の機関	・会計検査院、人事院は、組織としての特殊性や独立性を考慮して**対象外** ・また、内閣の下に置かれる**内閣官房、安全保障会議、内閣法制局**等も**対象外** ・独立行政法人等も同法の対象ではなく、別法に基づいて政策評価が実施される
政策評価の 実施態勢	・各府省が政策を企画立案し遂行する立場から実施するもの（自己評価） ・総務省行政評価局が評価専担組織の立場から各府省の政策について実施するもの ・以上の二重の態勢によって運営される

国会への報告・国民への公表	・政府は、各行政機関が行った政策評価および総務省が行った政策の評価の実施状況およびこれらの結果の政策への反映状況を取りまとめ、国会に報告するとともに、公表する義務を負う

◆国の政策評価制度

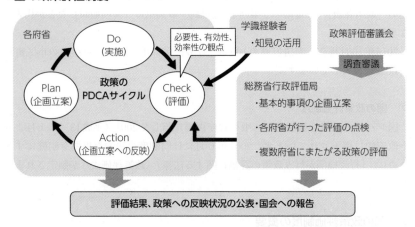

(3) 政策評価の指標
① 政策評価の指標

　政策評価において行政の業績を評価するための指標にはさまざまなものがありますが、主な指標は、インプット指標、アウトプット指標、アウトカム指標の三つです。

(ア) インプット指標 (input)

　インプット指標とは、**行政活動に投入された資金や人員で表示するもの**であり、例えば「国道建設に投入した金額」などを指します。

(イ) アウトプット指標 (output)

　アウトプット指標とは、**行政活動によって提供されたモノやサービスの量**であり、例えば「新たに建設された国道のキロ数」によって示されます。

(ウ) アウトカム指標 (outcome)

　アウトカム指標とは、**行政活動によって達成された成果**であり、例えば国道建設

に伴い「30分以内で通勤できる人の割合の増加」などを指します。

　政策評価では、国民に対する具体的な成果を重視するため、**アウトプット**（産出量）よりも**アウトカム**（成果）が重視されます。

②　アウトカム評価の課題

　特にNPM（新公共管理）では、行政サービスを計画や予算の執行など政策のアウトプットよりも、アウトカムで評価することが提唱されています。成果に注目することで、官僚制の機能障害を打破し、顧客志向の行政を行うことが狙いです。

　しかし、アウトカムの指標化が一人歩きすれば、官僚制の機能障害の一例である「目的の転移」が生じる可能性もあります。

◆政策評価の三つの指標

[事例]

インプット（投入）		アウトプット（産出）		アウトカム（成果）
道路整備予算1,500億円		道路距離150km延長		30分以内で通勤できる人が10%増加

確認してみよう

①　我が国の政策評価制度は、平成13年（2001年）6月に、政策評価法の制定によって、全国自治体に先駆けて国の行政機関において導入された。この法律では、国民に対する行政の説明責任の徹底、国民的視野に立った成果重視の行政への転換といった、従来の我が国の行政にはない新しい概念が提示されている。国般2004

▶ **3** (1) ①、② 参照　✗

政策評価制度を導入したのは地方自治体が最初です。

②　政策評価制度は、市町村レベルでの導入が先行して進められ、三重県津市の事務事業評価システム、北海道札幌市の政策アセスメント、静岡県静岡市の業務棚卸表等が知られている。そうした実践を受けて、平成29（2017）年に国レベルで政策評価制度を導入する「行政機関が行う政策の評価に関す

る法律」が成立した。国般2019

3 (1) ① 参照 **✕**

「市町村レベルでの導入が先行」という記述が誤りです。政策評価制度は、まず都道府県レベルで先行して導入されており、三重県、北海道、静岡県の事例が知られています。また、「平成29（2017）年に国レベル」という記述も誤りで、政策評価法が制定されたのは、2001（平成13）年です。

....

③ 政策評価において、行政の業績を測定するための指標には様々なものがある。例えば、「修復した国道のキロ数」、「広報誌の発行部数」等の指標は、活動の成果として何が達成されたのか（アウトカム）を示す指標であり、「30分以内で通勤できる人の割合の上昇」、「喫煙率の低下」等の指標は、行政の活動によって提供されたモノやサービスの量（アウトプット）を示す指標である。国般2004

3 (3) ① 参照 **✕**

アウトカムとアウトプットの具体例が逆になっています。

....

④ 政策評価では、投入した費用であるインプット、行政の活動量を示す結果であるアウトカム、実際に社会が変化したかという成果であるアウトプットが主な指標となっている。結果であるアウトカムは、経済情勢等の要因も影響して変化するため、政策によるものかどうかの判断が難しいとの指摘がある。国般2019

3 (3) ① 参照 **✕**

アウトプットとアウトカムの説明が逆で、アウトプットは「活動量」、アウトカムは「成果」です。例えば、渋滞を解消するためにバイパス道路を建設する政策を考えた場合、道路建設に関わる予算を投入（インプット）し、バイパス道路が産出（アウトプット）され、その結果渋滞が減るという成果（アウトカム）が生じます。ただし、渋滞が減ったのは他の要因によるかもしれないため、アウトカムの測定は簡単ではないとされます。

4 その他の行政管理・評価の仕組み

(1) サン・セット方式

サン・セット方式とは、**政府の組織や制度について、あらかじめ法律で終期を明記しておく制度**のことで、時限立法の一種です。つまり一定期間を経た時点で行政事業の見直しを行い、**事務継続の必要性が特に認められない限り、自動的にこれを廃止する**方式です。

アメリカでは、このサン・セット方式を法令審査に導入しています。

(2) 時のアセスメント

時のアセスメントとは、**予算化されているにもかかわらず長年実施されていない事業について、中止や継続の有無を定期的に再評価する仕組み**のことです。特に大規模事業では実施までに長い時間を要することが多く、計画策定時と現在とで社会情勢などが全く異なってしまうことがあるため、その事業について、継続・縮小・中止といった事後的な検討が必要になります。

日本では、**北海道がダム事業について実施したのが始まり**です。その後、国でも公共事業において再評価システムが導入されました。

5 行政の計画と統計

(1) 行政と計画

① 行政と計画

「計画」とは、当該分野についての将来予測に基づき、未来の政府の行政サービスについて目標を定め、それに対し相互関連性のある行動群を提示することです。

行政が計画と称するものを提示するようになったのは第一次世界大戦以降で、当初は戦時計画や経済復興計画などで登場しました。我が国では、昭和30年代以降に多用されるようになりました（池田内閣の「所得倍増計画」など）。

② 種 類

厳密な定義は存在しませんが、一般的に以下のように分類されます。

短期計画	中期計画	長期計画
単年度	3〜5年前後	10年前後

⑵ 行政と統計

　行政は、社会環境条件の変動に対応し活動する必要があるため、その変動を探知し予測する統計調査が不可欠なものとなっています。

① 統計の内容別分類

種類	概要	事例
調査統計	・社会事象の変動を探知することそれ自体を目的として行うもの	国勢調査
業務統計	・業務記録から副次的に得られるもの	職業安定業務統計

② 統計の法的分類

　2007年の統計法改正では、「社会の情報基盤としての統計」という趣旨で制度が変更されるとともに、統計の種類が一新されました。

基幹統計調査	・特に重要なもの ・国勢統計、国民経済計算など53統計（2020年現在）
一般統計調査	・基幹統計調査以外のもの（その他）

③ 統計情報の活用方法

　H. サイモンによる分類です。

成績評価情報	・業務が適切に遂行されているかを確認するための情報 ・**業務統計の多くが該当**
注意喚起情報	・注意を振り向ける問題の所在を探知するための情報 ・**調査統計の多くが該当**
課題解決情報	・課題・背景・原因などを詳しく調査するもの ・独自の調査研究を必要とする

---

① 　H.サイモンが提示した課題解決情報とは、業務が適切に遂行され、行政課題が解決されているかを点検し確認するための情報であるが、我が国におけるこれらの情報収集においては、通常の業務の記録から副次的に得られる業務統計を転用するケースが多く、独自の調査研究が新規に行われることはまれである。国般2007

5 (2) ③ 参照　✕

　課題解決情報とは、課題解決のために独自の調査研究を行うことです。業務統計は、サイモンの分類では成績評価情報に当たります。

過去問にチャレンジ

政策過程に関する記述として、妥当なのはどれか。

★
都Ⅰ 2002

❶ 政策とは、政府の方針、構想、計画を総称したものをいい、予算は計画に必要な経費を数字によって裏付けたものにすぎず、政策には含まれない。

❷ 政策過程は、政策のライフサイクルであり、課題設定、政策立案及び政策決定の3段階で構成されており、政策評価を含まない。

❸ わが国においては、政策の課題設定は国会、政党などの政治機関が独占しており、政策立案は中央省庁などの行政機関が独占している。

❹ サイモンの充足モデルによる政策決定では、人間の認識能力の限界を前提に、効用の最大化ではなく、願望水準の充足を目指せば足りるとする。

❺ インクリメンタリズムは、達成すべき目的を定め、目的の達成手段を列挙し、結果を順次予測することにより、完全な合理性を追求するモデルである。

【解答・解説】

正解肢は第1章第3節で扱った論点ですが、インクリメンタリズムとの関連もあり政策決定に絡めた出題もあるため、復習しておきましょう。

❶ ✕　予算も政策に含まれます。政策を構成する諸要素の大綱は法令・予算・計画・行政規則等の諸文書の中に分解して表示されており、それ以外にも国会決議・閣議決定・国会での答弁なども政策たり得ます。

❷ ✕　政策過程は一般に、課題設定、政策立案、政策決定、政策実施、政策評価の5段階から構成されており、政策評価もその重要な1段階です。政策過程は大まかに、Plan（政策立案）→ Do（政策実施）→ See（政策評価）という3段階に分けて見ることができ、さらにPlanは「課題設定、政策立案、政策決定」の3段階に分かれます。いずれにせよ、政策を立案・決定するだけで、実施も評価もしないというのは「政策過程」とはいえません。

❸ ✕　政策の課題設定は、フォーマルな政府の諸機関に加えて政党、利益集団、マス・メディアなどのインフォーマルな諸集団によっても担われています。また、政策立案の過程でも、政党・利益集団が影響を与えたり、審議会等の場を通じて外部の者が影響を与えたりすることもあります。

❹ ◯　H.サイモンは、「制約された合理性」に基づく充足モデル（満足モデル）を提示し、人は現実的には、効用の最大化ではなく願望水準（要求水準）の充足を目指していると主張しました。

❺ ✕　これは、インクリメンタリズムではなく合理的選択モデルに関する記述です。このような理論をC.E.リンドブロムは「総覧的決定モデル」と呼んで批判し、インクリメンタリズムを主張しました。インクリメンタリズムは、差し迫った弊害を除去するために、現行の手段に微修正を加えた実現性の高い手段によって問題の漸進的解決を図るものです。

★

都Ⅰ 2008

❶　イーストンは、政治システムについて、政治家は要求と支持を政策決定機構に入力し、官僚はこれを政策に変換して出力するとした。

❷　エチオーニの混合走査法モデルでは、有限な組織の資源を効率的に活用するためにすべての政策について綿密な分析を加える必要があるとし、インクリメンタリズムは否定された。

❸　サイモンの充足モデルでは、政策立案の手順について、諸価値を体系化し政策案をすべて列挙し予想される結果を想定したうえで、諸価値の達成値が最大のものが選択されるとした。

❹　ダウンズは、有権者は自己の効用を最大化することを目的として行動するという仮定の下に、有権者の政党の選択について論じた。

❺　リンドブロムの総覧的決定モデルでは、人間の認識能力の限界を前提とし、政策選択の規範モデルを実行可能なレベルに修正し、願望水準の充足をめざせば足りるとした。

【解答・解説】

正解 ❹

> 細かい内容もありますが、正解肢が明確なので解答できるでしょう。

❶ ✕　D.イーストンの政治システムモデルでは、**有権者**が政策要求と政治的支持を政治システムに入力し、**政治システム**がこれを政策に変換して出力する、と説明されます。イーストンのモデルは抽象的ですが、「行政システム」ならともかく「政治システム」なのですから、政治家はシステム外部から働きかける側ではなくシステム内部で受けとめる側だということで間違いと考えてください。

❷ ✕　「すべての政策について」と「インクリメンタリズムは否定された」という記述が誤りです。A.エツィオーニ（エチオーニ）の混合走査法モデルは、**影響力の甚大な政策についてのみ**綿密な分析を加えることとし、その他の政策案の立案はインクリメンタリズムに委ねるという、合理的選択モデルとインクリメンタリズムの折衷案です。

❸ ✕　これはH.サイモンが批判した合理的選択モデルに関する記述です。サイモンの充足モデルでは、人間の認識能力の限界を前提にして、効用の最大化ではなく願望水準の充足を目指せば足りると説明されます。

❹ ◯　A.ダウンズは、合理的選択モデルの観点から、有権者や政党の政治行動を分析しました。

❺ ✕　これは、サイモンの充足モデルに関する記述です。一方、C.E.リンドブロムが**批判対象とした**総覧的決定モデルでは、政策立案者に対し、状況に関して完全情報を持ち、この情報を処理する最大限の認識能力を備え、効用を最大化する努力の要求をするものです。リンドブロムは、このモデルに代えて、より現実的な決定の理論モデルとしてインクリメンタリズムを提示しました。

　　政策決定の理論に関する記述として、妥当なのはどれか。

★ 　　　　　　　　　　　　　　　　　　　　　　　　　　　　　区Ⅰ 2007

❶ 　アリソンは、人間の認識能力の限界を前提に、実際の意思決定では最適な
ものを追求するのではなく、操作可能な要求水準を設け、その水準の充足を
めざせば足りるとする充足モデルを提示した。

❷ 　リンドブロムは、政策立案の一般的行動様式としてインクリメンタリズム
を提示するとともに、多元的な価値基準に基づき各主体が相互に調節される
結果、社会的に合理的な政策になるとする多元的相互調節の理論を提唱した。

❸ 　マーチは、政策決定者はあらかじめ明確な目標や価値を有し、それを達成
するための選択肢をすべて列挙し、それを選択した場合の得失を検討して最
も望ましい政策を選ぶとする合理的行為者モデルを提示した。

❹ 　サイモンは、組織資源を効率的に活用するため、影響力の甚大な政策の立
案は、走査法により現実性の高い政策案を選択し、その他の政策の立案はイ
ンクリメンタリズムに委ねるとする混合走査法モデルを提唱した。

❺ 　エツィオーニは、政府の指導者や官僚は、それぞれが相対立する競争的な
利害や価値を持った存在であり、政府の決定は、大統領や政府高官の政治的
な取引の結果であるとする官僚政治モデルを提唱した。

正解肢が明確で、他の選択肢も学者名と学説の入れ替えになっている易問です。

❶ ✕ これは、G.アリソンではなくH.サイモンに関する記述です。

❷ ◯ C.E.リンドブロムは、インクリメンタリズムについて、実際の政策過程における行動様式を記述した「記述モデル」であるとともに、この多元的かつ漸進的に行われる政策形成のほうがかえって確実に合理性を確保するという点で行動様式の指針を示す「規範モデル」でもあると主張しています。

❸ ✕ J.マーチは政策決定に関するゴミ缶モデルを提唱した人物で、その対極にある合理的行為者モデルを提唱した人ではありません。

❹ ✕ これは、サイモンではなくA.エツィオーニに関する記述です。

❺ ✕ これは、エツィオーニではなくアリソンに関する記述です。

政策形成に関する記述として、妥当なのはどれか。

★★

都Ⅰ 2003

❶　政策産出分析は、政策と社会経済的環境条件との相関関係をミクロな次元から調査するもので、実際の調査により、政策と社会の産業化や都市化との相関は高く、所得水準や教育水準との相関は低いことが確認されている。

❷　イーストンは、有権者の打算的行動に注目し、有権者は、政策から受ける便益と課税される費用の利害関係を秤（はかり）にかけて、その間の最適の均衡点を求めると分析した。

❸　ダウンズは、有権者と政治家との関係に着目し、有権者は政策を要求すると同時に政治的支持を与え、政治家は政策を実現することで、両者の間に政治的交換が成立するとした。

❹　リンドブロムは、増分主義に基づいて政策形成が行われるときは、社会の多元的な利益が相互に調節されることがないため、公共の利益が達成されにくくなる問題があると指摘した。

❺　政策立案及び政策転換にかかるコストに着目すると、他の国や自治体が実施済みの政策を模倣する場合は、政策立案コストは新規の政策開発より小さくなるが、政策転換コストは現行業務の微修正より大きくなるとされる。

【解答・解説】

> 正解肢を積極的に選ぶのは難しいですが、消去法で選べるようにしてください。

❶ ✕　政策産出分析は、各国間・各州間・各自治体間という**マクロな次元**で政策の比較分析を行うものです。また、T.ダイ、I.シャーカンスキー等が試みた政策産出分析では、政策は、産業化や都市化だけでなく、**所得水準や教育水準とも高い相関関係にある**ことが確認されました。これは細かい内容ですが、「産業化」、「都市化」という記述で「ミクロな次元」はミスマッチだと判別してください。

❷ ✕　これは、D.イーストンではなくA.ダウンズに関する記述です。ダウンズは、政治のメカニズムは超不完全情報状態下で作動することから、有権者は政府にかかる費用を過剰に意識してしまい、費用軽減を要求するため、民主制国家の予算規模は完全情報状態下で形成されるはずのものよりも小規模になるとしました。

❸ ✕　「政治家」を「政治システム」とすると、ダウンズではなくイーストンが提示した「政治システムモデル」に関する記述となります。政治システムは、政治家だけでなく政党・議会・利益集団・行政機構等によって構成されます。

❹ ✕　後半の記述が誤りです。C.E.リンドブロムは、インクリメンタリズム（増分主義）に基づいて政策形成が行われるときは社会の多元的な利益が相互に調節されるため公共の利益が達成されやすくなるとして、これを「多元的相互調節の理論」と名づけています。

❺ ◯　ここで、「政策立案コスト」とは新たな政策を作り出すことに関する時間・金銭・人的コストを意味し、「政策転換コスト」とは新たに別の政策を採用することに関する同様のコストを意味します。そこで、他の国や他の自治体で実施済みの政策を採用する場合は「政策立案コストは小さい」ですが、従来の政策を中止・変更して新規政策を採用するという点では「政策転換コストは大きい」ということです。

問題5
★

リンドブロムのインクリメンタリズムによる政策決定過程に関する記述として、妥当なのはどれか。

区Ⅰ2012

❶ 政策立案者は、採用しうる全ての政策案を列挙し、採用したときに生じる結果を予測、評価して、これらの中から最も目的に合致する政策案を選択する。

❷ 政策立案者は、自らの願望水準に照らして満足できる結果をもたらす政策案を発見すれば、それ以上政策案を探求しようとせず、その政策案を採用する。

❸ 政策立案者は、現行業務の実施方法に僅かな修正を加えただけの政策案を検討対象とし、実現可能と思われる2、3の選択肢の中から最善と思われるものを選択し、継続的に少しずつ当面の課題を解決しようとする。

❹ 政策課題とその解決策である政策の選択は、整理された論理的手順で結びついて進められるわけではなく、政策決定への参加者が政策立案の場に投げ込んだ政策課題と政策案との偶然の結びつきにより決定される。

❺ 政府は複数の組織からなる複合体であり、政府の政策決定は、指導者の意図的な選択というよりも、前もって定められた標準作業手続に従った各組織の活動の結果として生まれてくる。

正解肢以外は別の学説との入れ替えになっています。ただ、❷は通常インクリメンタリ
ズムとの類似性に注目するモデルである充足モデルなので、すこし判断に迷うと思います。

❶ ✕　　これは、合理的選択モデルに関する記述です。すべての政策案を比較検
討する余裕は現実にはないとして、現行業務の僅かな修正から始めるのが
インクリメンタリズム（漸増主義）です。

❷ ✕　　これは、充足（満足）モデルに関する記述です。H.サイモンは、合理
的選択モデルと対比して、より現実的な意思決定を満足モデルとして理論
化しました。

❸ ◯　　インクリメンタリズムは現実の意思決定を記述したものであり、最善の
選択肢を追求することにこだわらず、実現可能なところから少しずつ継続
的に変えていくというものです。

❹ ✕　　これは、ゴミ缶モデルに関する記述です。J.マーチらは、実際の政策決
定の場面では、参加者が流動的であり情報が不完全であることなどから偶
然の結びつきにより決定されるケースが多いことに注目し、これをゴミ缶
モデルと名づけました。

❺ ✕　　これは、組織過程モデルに関する記述です。組織過程モデルは、G.ア
リソンがキューバ危機の政策過程を分析するために用いたモデルの一つ
で、政府内の各組織がルーティン化された手順に従って任務を遂行すると
みなすものです。

第4章　行政責任と行政統制

問題6 次の文は、アリソンの3つのモデルに関する記述であるが、文中の空所A〜Dに該当する語又は著書名の組合せとして、妥当なのはどれか。

アリソンは、「 **A** 」を著し、キューバ危機を分析対象にして、政策決定に関する3つのモデルを提示している。

第1のモデルは、 **B** モデルであり、政府を単一の行為主体としてとらえ、政策決定者は、明確な政策目標を設定し、その目標を実現するために最適な手段を選択するというものである。

第2のモデルは、 **C** モデルであり、決定者としての政府は複数の組織からなる複合体であると考え、政府の政策は、政府内の各組織の標準作業手続に基づいて決定されるというものである。

第3のモデルは、 **D** モデルであり、政策決定は、政府内の複数組織の長の間での駆け引きによって行われるというものである。

	A	B	C	D
❶	決定の本質	合理的行為者	組織過程	官僚政治
❷	決定の本質	総覧的決定	官僚政治	組織過程
❸	決定の本質	合理的行為者	官僚政治	組織過程
❹	実施	総覧的決定	官僚政治	組織過程
❺	実施	合理的行為者	組織過程	官僚政治

【解答・解説】

> G.アリソンの著作名は有名とはいえませんが、それぞれのモデルの特徴から**B・C・D**を埋めることは難しくないでしょう。

A　「決定の本質」が該当します。アリソンは、ハーバード大学で行政学の大学院に相当するケネディスクールの初代院長を務めたほか、クリントン政権では国防総省のスタッフとして採用された経歴も持っています。

B　「合理的行為者」が該当します。このモデルでは、政府はその戦略目的に基づいて、最善の（＝最も合理的な）政策選択を行うと解釈されます。例えば「ソ連がなぜキューバにミサイル配備を行ったか」は、アメリカに近いキューバにミサイルを配備することが軍事的劣勢を逆転させたいというソ連の目的に適合していたからだ、という形で説明されます。なお、「総覧的決定」モデルは、C.E.リンドブロムが合理的選択モデルを批判する際に用いた名称です。

C　「組織過程」が該当します。「複数の組織からなる複合体」という記述で判別できます。これは政策の過程について、各官僚組織がそれぞれ収集した情報とそれまで蓄積されたノウハウを動員して課題に対応した結果として説明するモデルです。例えば「なぜソ連はすぐ発見されてしまうような兵舎を建設したのか」は**B**の合理的行為者モデルでは説明できないため、組織過程モデルを用いて、「担当組織の標準作業手続がそういうものだったから」と説明しています。

D　「官僚政治」が該当します。「政府内の複数組織の長の間での駆け引き」という記述で判別できます。これは、異なる地位や権力を持つ複数の関係当事者が行う錯綜した駆け引きの中で政策形成が行われるとするモデルです。例えば「なぜアメリカは、ミサイル基地そのものの破壊ではなく、海上封鎖という手段を選んだか」について、ケネディ政権内部の政治的プロセスから説明しています。

問題7 アリソンの政策決定モデルに関する記述として、妥当なのはどれか。

★

都Ⅰ 2007

❶ アリソンは、「決定の本質」において、湾岸戦争の際にアメリカが採った行動について分析し、複数の政策決定モデルを示した。

❷ 本モデルは、政策決定に関する理論の先駆となったが、わが国の政策決定を分析する場合、当該モデルは一切当てはまらないものであった。

❸ 官僚政治モデルは、政策決定は政府内の複数の指導者間の駆け引きの結果であるとし、指導者をそれぞれ異なる利害をもち政治的なゲームを行うプレーヤーとみなすモデルである。

❹ 合理的行為者モデルは、政策決定は標準的な行動パターンに従う大規模組織の出力の結果であるとし、組織を複数の下位組織のゆるやかな連合体とみなすモデルである。

❺ 組織過程モデルは、政策決定は明確な目標を有する組織が最も望ましい政策代替案を選んだ結果であるとし、政策決定者を単一の行為者とみなすモデルである。

> G.アリソンの政策決定モデルに関する基本的な理解を問う易問です。

❶ ✕　アリソンが説明対象としたのは、湾岸戦争ではなくキューバ危機です。

❷ ✕　「一切当てはまらない」という記述が誤りです。本モデルは、当然に日本の政策決定を分析する際にも当てはまり、適用した研究例は多くあります。

❸ ○　組織内政治モデル（官僚政治モデル）は、政府内部での指導者間の政治的駆け引きの結果によって政策が決定されるとみなすモデルです。

❹ ✕　これは、組織過程モデルに関する記述です。それに対して合理的行為者モデルは、国家が単一のアクターであり合理的に行動するとみなすモデルです。

❺ ✕　これは、合理的行為者モデルに関する記述です。

政策評価に関する記述として、妥当なのはどれか。

★

❶ イギリスやニュージーランドで形成されたPPBSは、民間企業における経営理念や手法を行政実務の現場に導入して、行政の効率化や活性化を図ろうとするものである。

❷ アメリカで形成されたNPM（新公共管理）は、費用便益分析を予算編成過程で活用し、資源配分の合理化を行うもので、ケネディ政権が導入したものである。

❸ 我が国の行政における政策評価は、地方公共団体が先行して導入しており、その例としては、三重県の事務事業評価システムや北海道の「時のアセスメント」がある。

❹ 我が国の「行政機関が行う政策の評価に関する法律」による政策評価では、各省庁が事業評価、実績評価、総合評価の3方式による事後評価を行っているが、事前評価が行われることはない。

❺ 我が国では「行政機関が行う政策の評価に関する法律」により、行政機関は、必要性、効率性又は有効性のみの観点から、自ら政策を評価するとともに、その評価の結果を政策に適切に反映させなければならない。

細かい内容もありますが、正解肢が明確なので解答できるでしょう。

❶ ✕　　これは、PPBSではなくNPM（新公共管理）に関する記述です。NPM
について詳しくは本章の第3節で扱いますが、少なくともこの記述が
「PPBSではない」ことは判別できるでしょう。

❷ ✕　　これは、NPMではなく「PPBS」に関する記述です。PPBSはケネディ
政権が国防総省の予算編成に導入して成果を上げましたが、次のジョンソ
ン政権で連邦政府の他の部局の予算編成にも導入したところうまくいか
ず、その後は採用されていません。

❸ ◯　　2001年には「行政機関が行う政策の評価に関する法律」が制定され、
国レベルでも行政における政策評価が実施されています。

❹ ✕　　「行政機関が行う政策の評価に関する法律」による政策評価では、事前
評価の実施も義務づけられています（政策評価法9条）。問題文の言い回
しのわざとらしさで気づけるようにしましょう。

❺ ✕　　「行政機関が行う政策の評価に関する法律」では、行政機関は、「必要性、
効率性又は有効性の観点**その他当該政策の特性に応じて必要な観点から、**
自ら評価するとともに、その評価の結果を当該政策に適切に反映させなけ
ればならない」としています（政策評価法3条）。ここでも「のみの観点
から」という言い回しのわざとらしさで気づけるようにしましょう。

政策過程に関するア～エの記述のうち、妥当なもののみを全て挙げているのはどれか。

国般2014

ア H.サイモンの唱えた満足モデル（satisfying model）では、選択肢の検討は一挙にではなく逐次的に行われ、逐次的な探求の途上で一応納得のできる結果をもたらすと思われる選択肢が発見された時点で探求は停止されるため、最善の選択肢を発見することにはこだわらず、その選択肢で満足するとされる。

イ A.エチオーニの唱えた混合走査法モデル（mixed scanning model）は、組織の有限な資源を効率的に活用するため、影響力の甚大な政策についてのみ、走査法で現実性の高いごく限られた数の選択肢を選んで綿密な分析を加え、それ以外の政策案の立案はインクリメンタリズムに委ねるとするモデルである。

ウ G.アリソンの唱えた組織過程モデル（organizational process model）では、省庁はそれぞれ一定の問題を処理することが期待されており、それを独自に、あらかじめ決められた標準作業手続に従って処理する。このモデルによれば、組織の標準作業手続は頻繁に再検討されるため、過去の決定を調べることによって組織の行動を把握することができないとされる。

エ M.リプスキーの唱えたストリート・レベルの行政職員（street-level bureaucrats）とは、ケースワーカーや学校教員など第一線で政策の実施に携わっている行政職員のことである。リプスキーによると、これらの行政職員は、政策の対象者である住民と直接対応するが、彼らには法の適用に当たっての裁量は与えられていないため、住民の生活に大きな影響を与えることは少ないとされる。

❶ ア、イ
❷ ア、エ
❸ イ、ウ
❹ イ、エ
❺ ウ、エ

【解答・解説】

> 正しい記述は明確ですし組合せ問題なので、解答しやすいでしょう。

ア ○　H. サイモンは、最大化基準を求める「経済人」（economic man）に対して、満足化基準を求める「行政人」（administrative man）を設定することによって、伝統的な合理性の理論を批判しました。

イ ○　A. エツィオーニ（エチオーニ）は、合理的選択モデルとC.E. リンドブロムのインクリメンタリズムの折衷案である混合走査法モデルを提唱しました。

ウ ✕　第2文が誤りです。G. アリソンの唱えた組織過程モデルによれば、組織は過去の決定を繰り返すという特徴を持つため、組織の標準作業手続そのものが再検討されるのはよほどの大問題が起こったときだけです。

エ ✕　第2文が誤りです。M. リプスキーの唱えたストリート・レベルの官僚（行政職員）は、**相当程度の裁量を持って**個別具体的な住民と直接に接触しながら日々の職務を行っているため、住民生活に影響を与えることになるとされます。

問題10 政策決定・形成に関する次の記述のうち、妥当なのはどれか。

★

国般 2017

❶ C.リンドブロムは、政策の立案について、問題解決のための全ての手段を網羅し、得られる結果を完全に予測した上で、あらかじめ決められた評価基準に従ってどの手段が最適であるかを評価し、最適な手段を採用するという手順で行うインクリメンタリズムを提唱した。

❷ G.アリソンは、キューバ危機の13日間を題材に、当時の政策決定は、一枚岩の政府が政策の選択肢を検討し、自分たちの効用に従ってそれらの選択肢を評価し、利益が最大になるものを選択するという組織過程モデル（organizational process model）のみで説明が可能であるとした。

❸ A.エチオーニは、組織の資源の有限性から総覧的モデルを提唱し、資源を効率的に活用するためには、影響力の大きな政策は合理的で緻密な分析を行い、それ以外の政策は現状の漸進的な修正による分析さえも不要と考えた。

❹ H.サイモンは、人間の認識能力の限界を意味する「限定された合理性」を前提に、一定の願望水準を満たせばそれで足りるとする満足モデル（satisfying model）を否定し、費用と時間をかけて最適の政策案を選択して、効用を最大化すべきと説いた。

❺ J.マーチらが提唱したゴミ缶モデルは、問題、解決策、参加者、選択機会という意思決定の要素が偶然に結びつくことで、決定が生じるとして、組織におけるこうした意思決定を「組織化された無秩序」ととらえた。

【解答・解説】

> 国家一般職としては簡単なレベルの問題です。

❶ ✗ 　これは、インクリメンタリズムと対比される総覧的決定モデルまたは合理的選択モデルに関する記述です。インクリメンタリズムでは、現実の意思決定はすべての手段を網羅することはせず、結果も不確実であり評価基準も可変的と捉え、現状からの少しの変更を繰り返すことで徐々に改善していくという方法を採ります。

❷ ✗ 　まず、「組織過程モデルのみで説明が可能」という記述が誤りです。G.アリソンは、合理的行為者モデル、組織過程モデル、組織内政治モデルの三つを提示したうえで、状況に合わせて三つのモデルを使い分けることを論じています。また、「一枚岩の政府が政策の選択肢を検討」するのは、組織過程モデルではなく合理的行為者モデルです。

❸ ✗ 　まず、A.エツィオーニ（エチオーニ）が提唱したのは、総覧的モデルではなく混合走査法モデルです。また、「現状の漸進的な修正による分析さえも不要」という記述も誤りです。混合走査法モデルは、重要な政策には合理モデルを、それ以外の政策にはインクリメンタリズムを適用するという方法です。

❹ ✗ 　H.サイモンの主張が逆になっています。彼は、費用と時間をかけて最適な政策案を選択して効用を最大化すべきという合理的選択モデルを否定し、人間の認識能力の限界を意味する「限定された合理性」を前提に、一定の願望水準を満たせばそれで足りるとする満足モデルを提示しています。

❺ ◯ 　ゴミ缶モデルは、意思決定における不確実性を重視するモデルです。ただし、すべての意思決定が完全な偶然に左右されるわけではなく、現実は確実性が高い場合と低い場合の間を揺れ動いているとして、これを「組織化された無秩序」と呼んでいます。

行政をめぐる諸理論に関する次の記述のうち、妥当なのはどれか。

国般 2006

❶ C.バーナードは、組織における命令服従を、リーダーの側における権威発動の在り方から論じ、法令や規則によって授権された指揮監督権を根拠とした強力なリーダーシップが、部下の服従を確保すると説明した。

❷ C.リンドブロムらの提示したインクリメンタリズムに関しては、政策立案者の実際の行動様式を記述するモデルとして現実性が高いとの評価がある一方、政策限定の規範モデルとしては保守的すぎるという批判がある。

❸ G.アリソンは、合理的行為者モデル、組織過程モデル、官僚政治モデルの三つの政策決定モデルを、キューバ・ミサイル危機の事例に応用し、実際の政策決定に適合的なのは官僚政治モデルであり、他の二つは現実的でないとした。

❹ A.ダウンズは、官僚は専ら自己利益を追求して行動すると考え、この立場から、官僚は専ら自己利益以外の組織利益や公共の利益を動機として行動するとの前提を置く、W.ニスカネンらの予算最大化モデルを批判した。

❺ M.リプスキーは、サービス受給者と直に接触しながら職務を遂行する、いわゆるストリート・レベルの行政職員に関し、これらの職員の業務には詳細な規律が存在するため、職務遂行に裁量の余地がほとんどないのが通例であるとした。

【解答・解説】

やや細かい内容もありますが、国家一般職としては標準的なレベルの問題です。❶は第1章第3節、❹、❺は第1章第4節で学習した内容です。

❶ ✕　　C.I.バーナードは、権威とは部下の側の受容によって成立するものであるとする「権威受容説」の立場を提唱して、**リーダーの側ではなく部下の側が**受容する際の諸様態により権威を分類しました。

❷ ○　　インクリメンタリズムは実際の予算編成過程の分析から考案されたもので、現実を「記述するモデル」としては評価されています。しかし、政策決定の「規範モデル」（どうあるべきか）という点でいえば、現実の追認にすぎないという見方もあることから、保守的とも批判されています。

❸ ✕　　G.アリソンは、官僚政治モデルのみを評価してはいません。彼は、個々のモデルは焦点を当てるレベルが異なっているため、三つのモデルを適切に組み合わせた形での説明を行うことが必要であるとしています。

❹ ✕　　A.ダウンズと同様に、W.ニスカネンらの予算最大化モデルでも、官僚は公共の利益などではなく金銭的収入・権力・名誉などの俗世間的欲望を求め、自己利益を追求して行動すると想定しています。

❺ ✕　　M.リプスキーは、外勤警察官やケースワーカーなどの**広い裁量の余地を持って**対象者と直接接触する行政職員をストリート・レベルの官僚（行政職員）として論じています。ストリート・レベルの官僚は、濃密な指揮監督を受けないことで、法適用以外にエネルギーの振り分けについても独立性・裁量を有して職務を遂行している点で、他の行政職員と大きく異なった特徴を持つとされます。

問題12 政策過程に関する次の記述のうち、妥当なのはどれか。

国般2007

❶ D.イーストンの唱えた政治システムモデルでは、政治家は政権を獲得・維持することを目指し、そのために必要な有権者の政治的支持を獲得するために互いに競い合うため、有権者が要求する水準以上の政策を実現することになるとしている。

❷ A.ウィルダフスキーは、多様な利益集団が相互に利益を主張し合うことが、結果的に公共の利益に合致した合理的な政策決定をもたらすとするC.リンドブロムの多元的相互調節の理論に対して、現実にはあらゆる集団利益が均等に代表されることはないため、公共の利益が達成されることはないと反論した。

❸ A.ダウンズは、有権者は政策の便益と課税される費用との最適均衡点を求めるとし、不完全情報状態である政治メカニズムの下では、有権者は政策の便益の大きさを過大に評価し、その結果、対価としての費用の増大については容認する傾向があるため、より大規模な予算が実現しやすいとする。

❹ C.I.バーナードの唱えたゴミ缶モデルでは、行政には常に改善されるべき課題があり、それとは別に解決策も常に誰かによって提案されていることを前提とし、その解決策の中から課題を解決するために最も合理的なものが選ばれるとされる。

❺ G.アリソンの政策決定の三つのモデルのうち、組織過程モデルでは、政府の政策やこれに基づく行動を行政機関が与えられた課題に対して、あらかじめ確立されている標準作業手続に沿って行動した、いわば機械的反応の結果とする。

【解答・解説】

正解 ⑤

> ❷がやや細かいですが、正解肢が明確なので解答できるでしょう。

❶ ✕ 　　D.イーストンの唱える政治システムモデルでは、政策は、有権者と政治システム両者の間で出入力と変換が行われる「政策要求」と「政治的支持」という二つの要素間の政治的均衡点において産出されるものとされます。よって、「有権者が要求する水準以上の政策」という記述が誤りです。

❷ ✕ 　　A.ウィルダフスキーは、政府規制による調整の非合理性を指摘する中で、主体の多元化という形でカウンターバランス装置を政治過程に埋め込むことが望ましいと論じて、C.E.リンドブロムの多元的相互調節の理論を**擁護しました。**

❸ ✕ 　　A.ダウンズは、政治メカニズムが不完全情報下に置かれた場合、有権者は政策の便益の大きさを**過小に評価し**、対価としての費用の増大を**拒否する**傾向があるため、結果的に民主制国家では完全情報下に比して**小規模な予算編成**が行われると論じました。

❹ ✕ 　　ゴミ缶モデルの主唱者は、C.I.バーナードではなくJ.マーチ、J.オルセン、M.コーエンです。また、ゴミ缶モデルは、政策決定の偶発性と合理的説明の困難さを説いたもので、「最も合理的なものが選ばれる」というモデルではありません。

❺ ◯ 　　G.アリソンの三つのモデルは、「組織過程モデル」以外に「合理的行為者モデル」と「組織内政治モデル」があります。

第4章

行政責任と行政統制

問題13
★ ★

インクリメンタリズムの理論に関する次の記述のうち、妥当なのはどれか。

国般 2004

❶ 予算編成過程では、前年度予算をベースに新規の増分については厳しい査定が行われる。このように想定し得る政策案を網羅的に取り上げて検討することで抜本的に課題を解決しようとする点が、インクリメンタリズムの特徴である。

❷ C.リンドブロムは、市場における予定調和同様、多元的な集団利益政治過程を前提とし、公共の利益に合致した合理的な政策を生み出すことになる多元的相互調節の理論を提示し、インクリメンタリズムの理論を補完した。

❸ A.ウィルダフスキーは、インクリメンタリズムを批判し、組織化されていない利益を政治過程に反映させるためのカウンター・バランス装置として、規制により多元的な関係主体を調整する政府の役割が重要であると主張した。

❹ A.エチオーニは、実現可能性の高い限定された複数の政策選択肢を選んでそれらを綿密に分析するという混合走査法モデルを提唱し、インクリメンタリズムを排除した政府による一元的な価値体系に基づく政策形成の必要性を主張した。

❺ いわゆるゼロ・ベース予算方式とは、組織化されていない利益を政治過程に反映させるために、利益集団などによって組織化された集団利益をいったん個人のレベルの効用にまで解体し、改めて国民全体の効用を積み上げて算定する予算編成の手法である。

【解答・解説】

正解 ❷

細かい内容もありますが、正解肢が明確なので解答できるでしょう。

❶ ✕ 　「網羅的」、「抜本的」という記述が誤りです。インクリメンタリズムは政策案の探求について、網羅的にではなく実現可能性の高い少数の選択肢を抽出したうえで検討する考え方で、抜本的にではなく漸進的に課題を解決しようとする点が特徴です。

❷ ◯ 　C.E.リンドブロムが提唱したインクリメンタリズムと多元的相互調整論の対は、合理的選択モデルの困難の克服を狙ったもので、記述モデルにとどまらず、多元主義的政治の規範モデルとしても重要な位置を占めるものです。

❸ ✕ 　A.ウィルダフスキーは、インクリメンタリズムの実証を行い、リンドブロムの議論を**擁護する**立場にありました。そして、組織化されない利益の反映はインクリメンタリズムと多元的相互調整によってこそ行われると主張し、インクリメンタリズムの批判者たちに反論しています。

❹ ✕ 　A.エツィオーニ（エチオーニ）の提唱した混合走査法モデルは、影響力の大きい政策についてはできる限り綿密に検討しつつ、その他の政策案についてはインクリメンタリズムに委ねるという議論で、インクリメンタリズムは排除していません。そもそも「混合」と「一元的」は相容れない言葉ということで、間違いに気づけるようにしましょう。

❺ ✕ 　ゼロベース予算方式は、政策あるいは行政機関単位での支出・予算の正当性を毎年確認する予算編成方式で、予算の積算基礎をゼロから積み上げ直すことを企図するものです。

3 行政改革

学習のポイント

・ 行政改革は、時事的な観点からの出題も見られるので、時事対策と平行して学習しておきましょう。
・ また、出題の中心になるのは、第二次臨調と行政改革会議であり、これらについては詳細に論点整理をしましょう。
・ NPMについては政治学でも関連論点が出題されるので要注意です。

1 NPM

(1) NPMとは

NPM（**New Public Management：新公共管理**）とは、民間の経営手法を参考に、民営化や民間委託などの市場メカニズムを適宜活用し、**公共部門の再組織化や公的サービスの質の向上を図ろうとする行政改革の総称**です。

このNPMに理論的な根拠を与えたのが新自由主義（ネオリベラリズム）です。新自由主義は、経済学的にはF. ハイエクやM. フリードマンに代表されるもので、**ケインズ主義に基づく政府の経済介入を批判し、ルールに基づいた自由競争を説いています**。

① 近年の動向

近年、NPMを発展させたPPP（Public Private Partnership）という考え方も出てきています。官民パートナーシップや官民協働ともいわれ、**官と民が役割分担しながら、社会資本の整備や公共サービスの充実を図ろうとする手法の総称**です。PPPはNPMを含んでいますが**より広義の概念**です。

② NPMの目標

NPMの目標として、❶**市場メカニズム**の活用（競争原理の導入など）、❷**顧客主義**への転換（国民や住民を顧客とみなす顧客志向）、❸**成果志向**への転換（手続による統制ではなく、業績や成果による統制を重視）、❹**説明責任**の向上（財務諸表の公開など）、❺**弾力的な組織編成**（**エージェンシー制度**の活用など現場への権限と責任委譲）などの点を挙げることができます。

⑵ NPMの歴史

NPMの始まりは、**1980年代のイギリス・サッチャー政権、アメリカ・レーガ
ン政権、日本・中曽根政権**の改革に見られます。特に、**サッチャー政権による改革
がNPMの原点**とされています。

第二次世界大戦後の英国では、労働党政権のもと産業の国有化や社会保障制度の
充実など「大きな政府」を追求しました。しかし、英国病と呼ばれる社会停滞が起
こり、オイルショックと相まって財政赤字も増加しました。

そんな中、1979年の総選挙で**保守党**が勝利し、M.サッチャーが首相に就任しま
す。サッチャーは国営企業の民営化、規制緩和、財政支出の削減などを次々実施し
ました。サッチャーの改革はその後、**ブレア労働党政権にも受け継がれました**。

⑶ NPMの主な取組み

① PFI

(ア) PFIとは

PFI（Private Finance Initiative）とは、**民間の資金やノウハウを社会資本整備
に活用し、効率的・効果的な公共サービスを提供する手法**のことです。民間資金等
活用事業などと訳されます。

従来の公共施設運営は資金調達、整備、運営を一括して行政が行い、すべてのリ
スクを行政が引き受けてきました。PFIは、このようなリスクを民間が引き受け、
民間の資金や能力を最大限活用しようという仕組みです。PFI事業を引き受ける事
業者は事業実施のために**SPC**（特別目的会社、特定目的会社）を設立し、この
SPCがPFIの運営主体となります。

> 🐳 補足
>
> PFIの対象に掲げられる「社会資本整備」には、公共施設の建設、改修、維持管理、運営が
> 該当します。

(イ) PFIの歴史

PFIは**イギリスのメージャー政権**で生まれました。日本では、1999年より**PFI法**
（民間資金等の活用による公共施設等の整備等の促進に関する法律）が施行され、
国や地方自治体がPFI事業を行っています。2019年度末までに実施されたPFI事業
の件数は818件に上ります。

PFI法のもと、PFI事業の対象となるのは、道路、鉄道、港湾、空港、河川、公園、水道、下水道、工業用水道等の公共施設、庁舎、宿舎等の公共施設、公営住宅および教育文化施設、廃棄物処理施設、医療施設、社会福祉施設、更生保護施設、駐車場、地下街等の公益的施設、情報通信施設、熱供給施設、新エネルギー施設、リサイクル施設、観光施設、研究施設などです。

②　市場化テスト

（ア）市場化テストとは

　市場化テストとは、**民間企業と行政との間でサービスの質や効率性を競う入札を実施し、行政に勝る民間事業者があれば、当該業務を民間に委託する制度**です。行政における事業目標の見直し、事業の効率化など行政の意識改革につながります。

　日本では、2005年から試験的に導入され、2006年の公共サービス改革法（競争の導入による公共サービスの改革に関する法律）により本格的に導入されました。

　市場化テストの特徴は民間と行政の間で競争入札が行われるところにありますが、公共サービス改革法では民間のみが参加する競争入札も対象になっています。実態としては民間のみの入札案件が大半を占めています。

（イ）市場化テストの適用例

　市場化テストにより日本で民間委託された代表的な事例は、ハローワーク関連事業（厚労省）、アビリティガーデン、私の仕事館（雇用・能力開発機構）、公営住宅の滞納家賃徴収（国交省）、行刑施設関連（宮城刑務所・福島刑務所の補助事務）などです。

◆市場化テストの仕組み

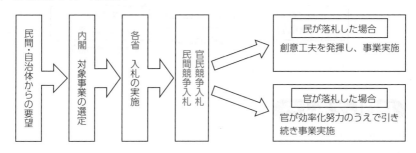

③ 指定管理者制度

　指定管理者制度とは、**既存の「公の施設」の管理運営を民間企業やNPOなどが代行できる制度**です。

　スポーツ施設（体育館）、公園関連、文化関連（図書館）、医療関係（公立病院）、福祉関連（障害者施設、保育所）、生活関連（下水道、駐輪場）、教育関連（児童館、林間学校）などが対象施設となりますが、「公権力の行使」に当たる業務はできません。各地方公共団体の条例に従って指定管理者を選定し、**議会の決議を経て**管理運営を委任します。

　2003（平成15）年の地方自治法改正で導入され、2020年4月現在、全国の約76,000施設で導入されています。そのうちの約4割は民間企業等（企業やNPOなど）が指定管理者となっています。都道府県の約6割、政令指定都市の約7割、市区町村の約4割が公募により指定管理者を選定しています。

④ エージェンシー制度

　エージェンシー制度とは、**企画立案部門と実施部門を分離し、実施部門**（エージェンシー）**に人事や事業実施についての裁量を与える制度**です。

　規則に基づく事前統制ではなく、**成果に基づいた事後統制を重視する**点が特徴です。そして、実施部門に裁量を与えるのには、費用縮減、顧客満足度の向上を図る狙いがあります。

　イギリスのサッチャー政権下で導入され、刑務所庁、高速道路庁、特許庁など100以上の基幹、**公的雇用の70%以上に導入されています**。日本では、2001年より独立行政法人という形で実現していますが、博物館や美術館のような実施機能の分離という本来の機能からは説明しにくいものも含まれています。

確認してみよう

① 　英国のサッチャー、メージャーの両保守党政権が推進した市場メカニズムの活用や新たな評価システムの導入などの政策は、NPM型の改革手法の典型であった。しかし、両政権の後を継いだ労働党のブレア政権は、その新自由主義的な性格を嫌ってNPM型改革手法と決別した。国般2005

１ (2) 参照 ✕

NPM型の改革はブレア労働党政権でも継続しました。

② 　PFIとは、地域住民の代表によって構成される理事会に管理・運営を委ねることを条件にSPC（特定目的会社）が公共施設等を整備・供給できるようにする手法のことであり、政府の事業計画をベースとして民間の経営ノウハウを活用し効率化を図る点で広義の民営化手法といえる。国般2003

１ (3) ① 参照 ✕

PFIには地域住民の代表によって構成される理事会に管理・運営を委ねるという条件はありません。多くの場合、民間企業が出資したSPCに管理・運営を委ねています。

③ 　「民間にできるものは民間に」との観点から、公共サービスの提供主体・提供手法を官民競争入札によって決定する「市場化テスト」（官民競争入札制度）は、既に多くの先進諸国で導入されている。我が国でもいわゆる橋本行革により、同制度が導入されたが、各府省の抵抗が強く、民間からの参入要望もなく、実現の見込みがないことから、平成16年（2004年）末に同制度は廃止された。国般2005

１ (3) ② 参照 ✕

市場化テストは「橋本行革」ではなく「小泉改革」により、2006年の公共サービス改革法に

よって導入されています。

④　　エージェンシーとは、政策立案機能は中央省庁に残し、行政執行機能を分離、独立させたものであり、民間の経営手法を導入することにより、行政の効率化を図ることを目的としている。都Ⅰ2006

1 (3) (4) 参照　○

　英語の「エージェンシー」は「代理人」を意味する言葉であり、中央省庁と「本人－代理人」の関係で捉えることができます。

2 日本の行政改革

　日本の主要な行政改革は、内閣が直々に設置した第三者的な諮問機関が総合的な視点から行政全般のあり方を見直し、政府に対して答申を行うスタイルで実施されてきました。

　これまでの行政改革のうち重要なのは、以下に説明する第一次臨調、第二次臨調、行政改革会議の三つです。

(1)　第一次臨調

①　第一次臨調

　第一次臨時行政調査会（第一次臨調）は、1960年代の高度経済成長に伴って発生した新しい行政需要に的確に対応し、行政の効率化を推進する目的で、**池田勇人内閣時**の1962（昭和37）年に設置されました（佐藤喜一郎会長）。

　第一次臨調は、**アメリカのフーバー委員会**をモデルに設置されたもので、経済界、労働界、官界、学界など社会の各層から選ばれた委員によって構成され、政府行政の広範な分野を対象にした行政改革の提言を行いました。

②　勧告の内容

　第一次臨調の勧告は、首相のリーダーシップの増進や内閣の調整機能拡充など**行政手法の改革に力点を置いた**ところに特徴があります。

　具体的には、❶予算編成権を新しく設置する内閣府に移管する、❷内閣に内閣補佐官を設置する、❸中央政府は企画機能、地方政府は実施機能を果たすこととし、機関委任事務を積極的に活用する、といった内容が提言されました。

　しかし、これらの答申はその多くが実現には至らず、**1省庁1局削減**（1968）、

総定員法の制定（1969）が行われたにとどまりました。

(2) 第二次臨調

① 第二次臨調

　第二次臨時行政調査会（第二次臨調）は、鈴木善幸内閣のもと中曽根康弘の主導で1981（昭和56）年に設置されました。会長には、経団連会長の土光敏夫<ruby>土光敏夫<rt>どこうとしお</rt></ruby>が就任しました。

　1979年の総選挙では一般消費税導入が争点となりましたが、**増税の支持を得られず自民党は大敗しました**。このような背景から、歳出中心の財政改革が志向されるようになったことが背景です。

② 勧告の内容

　第二次臨調は、「増税なき財政再建」を基本方針として、**歳出削減を中心とした改革の提言を行った**ところに特徴があります。「**市場と民間活力への信頼**」と財政規模における「**中規模国家**」、「**活力ある福祉社会**」の理念を掲げました。

　具体的な成果として、❶各省庁の予算要求について、1982年度の**ゼロ・シーリング**、1983、1985〜1987年度の**マイナス・シーリング**の実施や1982年の人事院勧告凍結による公務員給与の抑制などでの歳出削減、❷**三公社の民営化**が実現し、これらは、**日本におけるNPM型行政改革の始まり**であったといわれます。

> 補足
> 　第二次臨調の成果として民営化された三公社とは、日本国有鉄道（国鉄）、日本電信電話公社（電電公社）、日本専売公社（専売公社）を指します。それぞれ、現在のJRグループ、NTTグループ、日本たばこ産業（JT）・塩事業センターに当たります。

(3) 行政改革会議

① 行政改革会議

　1990年代の行政改革をリードとしたのが、1996（平成8）年に設置された行政改革会議です。橋本内閣は行政改革を内閣の最重要課題の一つと位置づけ、**橋本龍太郎首相自ら行政改革会議の会長を務める**など、中央省庁再編など広範な分野にわたる行政改革を実現しました。

② 提言の内容

　行政改革会議の主な提言内容は、❶従来の1府21省庁（12省8大臣庁1委員会）

を、1府12省庁に再編した**省庁再編**、❷内閣の直属組織として**内閣府を**設置し、内閣官房の政治任用スタッフを増員した**内閣機能の強化**、❸事務・事業の民営化・民間移譲、新設する独立行政法人制度を活用するなどの**アウトソーシング**（行政減量）が挙げられます。

🍎 **ヒント**

> 第一次臨調は1960年代、第二次臨調は1980年代、行政改革会議は1990年代、というおおよその改革実施年代も押さえておきましょう。

⑷ 独立行政法人

① 背 景

　1996年に設置された行政改革会議では、中央省庁改革の議論の一環として、国の行政組織を減量化するため、一定の事務事業の実施を国の行政組織とは別の独立の法人に委ねる制度が構想されました。これが独立行政法人の制度であり、**イギリスのエージェンシー制度をモデル**としています。

　1998年成立の中央省庁等改革基本法によりこの独立行政法人制度の創設が盛り込まれ、2001年4月には57の独立行政法人が誕生しました。その後も国の機関や特殊法人などが独立行政法人化しており、2020年4月現在87の独立行政法人が存在しています。

🍎 **ヒント**

> エージェンシー制度がモデルなので、政策の企画部門と実施部門を分離したうえで、実施部門を担う法人として構想されたのが独立行政法人です。

② 定 義

　独立行政法人の設置は個別法によりますが、組織・運営に関する基本事項や共通事項については、独立行政法人通則法に規定されています。同法によると、独立行政法人とは、❶公共上の見地から確実な実施を要するが、❷国自ら主体となって直接に実施する必要はなく、❸しかし、民間主体に委ねたのでは実施されないおそれがある事務・事業であって、❹効率的・効果的に行わせる目的をもって設立された法人です（独立法人通則法2条1項）。

以上のように、公共上の見地から行政活動を実施する独立行政法人は、**行政主体の一種である**と解されます。

③　国の関与

主務大臣は、独立行政法人の長（理事長）を任命し、3〜5年の中期目標（業務運営の効率化やサービスの質の向上、財務内容の改善など）を独立行政法人に対して提示します。独立行政法人は主務大臣から提示された中期目標を達成するため、自ら中期計画、年次計画を策定し、これらに基づいた業務運営を行います。中期計画・年次計画は**主務大臣の認可が必要なものの、業務運営に関しては大きな裁量が与えられています。**

つまり独立行政法人は主務大臣から一定の統制を受けながらも、基本的には民間の事業組織と同様の合理性規準・行動原理を持つ組織として編成されています。このため、予算に関しては、国から運営費交付金が交付されますが、使途を特定しない「渡し切りの交付金」として、法人が弾力的・効果的に使用することができ、財務に関しては、一般の企業と同様に財務諸表の作成など**企業会計原則が採用されています。**

④　内部組織

弾力的な業務運営ができるよう、職員を国の定員管理の対象外としたり、業績給与システムを導入したりすることができるようになっています。

⑤　第三者評価の仕組み

独立行政法人の業務実績については、第三者評価の仕組みが採用されており、総務省に設置されている独立行政法人評価制度委員会（総務省の審議会）の評価活動で確認しています。

また同委員会は、独立行政法人の主要事務や事業の改廃に関して、主務大臣に勧告することができます。過去には**実際に廃止や統合された独立行政法人もあります。**

◆独立行政法人評価の仕組み

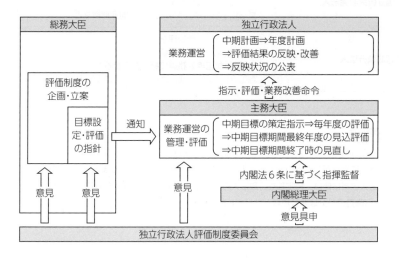

⑥ 地方独立行政法人

2003（平成15）年7月に地方独立行政法人法が成立し、国が中央省庁再編で創設した独立行政法人制度を、地方自治体でも導入できるようになりました。**地方独立行政法人制度は国の制度とほぼ同様**であり、対象となるのは、試験研究、大学の設置・管理、水道、軌道、ガス、病院などです。

⑦ 独立行政法人改革

2015（平成27）年に独立行政法人制度が大幅に見直され、業務の特性に応じた目標管理ができるよう、中期目標管理法人、国立研究開発法人、行政執行法人の3種類に類型化されました。

◆改革後の独立行政法人の類型

中期目標管理法人	・中期的（3〜5年）な目標管理を行う ・53法人（2020年4月現在） 例大学入試センター、日本学生支援機構、国民生活センターなど

国立研究開発法人	・中長期の目標管理を行う ・27法人（2020年4月現在） 例 理化学研究所、宇宙航空研究開発機構など
行政執行法人	・単年度での目標管理を行う ・7法人（2020年4月現在） ・**役職員が国家公務員の身分を有する** 例 国立公文書館、統計センター、造幣局、国立印刷局など

補足

　独立行政法人の大部分は職員が公務員の身分を持たない「非特定独立行政法人」でしたが、例外的に職員が公務員の身分を有する「特定独立行政法人」もありました。2015年の独立行政法人改革に伴い、特定独立行政法人のうち国立病院機構のみ中期目標管理法人に移行しましたが（職員の身分は非公務員となりましたが）、残りの7法人は行政執行法人に移行しています。

(5)　**国立大学法人**

　2004（平成16）年、全国89の国立大学・短大を国の機関から切り離し、それぞれに独立した法人格を付与する**国立大学法人**が設立されました。国立大学法人では学長を中心とした経営重視の運営組織が導入され、国による予算、組織などの規制を大幅に縮小し、各大学の責任によって運営されています。

　基本制度は先述の独立行政法人に類似していますが、**独立行政法人より大きな自主性が認められている**点など若干の違いがあります。

確認してみよう

....

① 　第一次臨時行政調査会は、公務員制度改革や独立行政法人制度の創設などを内容とする答申を行った。区Ⅰ 2008

2 (1)②、(4)①参照 ✕

第一次臨調ではなく行政改革会議についての説明となっています。

....

② 　第二次臨時行政調査会は、内閣機能の強化、中央省庁の再編などについて審議し、その最終報告に基づいて、中央省庁等改革基本法が制定された。区Ⅰ 2003

2 (2) ②、(3) 参照　✕

第二次臨調ではなく行政改革会議についての説明となっています。

過去問にチャレンジ

問題1 我が国のNPM改革に関するA～Dの記述のうち、妥当なものを選
★ んだ組合せはどれか。

区Ⅰ 2011

A 指定管理者制度は、地方自治法の一部改正により、管理委託制度から公の施設
の管理をNPOや地域団体、さらには株式会社をはじめとする民間企業にも広く
開放するものである。

B PFIは、民間の資金、技術的能力を活用して、国や地方公共団体が直接実施す
るよりも効率的かつ効果的に公共施設が建設される場合に限って適用される。

C 独立行政法人通則法に基づく独立行政法人制度は、イギリスのエージェンシー
制度をモデルとし、企画・立案と執行の分離という理念の下に創設され、職員は
すべて国家公務員としての身分を失った。

D 市場化テストは、行政機関の仕事とされてきた業務に民間との競争入札を導入
し、競争原理の中でより効率的なサービスを提供できるようにする仕組みである。

❶ A　B
❷ A　C
❸ A　D
❹ B　C
❺ B　D

【解答・解説】　　　　　　　　　　　　　　　　　　正解 ❸

> 問題文が短く正解肢が明確なので解答できるでしょう。

A ○　従来、公の施設の管理主体は、公共団体や自治体の出資法人等に限定されていましたが、2003年に地方自治法が改正されて指定管理者制度が導入されてからは、NPOや地域団体、民間事業者などに広く開放されています。

B ✕　PFIは、公共施設が建設される場合に限らず、公共施設等の改修・維持管理・運営またはこれらに関する企画、国民に対するサービスを提供できる事業についても適用されています。

C ✕　独立行政法人のうち「特定独立行政法人」の役職員は、国家公務員の身分を残しました。

D ○　「市場化テスト」は、「官」と「民間事業者」が対等な立場で競争入札に参加し、価格・質の両面で最も優れた者がそのサービス提供者となることを目的とした仕組みです。

問題2
★
公共サービス改革に関するA〜Dの記述のうち、妥当なものを選んだ組合せはどれか。

区Ⅰ 2014

A 公共施設の建設、維持管理、運営に、民間の資金、経営能力及び技術的能力を活用することにより、同一水準のサービスをより安く、又は、同一価格でより上質のサービスを提供する手法をPFIという。

B イギリスのサッチャー政権下において、中央官庁の組織の中で、政策の企画立案に当たる部分と執行・実施に当たる部分とを切り離し、政策の企画立案に当たる部門を中央官庁から組織的に独立させ、効率的な運営を図ったものがエージェンシー制度であり、我が国の独立行政法人制度はこれに当たる。

C 市場化テストとは、国の行政機関等又は地方公共団体が自ら実施する公共サービスの実施に際し、官民が参加する競争入札でサービスの実施者を決定する方法のみをいい、民間のみが参加する競争入札でサービスの実施者を決定する方法は含まない。

D 指定管理者制度とは、地方公共団体が法人その他の団体であって当該地方公共団体が指定するものに、公の施設の管理を行わせることであり、地方公共団体が指定管理者の指定をしようとするときは、あらかじめ、当該地方公共団体の議会の議決を経なければならない。

❶ A B
❷ A C
❸ A D
❹ B C
❺ B D

【解答・解説】

　問題1よりはやや難易度が上がりますが、このレベルは容易に解けるようにしておきたいです。

A ○　　PFIは、公共サービスの提供に際し、特別目的会社（SPC）などの民間団体が施設の建設・維持管理・運営を行い、サービスの対価を公が支払うことでコストの低下を図る仕組みです。

B ✕　　エージェンシー制度で中央官庁から独立させるのは、企画立案部門ではなく実施部門です。「エージェンシー」とはつまり「代理人」のことで、企画立案部門（本人）と実施部門（代理人）を切り離すことで、実施部門に裁量を与えてサービスの質向上と効率化を目指す制度です。

C ✕　　2006年に施行された「競争の導入による公共サービスの改革に関する法律」の「市場化テスト」の定義には、官民競争入札（官と民による入札）だけでなく、民間競争入札（民間のみの入札）も含まれています。

D ○　　指定管理者制度は、すでに存在する公の施設の維持・管理を営利企業やNPO、市民グループなどの民間事業者に代行させる制度で、資金調達から施設の建設、サービスの管理運営に至るまで幅広く民間に委託するPFIとは異なります。なお、管理者の指定には、当該自治体の議会による議決が必要です。

新公共経営（NPM）に関する記述として、妥当なのはどれか。

★ 　　　　　　　　　　　　　　　　　　　　　　　　　　　　区Ⅰ 2017

❶　PFIは、民間の資金、経営能力及び技術的能力を活用して、公共施設の建設、維持管理、運営を行う方式であり、我が国のPFI事業は、学校等の文教施設では実施されているが、刑務所等の行刑施設では実施されていない。

❷　指定管理者制度は、地方自治法の一部改正により導入された、公の施設の管理運営について、NPOや市民団体、さらには株式会社をはじめとする民間企業にも行わせることができるようにした制度である。

❸　我が国の独立行政法人制度は、イギリスのエージェンシー制度と同一であり、中央省庁の組織の中で、政策の企画立案部門と実施部門を切り離し、企画立案機能のみを分離された機関に移譲する制度である。

❹　市場化テストは、公共サービスの提供にあたり官民が対等な立場で競争入札に参加し、価格と質の両面で最も優れた者がそのサービスの提供を担う制度であり、我が国の省庁では既に実施しているが、地方自治体では実施していない。

❺　NPMは、行政サービスに価値があるか否かについて、政策の成果であるアウトカムではなく、予算や人員の投入量である政策のインプットや、事業活動や予算の執行などの政策のアウトプットから判定される。

【解答・解説】

正解 ❷

> 問題文が短く、正解肢も明確なので解答できるでしょう。

❶ ✕ 　日本ではPFI法に基づいてさまざまな社会資本整備が行われており、PFI事業は学校等の文教施設だけでなく刑務所等の行刑施設でも実施されています。

❷ ◯ 　現在、地方自治体は、さまざまな公共施設でNPOや民間企業に管理を委託しています。例えば、スポーツ施設の管理ノウハウはスポーツジムを経営する民間企業も有しているため管理代行が可能であり、民間の仕事を創出するという点でも委託することには意義があります。

❸ ✕ 　「企画立案機能のみを分離された機関に移譲」という記述が誤りです。独立行政法人制度は、企画立案部門は中央省庁、実施部門は分離された機関に移譲する制度です。このように、実施部門を独立させて裁量を与えることで効率性の向上を目指しています。

❹ ✕ 　市場化テストは、地方自治体でも実施しています。地方自治体では、市場化テストを通じて、窓口業務や債権回収業務などを民間企業に委託する事例が見られます。

❺ ✕ 　NPMで重視されるのは、政策の成果であるアウトカムです。これは、アウトカム（成果）が向上していることを示すことが国民に対する説明責任を果たすことにつながるからです。

第4章 行政責任と行政統制

行政改革に関する記述として、妥当なのはどれか。

都Ⅰ 2002

❶ 1980年代以降の世界の主要国における行政改革の潮流を作ったのは、アメリカの民主党のカーター政権であり、大規模な国営企業の民営化を実施した。

❷ 「新公共管理」（NPM）は、公共サービスを提供するにあたり、公私部門の差異を重視して、民間企業の経営管理手法や市場原理の考え方を排除しようとするものである。

❸ わが国の行政改革では、第二次臨時行政調査会が「増税なき財政再建」のスローガンの下に種々の改革を提案し、日本国有鉄道、日本電信電話公社、日本専売公社の民営化が実施された。

❹ イギリスのエージェンシーは、行政機関の一部が事業実施に関して政府と契約を結ぶものであり、実施内容の細部まで契約事項となっているため、管理者には人事や実施方法についての裁量がない。

❺ わが国の独立行政法人制度は、行政組織のスリム化を目指して、中央省庁の再編に際して創設され、職員はすべて国家公務員としての身分を失った。

【解答・解説】

> 正解肢に書かれている内容は頻出論点ですので、迷わず選べるようにしたいです。

❶ ✕　1980年代以降の世界の主要国における行政改革の潮流を作ったのは、イギリスの保守党のサッチャー政権（1979 〜 90）です。アメリカでは、カーター政権の後を受けた共和党のレーガン政権（1981 〜 89）が大幅な減税を柱とした「レーガノミックス」を実行に移し、かつ政府の役割の見直しや行政機構の減量化に着手しました。

　いずれにせよ、1980年代以降の行政改革の背景に新自由主義があることを把握していれば、「仮にアメリカであれば、民主党ではなく共和党のはずだから誤り」ということは推測できるようにしたいです。

❷ ✕　NPMは、公私部門の**共通性**を重視して、民間企業の経営管理手法や市場原理の考え方を**積極的に導入**しようというものです。

❸ ◯　第二次臨時行政調査会は鈴木善幸内閣時に組織され、中曽根康弘内閣が答申を実施に移しました。

❹ ✕　行政活動の実施事業を効率的に進められるようにするために、エージェンシーの管理者たる長官（chief executive）には人事や実施方法についての**裁量権が認められています**。

❺ ✕　独立行政法人のうち「特定独立行政法人」の役職員は、国家公務員の身分を残しました。

問題5 　　　我が国における行政改革に関する記述として、妥当なのはどれか。

★　　　　　　　　　　　　　　　　　　　　　　　　　　　　　区Ⅰ 2013

❶　第一次臨時行政調査会は、学識経験者のみで構成された調査審議機関であり、活力ある福祉社会の実現を基本理念として、行政改革に関する答申を行った。

❷　第一次臨時行政調査会は、内閣の調整機能の拡充に力点をおき、この会議の最終答申に基づいて、答申の翌年に内閣府が設置された。

❸　第二次臨時行政調査会は、増税なき財政再建をスローガンに、日本国有鉄道、日本電信電話公社、日本専売公社の三公社の民営化などの改革を提言した。

❹　第二次臨時行政調査会の最終答申に基づいて、独立行政法人制度や政策評価制度の創設、郵政事業の公社化が行われた。

❺　橋本内閣が設置した行政改革会議は、中央省庁の再編についての最終報告をまとめ、これに基づいて1省庁1局の削減と総定員法の制定がなされた。

【解答・解説】

> 第一次臨時行政調査会（1960年代）、第二次臨時行政調査会（1980年代）、行政改革会議（1990年代）の大まかな設置時期と、主な改革内容は覚えておきましょう。

❶ ✕　　行政改革の基本理念として「活力ある福祉社会の実現」を提示したのは、1980年代の**第二次臨時行政調査会**です。1960年代の第一次臨時行政調査会の段階では「福祉国家」は目指すべき目標でしたが、1970年代の「福祉国家の危機」を経て、国家だけに頼るのではなく社会全体で支え合おう（＝国家の責任を軽減しよう）という（福祉国家ではなく**福祉社会**の）理念が第二次臨時行政調査会で打ち出されました。また、（以下は細かい内容なので覚える必要はありませんが）第一次臨時行政調査会の委員は、学識経験者だけでなく、財界、マス・メディア、官庁出身者、労働界などで構成されていました。

❷ ✕　　内閣府は、1990年代の**行政改革会議**の答申に基づいて行われた2001年の国の中央省庁等の再編成で、内閣機能の強化として新設されたものです。

❸ ◯　　政府は、第二次臨時行政調査会の答申に基づいて、日本電信電話公社（1985）、日本専売公社（1985）、日本国有鉄道（1987）を民営化し、規制緩和によって民間活力の導入を図りました。

❹ ✕　　1990年代の橋本内閣期の**行政改革会議**の最終答申に基づいて、独立行政法人制度や政策評価制度の創設、郵政事業の公社化が行われました。なお、郵政事業庁が担っていた郵政3事業は2003年に特殊法人である日本郵政公社に移管され、その後、民営化されています。

❺ ✕　　1省庁1局の削減と総定員法の制定は、**第一次臨時行政調査会**の最終報告に基づくものです。

問題6 　　我が国の行政改革に関する次の記述のうち、妥当なのはどれか。

★★

国般 2017

❶　第一次臨時行政調査会は、昭和37年に設置された行政改革に関する調査会であり、土光敏夫会長の下、財界の主導により、昭和39年に郵政民営化や特殊法人の整理・縮小を主題とする行政改革に関する意見を取りまとめた。

❷　第二次臨時行政調査会は、昭和56年に設置され、「小さな政府」を旗印に、日本国有鉄道、日本電信電話公社、アルコール専売事業のいわゆる三公社の民営化と大幅な増税等を提言し、二度の石油危機以降の財政危機を建て直そうとした。

❸　橋本龍太郎首相の主導により開始された金融システム改革は、フリー、フェア、グローバルを三原則とし、証券会社の業務の多角化、銀行・証券・保険の業態間の相互参入の促進、取引ルールの透明化等に取り組み、日本版金融ビッグバンと呼ばれている。

❹　行政改革会議は、平成8年に設置され、小渕恵三首相自らが会長を務め、内閣府と内閣人事局の創設、政策評価制度と情報公開制度の導入等を決定し、その成果として中央省庁等改革基本法が制定された。

❺　いわゆる小泉構造改革は、小泉純一郎内閣時代の経済・行政改革の総称で、「官から民へ」、「国から地方へ」をスローガンに、道路公団の民営化、独立行政法人制度の創設、組織の大括り化による省庁再編等を行った。

【解答・解説】

正解肢はやや細かい内容ですが、他の選択肢の誤りが見つけやすいので、消去法で選べるでしょう。

❶ ✕ 　　土光敏夫が会長を務めて財界主導と評されたのは、**第二次臨時行政調査会**（1981年設置）です。また、郵政民営化や特殊法人改革は、2000年代に小泉内閣のもとで提案・実現された改革です。

❷ ✕ 　　まず、日本専売公社が担っていたのは、「アルコール専売事業」ではなく「たばこ塩専売事業」です。これが民営化され現在のJTが生まれています。また、第二次臨調のスローガンは「増税なき財政再建」ですから、「大幅な増税」という記述も誤りです。

❸ ◯ 　　橋本内閣は、六大改革と称して、行政改革、財政構造改革、社会保障構造改革、経済構造改革、金融システム改革、教育改革を実施しました。このうち、金融システム改革は金融ビッグバンとも呼ばれ、これにより銀行業や保険業などの規制緩和が進みました。

❹ ✕ 　　まず、行政改革会議は、橋本龍太郎内閣で設置されたものであり、このことから「橋本行革」と呼ばれます（橋本内閣を引き継いだ小渕恵三内閣が成立したのは、行政改革会議が最終答申を出した後です）。また、内閣人事局が設置されたのは2014年の安倍晋三内閣のときです。

❺ ✕ 　　独立行政法人制度の創設、組織の大括り化による省庁再編（中央省庁再編）は、1990年代の行政改革会議の成果です。

問題7
★ ★
　　　我が国における行政改革の経緯に関する次の記述のうち、妥当なのはどれか。

国般 2013

❶　我が国の行政改革は諸外国の動向も参考にして検討されてきたところ、「行政管理に関する大統領委員会」などの諮問機関を設けて検討を推進した米国の例を参考に、我が国でも、経済界や労働界、学界などから選ばれた代表が委員となる諮問機関で検討するスタイルが導入されたが、内閣総理大臣を長とする諮問機関が設置された例はない。

❷　昭和36年に設置された臨時行政調査会は、政府行政の広範な分野を対象とする中で、内閣の調整機能の拡充や予算編成権の移管などの審議を行った。昭和56年に設置された第二次臨時行政調査会は、増税なき財政再建を目指して審議を行い、1省庁1局削減や総定員法の制定を求める答申を行った。

❸　平成8年に設置された行政改革会議の最終報告においては、中央省庁の再編や内閣機能の強化に関する内容のほか、NPMの考え方を取り入れた行政機能の減量、効率化が提言されており、事務事業の民営化や、民間委譲、民間委託の推進などといったアウトソーシングの推進に関する提言を我が国の行政改革で初めて取りまとめた。

❹　平成11年に成立した地方分権一括法の施行により、それまでの機関委任事務について、廃止等された一部の事務を除き自治事務と法定受託事務に整理されたが、後者は国の事務を地方公共団体への委託により実施する上で適正な処理を特に確保する必要があるため、地方自治法上の国による関与の類型について、前者より多くの種類が規定されている。

❺　平成13年度に行われた財政投融資制度の改革では、郵便貯金や公的年金の積立金など国の信用に基づいて集められた資金を資金運用部に預託し特殊法人等に運用していた仕組みを廃止した。そのため、特殊法人等は、自らの信用力で発行する財投機関債による方法や、国が財投債を発行して調達した資金から融資を受ける方法等により資金調達をすることとなった。

【解答・解説】

> 正解肢はかなり細かい内容ですが、他の選択肢の誤りは見つけられるので消去法で選べるようにしたいです。

❶ ✕　内閣総理大臣を長とする諮問機関も設置されています。例えば、1996（平成 8 ）年に設置された行政改革会議は、橋本内閣総理大臣（当時）を会長とする、政令に基づき閣議で設置された首相直属の諮問機関です。

❷ ✕　「 1 省庁 1 局削減や総定員法の制定を求める答申を行った」のは、1961（昭和36）年に設置された第一次臨時行政調査会です。

❸ ✕　1980年代の第二次臨時行政調査会でも、事務事業の民営化や、民間委譲、民間委託の推進などといったアウトソーシングの推進に関する提言はされており（その成果が、例えばJRやJT、NTTです）、日本におけるNPM型行政改革の端緒は行政改革会議ではなく第二次臨調であるとされています。

❹ ✕　法定受託事務は、自治事務と同じく「地方公共団体の事務」であり、国の事務が地方公共団体に委託されるのではなく、国の法令によって国から地方公共団体の事務として振り分けられたものです。

❺ 〇　2001（平成13）年度の財政投融資改革によって、特殊法人等は、その施策に真に必要な資金だけを市場から調達する仕組に転換するに至りました。

我が国における行政の在り方の見直しに関する次の記述のうち、妥当なのはどれか。

国般 2019

❶ 三位一体改革の一つとして導入されたPFIは、国の行政に関わる事業のみを対象とし、道路、空港、水道等の公共施設や、庁舎や宿舎等の公用施設の建設と維持管理について、民間事業者に委ねるものである。今後、地方公共団体の事業にPFIを導入することが課題となっている。

❷ 「行政機関の保有する情報の公開に関する法律」の制定により、国民主権の理念に基づいて、日本国民に限って行政機関が保有する行政文書に対する開示請求が可能となった。ただし、電磁的記録は、開示請求の対象とはされていない。

❸ 民間委託は、施設の運営をはじめとして、窓口業務、清掃、印刷等の地方公共団体における様々な業務に広く導入されている。平成15 (2003) 年には、指定管理者制度が導入され、民間事業者やNPO法人等に対し、包括的に施設の管理や運営を代行させることが可能となった。

❹ 市場化テストとは、毎年度、経済産業省が中心となって対象事業を選定し、官民競争入札等監理委員会の審議を経て実施されているものである。この市場化テストは、民間事業者が事業を落札することを前提に運営されているため、政府機関が入札に参加することはできない。

❺ 政令や府省令等の制定・改正を必要とする行政施策を決定する前に、広く一般の意見を聴取する意見公募手続 (パブリックコメント) が行われている。これは、政策に利害関係を有する個人が施策決定前に意見を表明できる機会であり、書面の持参による提出のみが認められている。

【解答・解説】

細かい内容も出題されていますが、正解肢に特に不自然な点が見当たらないことから、選ぶことができるでしょう。

❶ ✗　「三位一体改革」とは2000年代の小泉内閣によって行われた地方財政改革のことで、PFIとは直接関係ありません。また「国の行政に関わる事業のみ」、「地方公共団体の事業にPFIを導入することが課題」という記述も誤りです。1999年にPFI法が制定された当初から、地方自治体の事業もPFIの対象となっています。

❷ ✗　まず、「日本国民に限って」という記述が誤りです。情報公開法では「何人でも」開示請求が可能となっています。また、電磁的記録（フロッピーディスク、録音テープ、磁気ディスクなど）も開示請求の対象です。

❸ ◯　指定管理者制度により、従来は民間企業が担うことができなかった公共施設の管理運営も委託することが可能となり、全国で幅広く利用されています。

❹ ✗　まず、「経済産業省が中心となって」という記述が誤りです。対象事業の選定を行うのは内閣であり、審議会である官民競争入札等監理委員会は総務省に設置されています。また、「政府機関が入札に参加することはできない」という記述も誤りです。市場化テストは官民競争入札とも呼ばれており、本来は行政と民間との競争を前提としています。つまり、行政機関の入札も可能です（ただし、この制度には民間どうしの競争入札も含まれます）。

❺ ✗　「書面の持参による提出のみ」という記述が誤りです。パブリック・コメントの意見提出の方法については意見公募案件の担当部局が定めることができますが、通常はホームページ上のメールフォームやEメール、FAXなどで募集しています。これはかなり細かい知識ですが、さすがに現代の状況に鑑みて「書面の持参のみ」などということはないだろうと想像してください。

公務員講座のご案内

大卒レベルの公務員試験に強い！

2019年度 公務員試験

公務員講座生[1]
最終合格者延べ人数[2]

5,460名

地方公務員 (大卒程度)	計 2,672名
国家公務員 (大卒程度)	計 2,568名
国立大学法人等	大卒レベル試験	180名
独立行政法人	大卒レベル試験	9名
その他公務員		31名

※1 公務員講座生とは公務員試験対策講座において、目標年度に合格するために必要と考えられる、講義、演習、論文対策、面接対策等をパッケージ化したカリキュラムの受講生です。単科講座や公開模試のみの受講生は含まれておりません。
※2 同一の方が複数の試験種に合格している場合は、それぞれの試験種に最終合格者としてカウントしています。(実合格者数は3,081名です。)
＊2020年1月31日時点で、調査にご協力いただいた方の人数です。

1位 全国の公務員試験で 合格者を輩出！

詳細は公務員講座(地方上級・国家一般職)パンフレットをご覧ください。

2019年度 国家総合職試験

公務員講座生[1]

最終合格者数 206名[2]

法律区分	81名	経済区分	43名
政治・国際区分	32名	教養区分	18名
院卒/行政区分	20名	その他区分	12名

※1 公務員講座生とは公務員試験対策講座において、目標年度に合格するために必要と考えられる、講義、演習、論文対策、面接対策等をパッケージ化したカリキュラムの受講生です。各種オプション講座や公開模試など、単科講座のみの受講生は含まれておりません。
※2 上記は2019年度目標の公務員講座生最終合格者のほか、2020年目標公務員講座生の最終合格者が17名含まれています。
＊上記は2020年1月31日時点で調査にご協力いただいた方の人数です。

2019年度 外務専門職試験

最終合格者総数48名のうち
43名がWセミナー講座生[1]です。

合格者占有率[2] 89.6%

外交官を目指すなら、実績のWセミナー

※1 Wセミナー講座生とは、公務員試験対策講座において、目標年度に合格するために必要と考えられる、講義、演習、論文対策、面接対策等をパッケージ化したカリキュラムの受講生です。各種オプション講座や公開模試など、単科講座のみの受講生は含まれておりません。また、Wセミナー講座生はそのボリュームから他校の講座生と掛け持ちすることは困難です。
※2 合格者占有率は「Wセミナー講座生(※1)最終合格者数」を、「外務省専門職試験の最終合格者総数」で除して算出しています。また、算出した数字の小数点第二位以下を四捨五入して表記しています。
＊上記は2020年1月31日時点で調査にご協力いただいた方の人数です。

WセミナーはTACのブランドです

合格できる3つの理由

1 必要な対策が全てそろう！ ALL IN ONE コース

TACでは、択一対策・論文対策・面接対策など、公務員試験に必要な対策が全て含まれているオールインワンコース（＝本科生）を提供しています。地方上級・国家一般職／国家総合職／外務専門職／警察官・消防官／技術職など、試験別に専用コースを設けていますので、受験先に合わせた最適な学習が可能です。

▶ カリキュラム例：地方上級・国家一般職 総合本科生

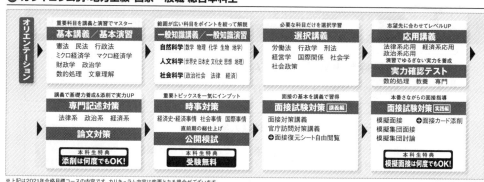

オリエンテーション

重要科目を講義と演習でマスター	範囲が広い科目をポイントを絞って解説	必要な科目だけを選択学習	志望先に合わせてレベルUP
基本講義／基本演習 憲法 民法 行政法 ミクロ経済学 マクロ経済学 財政学 政治学 数的処理 文章理解	**一般知識講義／一般知識演習** **自然科学**(数学 物理 化学 生物 地学) **人文科学**(世界史 日本史 文化史 思想 地理) **社会科学**(政治社会 法律 経済)	**選択講義** 労働法 行政学 刑法 経営学 国際関係 社会学 社会政策	**応用講義** 法律系応用 経済系応用 政治系応用 演習でやるぎない実力を養成 **実力確認テスト** 数的処理 教養 専門
講義で基礎力養成&添削で実力UP	重要トピックスを一気にインプット	面接の基本を講義で習得	本番さながらの面接指導
専門記述対策 法律系 政治系 経済系 **論文対策**	**時事対策** 経済史・経済事情 社会事情 国際事情 直前期の総仕上げ **公開模試**	**面接試験対策**［講義編］ 面接対策講義 官庁訪問対策講義 +面接復元シート自由閲覧	**面接試験対策**［実践編］ 模擬面接 +面接カード添削 模擬集団面接 模擬集団討論
本科生特典 **添削は何度でもOK！**	本科生特典 **受験無料**		本科生特典 **模擬面接は何度でもOK！**

※上記は2021年合格目標コースの内容です。カリキュラム内容は変更となる場合がございます。

2 環境に合わせて選べる！ 多彩な受講メディア

通学メディア

- **教室講座**　迫力の生講義はわかりやすさが違う！
- **ビデオブース講座**　静かな視聴ブースで自分のスケジュールで学習
- **教室講座＋Webフォロー**　教室でさらにWebで自由に講義が受けられる！

通信メディア

- **Web通信講座**　外出先で、さらにWebで。自由に講義が受けられる！
- **DVD通信講座**　コンパクトで高画質！

フォロー制度も充実！

受験生の毎日の学習をしっかりサポートします。

- ■**欠席・復習用フォロー**
  - クラス振替出席フォロー
  - クラス重複出席フォロー
- ■**質問・相談フォロー**
  - 担任講師制度・質問コーナー
  - 添削指導・合格者座談会
- ■**最新の情報提供**
  - 面接復元シート自由閲覧
  - 官公庁・自治体業務説明会 など

3 頼れる人がそばにいる！ 担任講師制度

TACでは教室講座開講校舎ごとに「担任講師制度」を設けています。最新情報の提供や学習に関する的確なアドバイスを通じて、受験生一人ひとりを合格までアシストします。

▶ **担任カウンセリング**

学習スケジュールのチェックや苦手科目の克服方法、進路相談、併願など、何でもご相談ください。担任講師が親身になってお答えします。

▶ **ホームルーム(HR)**

時期に応じた学習の進め方などについての「無料講義」を定期的に実施します。

パンフレットのご請求は

TAC カスタマーセンター 0120-509-117 （ゴウカク イイナ）

受付時間
平日 9:30〜19:00
土曜・日曜・祝日 9:30〜18:00

TACホームページ https://www.tac-school.co.jp/

TAC出版 書籍のご案内

TAC出版では、資格の学校TAC各講座の定評ある執筆陣による資格試験の参考書をはじめ、資格取得者の開業法や仕事術、実務書、ビジネス書、一般書などを発行しています!

TAC出版の書籍

*一部書籍は、早稲田経営出版のブランドにて刊行しております。

資格・検定試験の受験対策書籍

- ✪日商簿記検定
- ✪建設業経理士
- ✪全経簿記上級
- ✪税　理　士
- ✪公認会計士
- ✪社会保険労務士
- ✪中小企業診断士
- ✪証券アナリスト
- ✪ファイナンシャルプランナー(FP)
- ✪証券外務員
- ✪貸金業務取扱主任者
- ✪不動産鑑定士
- ✪宅地建物取引士
- ✪マンション管理士
- ✪管理業務主任者
- ✪司法書士
- ✪行政書士
- ✪司法試験
- ✪弁理士
- ✪公務員試験(大卒程度・高卒者)
- ✪情報処理試験
- ✪介護福祉士
- ✪ケアマネジャー
- ✪社会福祉士　ほか

実務書・ビジネス書

- ✪会計実務、税法、税務、経理
- ✪総務、労務、人事
- ✪ビジネススキル、マナー、就職、自己啓発
- ✪資格取得者の開業法、仕事術、営業術
- ✪翻訳書 (T's BUSINESS DESIGN)

一般書・エンタメ書

- ✪エッセイ、コラム
- ✪スポーツ
- ✪旅行ガイド (おとな旅プレミアム)
- ✪翻訳小説 (BLOOM COLLECTION)

(2018年5月現在)

書籍のご購入は

1 全国の書店、大学生協、ネット書店で

2 TAC各校の書籍コーナーで

資格の学校TACの校舎は全国に展開!
校舎のご確認はホームページにて

資格の学校TAC ホームページ
https://www.tac-school.co.jp

3 TAC出版書籍販売サイトで

CYBER TAC出版書籍販売サイト
BOOK STORE

TAC 出版 で 検索

24時間 ご注文 受付中

https://bookstore.tac-school.co.jp/

新刊情報を
いち早くチェック!

たっぷり読める
立ち読み機能

学習お役立ちの
特設ページも充実!

TAC出版書籍販売サイト「サイバーブックストア」では、TAC出版および早稲田経営出版から刊行されている、すべての最新書籍をお取り扱いしています。
また、無料の会員登録をしていただくことで、会員様限定キャンペーンのほか、送料無料サービス、メールマガジン配信サービス、マイページのご利用など、うれしい特典がたくさん受けられます。

サイバーブックストア会員は、特典がいっぱい! (一部抜粋)

通常、1万円(税込)未満のご注文につきましては、送料・手数料として500円(全国一律・税込)頂戴しておりますが、1冊から無料となります。

メールマガジンでは、キャンペーンやおすすめ書籍、新刊情報のほか、「電子ブック版TACNEWS(ダイジェスト版)」をお届けします。

専用の「マイページ」は、「購入履歴・配送状況の確認」のほか、「ほしいものリスト」や「マイフォルダ」など、便利な機能が満載です。

書籍の発売を、販売開始当日にメールにてお知らせします。これなら買い忘れの心配もありません。

書籍の正誤についてのお問合わせ

万一誤りと疑われる箇所がございましたら、以下の方法にてご確認いただきますよう、お願いいたします。

なお、正誤のお問合わせ以外の書籍内容に関する解説・受験指導等は、**一切行っておりません。**
そのようなお問合わせにつきましては、お答えいたしかねますので、あらかじめご了承ください。

1 正誤表の確認方法

TAC出版書籍販売サイト「Cyber Book Store」の
トップページ内「正誤表」コーナーにて、正誤表をご確認ください。

CYBER TAC出版書籍販売サイト
BOOK STORE

URL: https://bookstore.tac-school.co.jp/

2 正誤のお問合わせ方法

正誤表がない場合、あるいは該当箇所が掲載されていない場合は、書名、発行年月日、お客様のお名前、ご連絡先を明記の上、下記の方法でお問合わせください。
なお、回答までに1週間前後を要する場合もございます。あらかじめご了承ください。

文書にて問合わせる

▶郵 送 先 〒101-8383 東京都千代田区神田三崎町3-2-18
TAC株式会社 出版事業部 正誤問合わせ係

FAXにて問合わせる

▶FAX番号 **03-5276-9674**

e-mailにて問合わせる

▶お問合わせ先アドレス **syuppan-h@tac-school.co.jp**

※お電話でのお問合わせは、お受けできません。また、土日祝日はお問合わせ対応をおこなっておりません。
※正誤のお問合わせ対応は、該当書籍の改訂版刊行月末日までといたします。

乱丁・落丁による交換は、該当書籍の改訂版刊行月末日までといたします。なお、書籍の在庫状況等により、お受けできない場合もございます。
また、各種本試験の実施の延期、中止を理由とした本書の返品はお受けいたしません。返金もいたしかねますので、あらかじめご了承くださいますようお願い申し上げます。

(2020年10月現在)